Gestão Estratégica
de Marcas

www.editorasaraiva.com.br

MARKETING EM TEMPOS MODERNOS

ORGANIZADOR
Marcos Rocha

AUTORES
Marcos Rocha
Sérgio Ignacio

Gestão Estratégica de Marcas

ISBN 978-85-472-1814-0

SOMOS EDUCAÇÃO | **saraiva** uni

Av. das Nações Unidas, 7221, 1º Andar, Setor B
Pinheiros – São Paulo – SP – CEP: 05425-902

SAC | **0800-0117875**
De 2ª a 6ª, das 8h às 18h
www.editorasaraiva.com.br/contato

Presidente	Eduardo Mufarej
Vice-presidente	Claudio Lensing
Diretora editorial	Flávia Alves Bravin
Gerente editorial	Rogério Eduardo Alves
Planejamento editorial	Rita de Cássia S. Puoço
Aquisições	Fernando Alves
	Julia D'Allevo
Editores	Ana Laura Valerio
	Lígia Maria Marques
	Patricia Quero
	Thiago Fraga
Produtoras editoriais	Alline Garcia Bullara
	Amanda M. Loyola
	Daniela Nogueira Secondo
Suporte editorial	Juliana Bojczuk Fermino

Preparação	Elaine Fares
Revisão	Ana Maria Fiorini
Diagramação	Negrito Produção Editorial
Capa	Silvia Kirihara
Impressão e acabamento	Bartira

401.629.001.001

DADOS INTERNACIONAIS DE CATALOGAÇÃO NA PUBLICAÇÃO (CIP)
ALINE GRAZIELE BENITEZ CRB-1/3129

R574g   Rocha, Marcos
1.ed.   Gestão estratégica de marcas / Marcos Rocha,
Sérgio Luís Ignacio de Oliveira. – 1. ed. – São Paulo:
Saraiva, 2017. (Coleção Marketing em tempos
modernos)

Inclui bibliografia.
ISBN: 978-85-472-1814-0

1. Gestão. 2. Marcas. 3. Estratégia de marketing.
4. Identidade de marca. 5. Consumidores. I. Oliveira,
Sérgio, Luís Ignacio de. II. Título. III. Série.

CDD 658.4
CDU 658.005.5

Índice para catálogo sistemático:
1. Gestão: marcas   658.4
2. Estratégia de marketing 658.4

Copyright © Marcos Rocha, Sérgio Luís Ignacio de Oliveira
2017 Saraiva Educação
Todos os direitos reservados.

1ª edição

Nenhuma parte desta publicação poderá ser reproduzida por
qualquer meio ou forma sem a prévia autorização da Saraiva
Educação. A violação dos direitos autorais é crime estabelecido
na lei nº 9.610/98 e punido pelo artigo 184 do Código Penal.

EDITAR	15742	CL	651080	CAE	620261

Dedicamos este livro da coleção Marketing em Tempos Modernos a todos os estudantes e profissionais de marketing que através de seu trabalho dão vida e movimento aos mercados.

MARCOS ROCHA

Sobre os autores

Marcos Donizete Ap. Rocha (Org.) Graduou-se em Administração de Empresas com ênfase em Comércio Exterior. Logo em seguida, especializou-se em Marketing de Serviços, Negociação e Marketing de Relacionamento pela Fundação Getulio Vargas (FGV), onde também concluiu o Programa de MBA em Marketing Estratégico. Em 2011, finalizou o curso de Negociação pela Harvard University, Cambridge, Estados Unidos. Em 2012, tornou-se Mestre em Comunicação. Na área de Educação a Distância, concluiu o programa de EAD – Docência pela FGV. Possui mais de 18 anos de experiência na área de Administração Empresarial, tendo ocupado diversos cargos executivos em sua trajetória profissional dentro de empresas multinacionais. Atualmente, é autor universitário, consultor, professor e coordenador em programas de MBA e graduação em Marketing.

Sérgio Luís Ignacio de Oliveira Administrador de Empresas com ênfase em Finanças Empresariais; pós-graduado em Administração de Empresas e Administração de Marketing; Mestre, Doutor e Pós--Doutor em História da Ciência (História do Marketing). Trabalhou por mais de 20 anos em empresas de vários ramos de atividade, nas áreas de Finanças, Administração de Materiais, PCP e Administração de Vendas e Marketing. É professor em programas de MBA e graduação em Marketing, consultor, palestrante e autor de livros na área de Marketing.

Apresentação

Vivemos em tempos difíceis. A marca não é mais apenas um ativo valioso, e sim a identidade de um produto ou empresa: gera competitividade e empatia, criando uma ligação sentimental com o consumidor.

O conceito ou a ideia de ter uma marca, como conhecemos hoje, surgiu há séculos, com o objetivo de identificar e diferenciar os bens de determinados fabricantes em relação aos de seus concorrentes diretos e indiretos.

As marcas já se faziam presentes com os primeiros artistas que identificavam suas obras com assinaturas e marcas pessoais.

O termo mais comum quando tratamos de marca no contexto mercadológico atual é brand, porém sua complexidade é bem maior do que imaginamos à primeira vista.

Este volume da Coleção Marketing em Tempos Modernos tem como principal objetivo estabelecer a gestão de marcas como um dos componentes fundamentais do processo mercadológico de qualquer tipo de empresa ou produto.

Para isso trataremos, além da gestão da marca e sua relação com as estratégias mercadológicas, da sua importância dentro do contexto de profunda transformação do mundo moderno.

Uma coleção inovadora, que conta com a utilização de cases reais, além de recursos interativos, como QR Codes, que rompem as barreiras do conhecimento, levando o leitor a uma verdadeira viagem sem limites e fronteiras.

Marcos Rocha

Sumário

1 O que é... e o que não é marca 1

2 A marca nos contextos institucional e mercadológico 29

3 Composto de marca 59

4 Identidade da marca 95

5 Personalidade da marca 139

6 Brand equity 173

7 Posicionamento estratégico da marca 219

8 Arquitetura da marca 257

9 Extensão de marca 305

REFERÊNCIAS 337

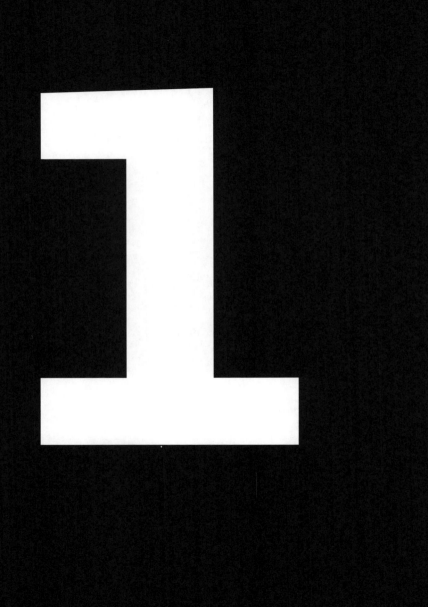

O que é... e o que não é marca

APRESENTAÇÃO

Atualmente marca é mais que um ativo valioso: trata-se da identidade de um produto ou empresa. O conceito ou a ideia de ter uma marca, como o concebemos hoje, surgiu há séculos com o objetivo de identificar e diferenciar os bens de determinados fabricantes em relação aos de seus concorrentes no mercado em que atuavam.

Antes disso, as marcas já se faziam presentes com os primeiros artistas que identificavam suas obras assinando-as e com fazendeiros que identificavam seu gado. O termo mais comum quando tratamos de marca no contexto mercadológico é brand, porém sua complexidade é bem maior do que imaginamos à primeira vista.

OBJETIVOS
....

Neste capítulo, nosso objetivo é traçar um panorama geral do contexto histórico das marcas, mostrando sua importância em termos de estratégia de marketing, de posicionamento de produto e de relação com o consumidor, além de considerar os aspectos tangíveis e intangíveis que compõem uma marca.

1.1 MAS... O QUE É MARCA?

Seria um pouco redundante iniciar um livro a respeito de marca mencionando sua importância em todo o aspecto mercadológico de uma organização – tanto no sentido da empresa como um todo e de seus relacionamentos com os stakeholders quanto em suas estratégias de marketing, foco desse livro. Acreditamos que todas as obras já publicadas sobre o tema começam sempre dessa forma, não é mesmo? É claro que um pouco mais adiante falaremos a respeito, por uma questão de princípio metodológico; no momento, porém, convidamos você a uma pequena reflexão antes de entrar no estado da importância da marca para uma organização e seu relacionamento com as estratégias de marketing.

Você já notou como temos uma tendência natural a enxergar rostos em quase tudo? Identificamos rostos em nuvens, montanhas, torradas (muitas destas são vendidas no eBay por valores consideráveis, sob a alegação de que retratam o rosto de Jesus Cristo), em janelas – como ocorreu em um conhecido caso no ABC Paulista, em que fiéis faziam fila para ver a imagem de Nossa Senhora estampada na janela da casa de um morador. Enfim, essa tendência talvez se deva ao fato de que a primeira imagem que enxergamos quando nascemos é o rosto de nossa mãe, criando, de forma natural, a primeira ligação que temos com o ambiente externo. Talvez o motivo seja outro, e quem sabe pesquisadores evolucionistas ou comportamentais o conheçam melhor do que eu. De todo modo, o mais importante é que essa tendência evidencia que estamos familiarizados com o rosto humano, suas feições e determinadas características que sempre estiveram presentes em nossa evolução.

Mas o que queremos destacar com essa ideia? Na verdade, queremos relacioná-la à questão das marcas. Nossa habilidade natural de enxergar ou reconhecer rostos em objetos também ocorre com o reconhecimento dos próprios objetos – no caso, aqueles que nos são familiares –, o que ajuda nossa ambientação em locais desconhecidos, porque sempre procuramos algo familiar, que possa nos trazer certa segurança, em locais em que possamos prever certo perigo – uma herança da época da vida em cavernas, em que um simples erro de avaliação poderia custar a vida.

E você, também notou que com as marcas acontece a mesma coisa? Já observou como algumas marcas são tão fortes em nosso cotidiano e em nossa cultura que conseguimos enxergá-las em qualquer situação, muitas vezes no meio de vários estímulos que procuram a todo momento prender nossa atenção? Toda vez que vemos os "arcos dourados" já sabemos que se trata do McDonald's, não precisamos nem ao menos ler o nome da lanchonete, já a identificamos automaticamente. Nós conseguimos identificar essa marca simplesmente pelo seu símbolo e pelo fato de a termos visto em tantas situações que nos tornamos familiarizados, queiramos ou não, com ela. Se viajamos a um país do Oriente Médio e nos deparamos com uma propaganda da Coca-Cola, mesmo ela estando em uma língua que não conhecemos, sabemos que se trata da referida empresa de refrigerante. Essa nossa relação com as marcas é tão forte que existe um jogo em formato de aplicativo chamado Logo Quiz (há várias outras denominações), no qual temos que identificar qual o logo da empresa ao visualizar apenas uma parte da marca. Como que hipnotizados, ou pelo fato de já termos travado algum contato com esses símbolos, nós simplesmente adivinhamos qual a marca somente com uma pequena pista.

Notou o que queríamos dizer com esta pequena introdução? Esse é o poder das marcas. As marcas fortes têm a habilidade de serem reconhecidas pelo público da mesma forma que temos a habilidade de enxergar rostos em tudo. É uma familiaridade que algumas marcas conseguem construir que, mesmo em situações das menos imagináveis, conseguimos identificá-las. Isto é o que uma marca forte consegue fazer: identificar uma empresa em situações nas quais existe muito ruído e fazer com que ela "salte aos nossos olhos".

Ou então, se pensarmos que segundo pesquisadores comportamentais a maioria das decisões de compra são tomadas no subconsciente, ou seja, no piloto automático, seria natural entender que as marcas que melhor se posicionarem na caixa preta que chamamos de cérebro serão aquelas que conseguirão destaque no momento da compra. Pode até ser que o consumidor não compre a marca líder de mercado, mas que esta será sua primeira opção, sem dúvida alguma, será. E em um mercado globalizado, no qual existe uma proliferação de marcas, ser o destaque é uma grande vantagem.

As marcas, ao menos as consideradas fortes, têm substancial vantagem competitiva em relação às concorrentes de mercado, ainda mais quando pensamos no cenário altamente competitivo em que as empresas se encontram. Ter uma marca forte, e não apenas uma qualquer, pode ser um fator de sobrevivência no mercado.

Dessa forma, podemos entender que as marcas, ao menos as consideradas fortes, têm substancial vantagem competitiva em relação às concorrentes de mercado, ainda mais quando pensamos no cenário altamente competitivo em que as empresas se encontram. Ter uma marca forte, e não apenas uma qualquer, pode ser um fator de sobrevivência no mercado.

Por que um percentual considerável de consumidores prefere a Coca--Cola à Pepsi, apesar de algumas pesquisas no formato de teste cego apontarem que o sabor da Pepsi supera o da rival? Por que preferimos um smartphone da Apple a um da Samsung? Qual o motivo de conseguirmos ver logotipos famosos mesmo em locais nos quais a poluição visual é intensa, como uma esquina da Times Square?

Bom, você poderia responder que todos esses exemplos se referem a produtos com uma qualidade superior aos de seus concorrentes, com o que até certo ponto eu concordo, apenas com uma ressalva. Graças aos avanços tecnológicos, os produtos estão cada vez mais parecidos uns com os outros e sem grandes diferenciações, mas ainda continuamos preferindo algumas empresas... Por quê? Por causa de suas marcas, que foram construídas no decorrer de anos e anos de intenso esforço de marketing, propaganda, qualidade e foco nos consumidores.

A verdade é que compramos as marcas em primeiro lugar e depois pensamos se o produto irá ou não satisfazer plenamente as nossas necessidades. É claro que no caso das marcas fortes e consagradas não há essa preocupação, pois temos a certeza de que a promessa delas será cumprida à risca, uma vez que elas somente conseguiram chegar ao patamar em que estão por serem capazes de cumprir o que prometem.

1.2 MARCA: ALGUMAS DEFINIÇÕES

Conforme abordamos inicialmente, a origem das marcas remonta aos primeiros artistas que identificaram suas obras com sua assinatura e aos fazendeiros que identificaram o gado para, em caso de perda de animais, facilitar sua localização. Já o conceito ou a ideia de marca tal qual o consideramos hoje teve origem posterior, quando fabricantes precisaram identificar seus bens entre os de seus concorrentes de mercado.

Reiteramos ainda que o termo mais comum quando falamos de marca no contexto mercadológico é brand. Note, porém, que o termo correto é brand, e não branding, como é comum ouvirmos. O termo branding se refere a todas as estratégias usadas por uma organização no sentido de administrar seu composto de marca, e não apenas à marca em si.

Para que possamos ilustrar nossa argumentação em relação à marca, vamos ao conceito da American Marketing Association (AMA): "Marca é um nome, termo, símbolo, desenho ou uma combinação desses elementos que deve identificar os bens ou serviços de um fornecedor e diferenciá-los dos da concorrência".[1]

> **American Marketing Association (AMA):** "Marca é um nome, termo, símbolo, desenho ou uma combinação desses elementos que deve identificar os bens ou serviços de um fornecedor e diferenciá-los dos da concorrência". Ou seja, marca é um conjunto de atributos que uma empresa usa para poder se diferenciar de seus concorrentes de mercado.

Ou seja, marca é um conjunto de atributos que uma empresa usa para poder se diferenciar de seus concorrentes de mercado.

Assim, podemos afirmar que a marca Coca-Cola é um conjunto de atributos que ajudam os consumidores-alvo a diferenciá-la de seus concorrentes. Nesse caso, ao desconstruirmos a marca tendo como base o conceito apresentado pela AMA, chegamos ao próprio nome da companhia. Podemos entender como seu posicionamento mundial o slogan "Sinta o sabor", que tem como objetivo identificar o que o produto representa ou tenta representar para um grupo de consumidores

---

1. American Marketing Association (AMA). Disponível em: <https://www.ama.org/resources/pages/dictionary.aspx?dLetter=B>. Acesso em: 17 nov. 2016. Tradução livre.

específico. Seu símbolo ou desenho é o próprio nome da empresa, o que representa sua logomarca. De forma natural, mas trabalhada estrategicamente pela empresa, todos os consumidores acabam por transformá-la em uma das marcas mais poderosas do mundo.

Temos também a Apple, nome da famosa maçã, como um diferencial. O desenho da maçã mordida (para que as pessoas inicialmente não a confundissem com um tomate) é seu símbolo ou desenho, e o slogan "Think different" demonstra seu posicionamento de mercado, transmitindo os seus diferenciais e a proposta da empresa junto ao consumidor.

Veja a campanha Think Different da Apple:

É claro que uma marca não se resume apenas a esses conceitos frios que descrevemos, é muito mais do que isso, como veremos adiante. Esses exemplos serviram apenas para que possamos mostrar um pouco o que é uma marca segundo o conceito da AMA.

Se simplesmente nos ativermos à definição, é bem fácil criar uma marca: basta criar um nome, construir um logo, pensar em um slogan "marcante" e... pronto. O grande problema – em que nos concentraremos neste livro – é como gerenciar uma marca e torná-la importante para uma empresa, não como sua simples diferenciação dos demais concorrentes de mercado, mas como uma forma de agregar a ela um verdadeiro diferencial competitivo. Voltamos a ressaltar: criar uma marca é fácil; agregar valor a ela, fazer com que consiga transmitir todos os diferenciais do produto, os valores da empresa e sua representatividade para um grupo de consumidores, essa é a parte mais complexa da história.

Em um mundo no qual as pessoas estão altamente conectadas, trocando a todo momento informações com suas redes de contato e, por isso, sem muito tempo para prestar atenção às mensagens publicitárias, ter uma marca forte, que consiga penetrar no escudo protetor que o consumidor cria para se defender de tanto ruído (todas as propagandas e em todos os meios de comunicação), torna-se uma questão de sobrevivência para as empresas e consequentemente é o que irá diferenciar as vencedoras, aquelas que irão durar.

Outro ponto importante, que já mencionamos anteriormente, é que se pararmos para pensar no fato de que mais de 95% de nossas decisões de compra são tomadas no subconsciente (segundo pesquisadores comportamentais), ou seja, no piloto automático, ter uma marca forte, que esteja adequadamente posicionada na mente no consumidor, é uma grande vantagem. Isso porque no momento em que ele chegar ao ponto de venda, a primeira opção em que irá pensar serão as marcas consagradas. Ele pode até não chegar a comprar o produto por uma questão de oportunidade ou de recursos financeiros limitados, mas que a marca será a primeira opção dele, disso não resta dúvida.

Note como essas marcas são poderosas. Quando estiver em uma roda de amigos, faça uma pergunta simples e direta: "Sabão em pó?". Adivinhe qual a resposta... "Omo". Percebeu como a marca é forte, sendo lembrada em muitas situações, e que as respostas surgem quase que de forma automática, sem a necessidade de a pessoa pensar por muito tempo? Ou talvez: "Geladeira?". Tenho certeza de que a resposta será "Brastemp", e os mais antigos ainda completarão com a frase: "Não é nenhuma Brastemp". Faça isso com algumas categorias de produtos e conseguirá mensurar a força de algumas marcas no mercado.

Agora que já falamos sobre marca (brand), vamos falar um pouco a respeito de branding. Como já mencionamos, branding consiste no gerenciamento da marca junto a seu público-alvo, no sentido de gerar valor para uma organização por meio da satisfação das necessidades e desejos de seus consumidores. Dessa forma, podemos definir como branding o entendimento do valor agregado que o mercado atribui a determinados bens ou serviços, ou seja, os consumidores não compram apenas o produto em si, mas todos os atributos que são trabalhados pela organização para que os tornem diferenciados em relação aos concorrentes de mercado. Os consumidores da Harley-Davidson não compram apenas uma das motos mais potentes do mercado, mas sim um estilo de vida, uma forma de pensar e agir em relação à sociedade. Todos esses atributos intangíveis que são incorporados a uma marca são estrategicamente trabalhados pelos "marketólogos" em consonância com os demais departamentos da empresa, e devem fazer parte de sua cultura organizacional e estar presentes em seu DNA. Ou seja, branding é o processo de administrar todos os ativos, tangíveis e intangíveis, de uma marca, com o objetivo de agregar valor a uma companhia por meio da plena satisfação de seus consumidores.

Pensando na importância do branding para uma empresa, gostaríamos de citar Kotler a esse respeito: "Um dos ativos mais valiosos de uma empresa é a sua marca, e compete ao Marketing gerenciar adequadamente seu valor".[2] Sábias palavras.

Agora que já sabemos um pouco sobre marca, vamos pensar na importância dela para as empresas e para os consumidores.

1.3 O PAPEL DO MARKETING NO BRANDING

Como vimos nessa parte introdutória do capítulo, as marcas são muito importantes para as organizações, e o papel do marketólogo é administrar sua gestão de forma a agregar valor à empresa frente a seus concorrentes e aos vários estímulos de mercado e ter foco em seus consumidores, visto que de nada adianta ser a melhor no mercado (ou seja, melhor que os seus concorrentes) se não conseguir atender de forma eficaz aos anseios e desejos de seus consumidores e assim garantir um lugar de destaque em determinados mercados. Veja o caso do Bombril. Essa marca é tão bem administrada que acabou por se tornar sinônimo de categoria. Ninguém fala palha de aço, o nome da categoria, mas sim Bombril. Durante anos, a marca foi gerenciada de maneira eficaz. Produto de qualidade superior à dos concorrentes, sempre presente na mídia por meio de propagandas irreverentes com o ator Carlos Moreno, "o garoto Bombril" – uma estratégia muito eficaz, pois nosso cérebro gosta de histórias de humor, é mais fácil decorá-las e isso facilita a divulgação boca a boca devido ao fato de sempre comentarmos esses casos com conhecidos –, e por meio do foco nos verdadeiros anseios dos consumidores ao demonstrar o uso do produto e sua superioridade em termos de benefícios.

Veja as propagandas memoráveis do "garoto Bombril":

Assim, cabe ao marketing da empresa trabalhar todos os ativos tangíveis e intangíveis de uma marca para que se consiga torná-la superior em relação às demais, e assim fazer com que a empresa atinja os objetivos organizacionais, ou seja, aqueles que foram estipulados em seu planejamento estratégico. Pensando dessa forma, o marketólogo, em seu propósito de gerenciar o branding de uma organização, tem como função **criar**, **manter**, **aprimorar** e **proteger as marcas**.

---

2. KOTLER, P.; KELLER, L. K. *Administração de marketing*. 14. ed. São Paulo: Pearson, 2012. p.257.

CRIAR MARCAS NO SENTIDO DE IDENTIFICAR AS NECESSIDADES DE SEU PÚBLICO-ALVO, CONHECER OS CONSUMIDORES COM PROFUNDIDADE E ENTENDER O QUE DETERMINADO PRODUTO PODE SIGNIFICAR PARA UM SEGMENTO DE MERCADO. CONSISTE EM CONHECER E ENTENDER TUDO O QUE OS SEUS CONSUMIDORES ESPERAM NO MOMENTO DE TRANSACIONAR COM A EMPRESA.

Criar marcas no sentido de identificar as necessidades latentes de seu público-alvo, conhecer os consumidores com uma profundidade cirúrgica e entender o que determinado produto pode significar para um segmento de mercado. Consiste em conhecer e entender tudo o que os seus consumidores esperam no momento de transacionar com a empresa e entregar a eles esses atributos.

As marcas fortes têm a habilidade de aprimorar seu relacionamento com os consumidores no sentido de entender e entregar o que eles esperam. A marca de café Pilão, por exemplo, propaga em suas campanhas publicitárias a força de seu café, porque identificou – por meio de pesquisas com o objetivo de entender seus consumidores – que muitos deles esperam um café forte para ajudá-los a aguentar o dia a dia. Nesse processo, o que ajuda também é o nome, o qual, de forma natural, transmite a força necessária à marca. Pensando em termos auditivos, a própria sonoridade do nome já traz a força que a marca pretende demonstrar aos seus consumidores, ou seja, seus atributos.

Manter a marca significa administrá-la de forma que sempre esteja de acordo com as necessidades e os desejos dos consumidores, presente constantemente na mídia, bem como em todos os pontos de contato com seu público-alvo. Sabemos que os desejos dos consumidores estão em constante mutação, e cabe ao marketólogo gerenciar os anseios deles para fazer com que a marca esteja sempre em evidência em suas mentes.

Veja o caso do McDonald's. Durante muito tempo, o que manteve a aura de seus arcos dourados foi a agilidade de seus pratos – o famoso fast-food (coma rápido e desapareça daqui!). Mas os consumidores mudaram, e agora o ato de comer fora, seja ou não em um fast-food, é visto como o prazer da refeição. Como uma empresa que gerencia adequadamente sua marca, a rede de lanchonetes tratou de mudar seu apelo mercadológico com o slogan "Amo muito tudo isso". Foi uma excelente estratégia, que ajudou a empresa no sentido de se adaptar às novas demandas de mercado.

O marketólogo tem também o papel de **aprimorar sua marca**. Muitas organizações acabam por naufragar no mercado simplesmente por achar que, por serem as líderes, não precisam se preocupar com os concorrentes, afinal, para elas, sua marca é tão forte em relação às demais que não precisam ser gerenciadas de forma diferenciada. Pois bem. Lembram-se da Kodak? Pelo fato de acreditarem que tinham uma marca forte e de destaque, seus administradores não conseguiram acompanhar

Capítulo 1 • O que é... e o que não é marca

as mudanças de mercado e acabaram por sucumbir em um mercado no qual a marca era líder absoluta. E a Nextel, que com seu som característico ao receber uma chamada conseguia destaque no mercado? Esta acabou por não manter suas ações para aprimorar o relacionamento com os consumidores e perdeu a preferência destes para os smartphones.

Esse aperfeiçoamento vai desde a logomarca, o slogan, até o posicionamento. Um líder não espera ser atacado para se aprimorar, ele constantemente realiza alterações em sua marca para estar de acordo com o anseio de seu público. Não pode cometer o erro de centrar-se exclusivamente em seu produto, porque as necessidades dos consumidores mudam e cabe aos gestores de marca acompanhar tais mudanças.

Por último, cabe ao marketólogo **proteger sua marca**, não apenas de concorrentes de mercado com suas estratégias para ganhar posições e clientes, como também em termos de proteção legal de patentes e direitos autorais. A marca é um patrimônio da empresa e, como tal, deve ser protegida das investidas do mercado.

Dessa forma, se o marketólogo conseguir administrar adequadamente sua marca considerando os aspectos listados, isso pode levar a preços *premium* no mercado. Já reparou como o consumidor está disposto a pagar mais caro por um carro da Ferrari, um perfume Dior ou uma caneta Montblanc? Isso ocorre porque realmente a qualidade é superior, sem dúvida alguma, mas também pela força da marca. São essas marcas que foram trabalhadas por muito tempo que permitem às empresas cobrar um preço *premium* e ainda manter clientes leais.

E tudo porque uma marca gerenciada de forma adequada agrega valor tanto para a empresa como para os consumidores. Estes estão dispostos a pagar um preço superior por determinados produtos porque as marcas fortes conseguem refletir o que eles pensam, o que sentem e como agem. A Natura trabalha muito bem seu branding. Seus produtos – que além de qualidade superior à dos concorrentes de mercado ainda têm apelo de sustentabilidade – conseguem transmitir o que os consumidores pensam sobre sustentabilidade, o que sentem com relação à preocupação com as gerações futuras e como agem na compra por produtos que respeitam a natureza. Além de conseguir transmitir todos esses diferenciais, esse posicionamento ainda traz vários benefícios para a empresa, como um aumento de sua participação no mercado e de seu próprio valor.

Portanto, podemos entender que o ato de gerenciar uma marca consiste em dotar bens e serviços com o poder de uma marca, ou seja, atribuir a eles valores intangíveis para que possam se diferenciar dos concorrentes. Como podemos comparar a irreverência de uma cerveja Skol com a seriedade de uma Bohemia? Cada uma delas tem conceitos, ou características, intangíveis, que as tornaram únicas nos mercados que trabalham. Esse é o papel das marcas.

Isso nos permite afirmar que o branding de uma empresa consiste em criar diferenças significativas entre as ofertas de mercado, de modo que seja possível identificar um automóvel da marca Honda e outro da General Motors – cada qual com seus diferenciais: um possui um apelo à tecnologia nipônica e outro a experiência norte-americana de fabricação de automóveis.

Cada uma dessas características que compõem uma marca tem como objetivo criar conexões mentais com os atributos oferecidos, ou seja, toda vez que um consumidor identifica determinado estímulo, isso o leva diretamente a determinadas marcas, como o aroma de café da Starbucks, o ronco do motor de uma Harley-Davidson ou a cor vermelha do cigarro Marlboro. Todas são marcas que conseguiram criar fortes conexões com seus consumidores e conseguem convencê-los de seus diferenciais. Este é o objetivo do branding: convencer os consumidores de seus diferenciais.

1.4 A MARCA E O PRODUTO

Que uma marca está relacionada a um produto não resta dúvida nenhuma, porque não dá para existir uma marca sem que algo seja oferecido ao mercado, não é mesmo? Agora, basta criar uma oferta para o mercado para termos uma marca? A marca é o produto? Quem vem primeiro: a marca ou o produto?

Para iniciarmos a resposta, podemos primeiramente afirmar que uma marca é um produto. Se um empreendedor desenvolver um produto ou serviço para oferecer ao mercado, ele terá que lhe dar um nome, e, nesse caso, teremos uma marca, correto? Correto, porém devemos atentar para o fato de que uma marca, como já explicamos, deve trazer consigo uma gama de aspectos tangíveis e intangíveis, que permitam criar certos atalhos (os quais denominamos de gatilhos) capazes de despertar determinados sentimentos diferenciados nos consumidores e estabelecer conexões na mente deles. Assim, se um empreendedor criar um produto mas este não conseguir ao menos se diferenciar de seus concorrentes, ele terá um nome para seu produto, mas não uma marca.

A marca deve estar em consonância com o produto no sentido de agregar valor à organização e satisfazer às necessidades e desejos dos consumidores. Deve ser capaz de mostrar os diferenciais do produto, seus atributos, a experiência da empresa no mercado e quem é seu público-alvo.

Em relação aos diferenciais, veja, por exemplo, a marca de pilhas Duracell. O nome já sugere seu diferencial: sua capacidade de durar mais que os produtos concorrentes. Essa marca é tão forte e distinta em termos de diferenciais ou na forma que se comunica com os seus consumidores que é praticamente impossível um concorrente tentar tirar esses atributos dela. Se alguém prometer uma pilha com durabilidade superior, o consumidor provavelmente não irá acreditar. Outro caso é o do detergente Limpol, que, como o próprio nome diz, tem a capacidade de limpar mais que os detergentes concorrentes. É claro que nem todos os diferenciais estão explícitos diretamente no nome, como os exemplos descritos, muitos estão implicitamente relacionados à marca, como a tecnologia automobilística de um automóvel da Volkswagen, com seu slogan "Das Auto" (o carro, em alemão), que remete à engenharia germânica. Lembre-se, porém, de que todos esses diferencias foram propostos com um adequado estudo do comportamento do consumidor e daquilo que eles esperam na compra de produtos nessas categorias.

Veja as primeiras campanhas da Duracell e seu apelo para a durabilidade:

A marca deve estar em consonância com o produto no sentido de agregar valor à organização e satisfazer às necessidades e desejos dos consumidores. Deve ser capaz de mostrar os diferenciais do produto, seus atributos, a experiência da empresa no mercado e quem é seu público-alvo.

Quando falamos dos atributos que uma marca deve mostrar ao mercado em relação ao produto, estamos nos referindo às características físicas deste. Como a crocância de um biscoito Tostines: "Vende mais porque é fresquinho ou é fresquinho porque vende mais?"; a dirigibilidade de um automóvel da BMW, com seu slogan "Máquina de dirigir"; a maciez de um tecido sendo notada ao se manusear uma roupa; a maciez de um chocolate Lollo (ou Milkybar), representado pelo seu chocolate fofinho, entre outros exemplos.

Os atributos ficam gravados na mente dos consumidores e, sempre que estes forem expostos a esses atributos ou no momento que necessitarem deles, são as marcas, em conjunto com os produtos, que conseguirão sua atenção. Sem a identificação do produto por meio de uma marca seria impossível os consumidores perceberem essas diferenças.

Para que uma marca, juntamente com o produto, consiga fazer diferença em termos de reconhecimento pelos consumidores, deve apresentar uma experiência da empresa – no sentido de satisfazer às necessidades de seus consumidores – ou dos próprios consumidores em relação ao que sentem ao usar o produto ou serviço oferecido por ela. Em relação à empresa, pode-se apresentar, como é muito comum no mercado, a data de sua fundação. Como exemplo, temos os produtos Heinz, nos quais vem estampada a data de fundação da empresa – 1860. Essa data representa implicitamente que se a empresa tem tantos anos de atividade, é sinal de que realmente é boa em atender aos consumidores. Outra forma para demonstrar a experiência é mencionando o número de clientes atendidos ou de problemas resolvidos com o uso do produto. Mais uma vez, temos determinados gatilhos que poderão ajudar os consumidores a diferenciar o produto daquele oferecido pelos concorrentes. Também pode-se trabalhar a experiência que consumidores tiveram ao usar o produto, como, por exemplo, a satisfação que os visitantes da Disney sentem ao passear em seus parques.

Por último, nessa perspectiva, temos a questão da identificação dos consumidores. Uma marca forte tem como vantagem, em relação a seus concorrentes, caracterizar certos consumidores. Note como identificamos usuários da marca Apple como pessoas descoladas e os da Harley-Davidson como rebeldes. Há ainda aquelas pessoas que usam as famosas marcas próprias dos supermercados e que podem ser reconhecidas como consumidoras que buscam apenas o melhor preço. Ou seja, identificamos os consumidores pelas marcas que usam, e estes fazem a escolha que melhor representa suas próprias características. As marcas servem de espelho para demonstrar certas posições que eles têm ou gostariam de ter.

Ainda pensando nessa relação entre marca e produto, é preciso ter em mente o que a compõe. Se pensarmos nas marcas presentes no mercado, com maior precisão naquelas que consideramos fortes, veremos que sempre teremos os componentes tangíveis e intangíveis, que devem ser cirurgicamente analisados pelos gestores mercadológicos para que consigam agregar valor e criar verdadeiros diferenciais competitivos.

Capítulo 1 • O que é... e o que não é marca

1.5 ASPECTOS TANGÍVEIS DA MARCA

Quando tratamos dos aspectos tangíveis de uma marca, estamos nos referindo à parte lógica do relacionamento entre o consumidor e sua marca. Assim, estamos falando de todas as percepções que ele cria, espera ou recebe em seu relacionamento com uma empresa em relação ao desempenho do produto. Tudo que ele pode receber ao usar o produto o ajuda a criar uma percepção lógica do que aquela marca pode lhe trazer de benefício. Por exemplo, a percepção de credibilidade de uma instituição financeira como o Banco do Brasil, credibilidade essa construída de forma estratégica com a administração de marca, ou a precisão de entrega do Sedex, dos Correios, empresa que construiu sua reputação como uma organização confiável.

1.6 ASPECTOS INTANGÍVEIS DA MARCA

Se os aspectos tangíveis são aqueles que podem ser mais facilmente percebidos pelos consumidores e monitorados pela concorrência, os aspectos intangíveis são aqueles que, como o próprio nome diz, são mais difíceis de serem mensurados e consequentemente têm maior possibilidade de fazer a diferença no mercado. São aqueles atributos relacionados à forma simbólica e emocional de uma marca. Não há dúvida de que alguns produtos conseguem se tornar símbolos para um grupo de consumidores e muitas vezes se tornam ícones, como a rebeldia de uma minissaia nos anos 1960, o ato de fumar para alguns adolescentes em décadas passadas, a liberdade de uma calça jeans. Enfim, em determinadas épocas algumas categorias de produtos acabaram por se tornar símbolos de gerações. Porém, note que nos exemplos que mencionamos estamos falando de categorias de produtos, e não de uma marca em si. Agora, será que sua empresa consegue transmitir determinados símbolos para um grupo de consumidores, como a irreverência e a descontração de uma Havaianas, a qualidade de uma Rede Globo, a confiabilidade do jornal O *Estado de S. Paulo*? Esses são símbolos criados por uma marca para transmitir determinadas características.

Além do aspecto simbólico de uma marca, temos o aspecto emocional, ou seja, toda a emoção que

Veja a campanha Retratos da Real Beleza da Dove:

ela proporciona no momento de se relacionar com seus consumidores, seja pelos meios de comunicação (como a campanha do sabonete Dove – Retratos da Real Beleza, um dos vídeos mais vistos desde que foi criado em 2013; em apenas uma semana teve mais de 8 milhões de visualizações, e esse número cresce de forma vertiginosa ano após ano), pela experiência proporcionada em uma viagem à Disney ou ao ganhar um produto da Tiffany, ou ainda ao visitar uma loja como a da marca Victoria's Secret. Enfim, esses são exemplos de componentes intangíveis de uma marca.

Agora veremos o papel das marcas para as empresas e para os fabricantes.

1.7 A MARCA, A EMPRESA E OS CONSUMIDORES

O que seria de nosso mundo se não existissem as marcas? Como saberíamos se um produto é bom ou não sem antes experimentá-lo? Imagine o trabalho que daria se toda vez que fôssemos comprar um produto tivéssemos que experimentar todas as opções para saber se o produto realmente é o que esperamos. Muito complicado não é mesmo? Seria um trabalho hercúleo sempre que nos dirigíssemos a um local de compra. E isso também causaria problemas semelhantes às empresas.

Tendo em mente essa situação, analisaremos, a seguir, a importância das marcas para as empresas e para os consumidores.

1.7.1 Por que uma marca é importante para os consumidores?

Como nosso objetivo é discorrer sobre a importância da marca para os agentes que estão envolvidos com a empresa, começaremos neste momento com o consumidor. Por que uma marca é importante para os consumidores?

De início podemos afirmar que a marca serve para o consumidor como uma forma de **identificar o fabricante**. No meio de tantas marcas que brigam por nossa atenção, no momento que necessitamos escolher uma marca preferida é natural que optemos por uma que consiga se diferenciar das outras. Imagine uma situação na qual os produtos fossem comercializados apenas com seu nome genérico, por exemplo, que na embalagem estivesse escrito apenas "açúcar" ou "refrigerante". Seria extremamente complicado identificar qual marca levar ou repetir a compra de uma marca de que se tivesse gostado em outra oportunidade. Seria a mesma coisa que comprar às cegas um produto, como se

Capítulo 1 • O que é... e o que não é marca

fosse uma loteria cujo prêmio seria, com a ajuda do dono do estabelecimento, encontrar exatamente o que se deseja.

Uma marca é importante para o consumidor também pelos **significados** que transmite para um segmento de mercado. Esses significados estão relacionados às experiências anteriores que uma pessoa teve com a marca, sejam elas positivas ou negativas, com maior ou menor intensidade. A Coca-Cola procura, na maioria de suas campanhas publicitárias, ressaltar as experiências que seus consumidores tiveram ou terão com a marca em datas marcantes, como as festas de final de ano, apresentando famílias felizes comemorando o Natal ou seus famosos ursinhos que sempre aparecem nessas datas, o que cria um laço afetivo com as crianças.

Além dos significados positivos, temos também os casos negativos. Um deles seria a frustração que o consumidor sente quando compra um produto que não atende às suas expectativas. Esse fato pode ficar marcado para ele e, devido à intensidade da frustração, pode levá-lo a nunca mais comprar algo dessa marca. Assim, os consumidores poderão identificar aquelas marcas que possibilitem a melhor experiência no momento da compra.

Experiências marcantes criam verdadeiros vínculos com a marca. A Build-a-Bear, que comercializa bichos de pelúcia em território norte-americano, é um ótimo exemplo. As crianças não compram bichos de pelúcia, elas os criam. Para isso, nas lojas elas mesmas fazem seu futuro amiguinho. São elas que colocam os enchimentos, sem esquecer de incluir um coraçãozinho com o nome do dono. O novo amiguinho recebe uma certidão de nascimento para que a criança possa comemorar o aniversário dele e para que a empresa passa manter relacionamentos duradouros com seus clientes nas datas comemorativas. Após o nascimento, o novo integrante da família da criança necessita de roupas, afinal não poderá sair sem roupa da loja. Nesse caso, a empresa tem uma infinidade de opções para atender a todos os gostos em todos os momentos da vida do bichinho de pelúcia, porque é uma verdadeira loja de roupas – uma C&A ou Riachuelo de roupas para bichos de pelúcia. Assim, se uma estragar, ficar velha ou fora de moda, a criança poderá trocá-la. E para finalizar, chega o momento de ir embora da loja. Nada de sacola para colocar o bichinho de pelúcia, afinal ele não é apenas um brinquedo, mas sim um novo membro da família. Portanto, ele vai embora em uma casinha, e não em uma embalagem qualquer.

Imagine se a criança que passou por uma experiência como essa irá esquecer a marca? Provavelmente não! Será um vínculo de longo prazo.

A marca é importante para os consumidores porque **agiliza as decisões**. Em uma sociedade na qual o tempo é um recurso limitadíssimo, as marcas fortes reduzem os custos de busca. Isso vale tanto para o âmbito interno, pois dispensa a necessidade de puxar na memória como foi a última compra de um produto, tornando desnecessário que o consumidor tenha que pensar muito no momento de escolher a melhor oferta, quanto para o externo, pois evita a necessidade de procurar frente a várias opções. Devido a nossa habilidade natural de generalização, o consumidor que compra um produto da Sadia e fica muito satisfeito passa a perceber em seu subconsciente que todos os produtos que levarem esse selo também serão de qualidade. É por isso que as empresas usam com muita frequência as extensões de uma marca consagrada para vários produtos, como o Chokito, da Nestlé, e suas variações de produtos. Note que pelo fato de existirem marcas fortes, as decisões dos consumidores são facilitadas, ou seja, mais ágeis.

Uma marca forte e consequentemente bem estabelecida no mercado, tanto em termos de posicionamento como de atributos para seu público-alvo, traz consigo determinados **benefícios** intrínsecos, os quais a diferenciam dos concorrentes. Dentre eles podemos citar os funcionais e os simbólicos. Os funcionais são aqueles relacionados às funções que um produto se predispõe a cumprir. Muitos compram um remédio Doril porque consideram que, como a própria propaganda diz, é capaz de fazer com que a dor suma em instantes. Eles confiam nessa marca e em sua proposta de venda. Outros preferem um tênis de corrida da Adidas por acreditarem em sua funcionalidade.

Quanto aos benefícios simbólicos, podemos entendê-los como aqueles que representam para o usuário da marca sua imagem, autoimagem e valores. Dessa forma, podemos usar um produto da The Body Shop para demonstrar nosso posicionamento socioambiental, comprar uma moto Harley-Davidson para representar nosso espírito de rebeldia ou uma caneta Montblanc para mostrar nosso requinte. Assim, vários consumidores procuram usar certas marcas porque percebem que elas expressam certos símbolos, sejam eles de *status* ou não, para se integrar ou se beneficiar em relação a determinados grupos sociais.

Dessa forma, temos alguns dos principais motivos pelos quais os consumidores enxergam como benefício usar uma marca de destaque

Capítulo 1 • O que é... e o que não é marca

no mercado e, consequentemente, farão um esforço adicional para comprar produtos desses fabricantes.

1.7.2 Por que uma marca é importante para as empresas?

Se analisarmos os benefícios de uma marca para os consumidores, não podemos deixar de ressaltar o que ela pode trazer de valor para as empresas. Entre os benefícios, podemos destacar os **custos de marketing reduzidos**. Isso quer dizer que quando uma empresa tem uma marca forte em relação a seus concorrentes, seus custos, ou, para alguns, seus investimentos, podem ser menores do que os empreendidos por aquelas marcas que ainda não têm espaço garantido na mente dos consumidores.

Isso não quer dizer que elas não precisem investir em comunicação, claro que precisam! Uma marca forte jamais desaparece da mídia e está sempre direcionando seus recursos para a sua comunicação com o mercado e suas estratégias de marketing. No entanto, os custos podem ser menores, por exemplo, no lançamento de novas versões do produto, pois como se trata de uma marca conhecida e consolidada, o esforço para convencer os consumidores dos benefícios trazidos pela novidade é menor, há confiança na qualidade da marca. Isso acontece, por exemplo, quando o Guaraná Antarctica lança uma nova embalagem ou novos sabores do refrigerante. Como se trata de uma marca conhecida no mercado de refrigerantes, e os consumidores estão acostumados com os valores da marca e com a sua qualidade, a percepção positiva deles é maior. Assim, seu poder de convencimento também se torna maior e, consequentemente, há um menor investimento em comunicação.

Também podemos destacar como vantagem para a empresa o valor de uma marca. Aquela famosa frase proferida por muitos acadêmicos e profissionais de mercado – "A marca é um dos ativos mais valiosos de uma organização" – nunca esteve tão certa. Veja o valor da Apple ou do Google. Valem, de acordo com o Interbrand, US$ 178.119 milhões e US$ 133.252 milhões, respectivamente. Com valores tão vultuosos, podemos afirmar que uma marca forte é **um dos ativos mais valiosos de uma organização**, por isso deve ser tratada como tal, ou seja, gerenciada para que continue a render os frutos de que a empresa necessita. Algumas marcas têm valor superior de mercado, assim, quando existem aquisições de mercado, trata-se de um dos pontos importantes que devem ser analisados.

Além de ser um ativo dos mais valiosos para uma organização, ainda podemos citar como benefício de uma marca sua capacidade de **simplificar processos**. Quando pensamos no momento atual do mercado, em que as empresas procuram cada vez mais enxugar processos para melhorar sua rentabilidade financeira, simplificar processos é um desses benefícios, principalmente no que tange a manuseio e monitoramento. O fato de as marcas poderem ser identificadas e, consequentemente, poderem se diferenciar das demais, facilita para uma organização manuseá-las em seu processo produtivo, bem como monitorá-las no mercado. Quando existem situações nas quais determinados produtos apresentam defeito e uma empresa deve identificar onde eles se encontram, uma marca pode ajudar. Imagine se as marcas não existissem? Seria quase impossível identificar esses produtos no mercado.

A marca também ajuda as empresas a **organizar seus recursos** por meio de registros contábeis. É o mesmo caso da simplificação abordada no item anterior. Dessa forma, com a diferenciação das marcas, esses registros tornam-se mais precisos e confiáveis.

É fundamental para as empresas no atual mercado ter uma marca. Não apenas para que possam se diferenciar e transmitir seus benefícios a públicos específicos mas também por uma questão de **proteção legal**. Sem uma marca registrada nos órgãos responsáveis, a empresa pode ficar à mercê de um concorrente que simplesmente poderá usar sua marca e se beneficiar de todo o trabalho desenvolvido no decorrer de sua existência. Esse é um dos pontos fundamentais de uma marca, mas note que, mesmo com toda a legislação, ainda existe muita falsificação. Um exemplo são os mercados que ainda passam por processo de regulamentação, como o da China, que, sem nenhuma preocupação, copia marcas consagradas no mercado.

Por último, não podemos deixar de mencionar a questão **preço**. Uma marca forte possibilita à empresa oferecer seus produtos ao mercado com um preço *premium*, ou seja, superior ao de seus concorrentes, e assim garantir margens de lucratividade acima do mercado. Por se tratar de marcas que trazem consigo vários diferencias, os consumidores ficarão mais suscetíveis a pagar um valor superior, ainda mais quando a ideia que prevalece no mercado é a de que produto caro é sinal de qualidade superior. Note como os produtos da Apple têm preço superior e, mesmo assim, a cada novo lançamento existe uma fila enorme de consumidores para disputar a compra da novidade. Ou considere o preço de uma

Capítulo 1 • O que é... e o que não é marca

21

Ferrari, que decorre da força e da tradição da marca, isso sem levar em conta sua qualidade superior à dos concorrentes. Esse é o poder da marca.

Esses são os benefícios que uma empresa pode antever no momento de decidir se deve ou não investir no gerenciamento da marca.

1.8 DESAFIOS NA GESTÃO DE MARCA

Gerenciar uma marca não é uma atribuição das mais fáceis para um gestor. O contexto no qual as marcas se encontram está passando por mudanças drásticas e elas, como um organismo vivo, devem acompanhar e se adaptar a essas mudanças. Caso contrário, serão lembradas apenas como marcas que todo mundo conhece, mas que fecharam as portas por não conseguirem se adaptar às transformações. Muitas pessoas ainda lembram do Mappin. Era uma loja de departamentos que existia na cidade de São Paulo (SP) e que, por não conseguir se adaptar às demandas do mercado, acabou falindo. Mas olhe que interessante, aqueles que lembram da empresa são capazes até de cantar seu jingle. A marca sobreviveu, ao menos na lembrança dos mais saudosistas, mas a empresa já não existe mais. É um caso de um mau gerenciamento de empresa, mas um exemplo de como uma marca pode ser forte na percepção dos consumidores.

> **Gerenciar uma marca não é uma atribuição das mais fáceis para um gestor. O contexto no qual as marcas se encontraram está passando por mudanças drásticas e elas, como um organismo vivo, devem acompanhar e se adaptar a essas mudanças. Caso contrário, serão lembradas apenas como marcas que todo mundo conhece, mas que fecharam as portas por não conseguirem se adaptar às transformações.**

Assim, cabe ao gestor de branding estar atento às mudanças de mercado: clientes bem informados, aumento das extensões de linha, fragmentação dos meios de comunicação, crescimento da concorrência, aumento de custos, exigência de retorno em curto prazo etc.

Um dos fatores que podem influenciar o gestor de branding é que os **clientes estão mais bem informados**. Isso quer dizer que algumas estratégias que anteriormente poderiam ser usadas pelas marcas hoje não são mais apropriadas. Empresas que tentam enganar os consumidores para fortalecer sua marca estão com os dias contados. Ficou muito famoso o caso de uma sorveteria em São Paulo, que, com o objetivo de criar uma storytelling para fortalecer sua marca, acabou por criar uma história fantasiosa sobre seu fundador. Um grande erro, pois com consumidores mais bem informados, a farsa foi descoberta e acabou por funcionar como uma propaganda negativa para a empresa. Hoje, com o advento das novas tecnologias, é quase impossível esconder ou inventar determinadas histórias para os consumidores.

Outro ponto que acaba por prejudicar o gerenciamento de uma marca são as famosas **extensões de linha e de marca**. Com o objetivo de tentar abarcar o maior número possível de consumidores, as empresas atualmente criam novas versões de seus produtos em demasia. Tome como exemplo o mercado de sabão em pó. São tantas extensões, claro que uma para cada situação, que podem acabar criando certa confusão na cabeça dos consumidores, que muitas vezes nem ao menos sabem qual é a marca mãe. Isso pode enfraquecer as marcas, porque a atenção dos consumidores acaba se diluindo.

Outra situação que dificulta o trabalho dos gestores de branding é a **fragmentação das mídias**. Se em anos passados, talvez muitos anos, bastava uma empresa fazer um pesado investimento em mídia de massa para conseguir a atenção de uma grande quantidade de consumidores (uma novela da Rede Globo conseguia facilmente uma enorme audiência) e um gestor de marketing tinha uma quantidade limitada de veículos de comunicação para se comunicar com seu público-alvo, hoje a situação é muito diferente. Hoje temos à disposição uma gama de veículos de comunicação para nos comunicar com os consumidores e, quanto mais diluída for a forma de comunicação, menor será a possibilidade de conseguir a atenção deles e, consequentemente, que eles gravem os diferenciais de nossa marca.

Por fim, entre todos os desafios enfrentados pelos gestores em relação à gestão de marca, há os **custos**. A cada dia, a busca por um maior retorno financeiro faz com que as empresas estejam constantemente cortando custos que julgam ser desnecessários e, assim, acabam por cortar aqueles que poderiam ser direcionados ao fortalecimento da marca. Ou se não cortam custos, acabam por reduzir os investimentos na gestão da marca. Essa visão míope em relação aos investimentos em marketing pode ser notada sempre que o país se defronta com uma crise, pois nesses momentos a primeira verba a ser cortada pelos gestores é a de marketing. Dessa forma, torna-se cada vez mais difícil o papel do gestor de branding em seu processo de fortalecimento de marca, porque, para se construir uma marca forte, são necessários tempo e investimento.

Esses são alguns dos desafios que os gestores de marca enfrentam em seu mercado. No decorrer deste livro, pensaremos em formas estratégicas de superá-los.

Capítulo 1 • O que é... e o que não é marca

ESTUDO DE CASO

7 princípios de place branding

Experiências norte-americanas despertam paixões

A globalização despertou o interesse das pessoas em conhecer novos lugares, suas culturas e hábitos. Com o cidadão circulando pelo mundo, torna-se cada vez mais necessário diferenciar espaços, comunicar as diferenças e fugir da pasteurização com ações que reforcem a singularidade dos destinos. Assim como as empresas, cidades e estados apostam no branding para construir suas imagens, estimular o turismo e o orgulho do público local, incrementar a economia e promover a integração das pessoas.

No Brasil, ainda são poucas e inexpressivas as iniciativas com essas finalidades. Algumas, no entanto, aproveitam apenas momentos ou eventos para se comunicar, mas perdem a oportunidade de construir uma marca definitiva que comunique os verdadeiros atributos. O Rio de Janeiro é um exemplo, a cidade faz muita festa pelos 450 anos e pouco place branding e, apesar de tantas particularidades, não tem uma marca única e própria que a identifique. Em contrapartida, cidades como Curitiba e Fernando de Noronha têm uma postura diferenciada e trabalham melhor suas imagens.

Nos EUA, a prática é comum. Estados e pequenas cidades desenvolvem o place branding a fim de valorizar os atributos e divulgar o espírito do lugar, do latim *Genius loci*. "Não estamos falando apenas de potencialidade turística, mas também econômica, de integração de pessoas e encontros. O place branding é uma forma organizada de desenvolver a identidade de uma cidade e um país", explica Jaime Troiano, CEO da Troiano Branding, em entrevista à TV Mundo do Marketing.

Cases americanos

Construir um posicionamento é trabalhoso e alguns princípios devem ser seguidos, como mostram Cecília Russo e Jaime Troiano, da Troiano Branding, na Conexão Atlanta do Radar Internacional do Mundo do Marketing. Envolver todos os steakholders (1)[3] é um deles, pois é fundamental para dar mais

---

3. Os números entre parênteses que aparecem ao longo do texto têm o objetivo de demarcar para o leitor quais são os 7 princípios de place branding que devem ser observados.

consistência ao propósito e fazer com que todos defendam a mesma ideia, o que dará maior coerência. Em Kentucky, por exemplo, dois moradores resolveram abraçar a causa e em parceria com associações e governo criaram o "Kentucky for Kentucky". A ideia era construir uma marca que representasse o estado a fim de aumentar o turismo, atrair novos negócios, promover o orgulho da população e unificar toda a comunidade. A partir de pesquisas, eles chegaram até ao "Kentucky kick ass", algo como, "Kentucky arrebenta", em tradução livre.

Para que todo o país pudesse conhecer as qualidades do estado, foi feita uma campanha de financiamento coletivo para patrocinar a exibição de um comercial durante o Super Bowl, em 2012.

A iniciativa deu certo e ainda aumentou a repercussão, já que além de prometerem doar generosas quantias, os moradores também comentavam a ação no Twitter, aumentando a exposição e ampliando a comunicação por meio do boca a boca (2), que também é importante para consolidar o projeto de place branding. A iniciativa completa ganhou um site, no qual é possível ver todas as ações e ainda comprar souvenirs.

Ter um propósito (3) bem definido é fundamental para construir a imagem dos destinos, mas antes de tudo é preciso conhecer a verdadeira vocação do local, pois serão as ações reais e genuínas que darão a credibilidade (4) necessária para que a comunicação atinja os objetivos. A cidade de Durham, na Carolina do Norte, por exemplo, é conhecida por sediar importantes universidades e produzir muito conhecimento. O local recebe estudantes e pesquisadores de todo o mundo e resolveu fazer de seu principal ativo a sua bandeira. Para reforçar a capacidade de inovação foi criado o slogan "We make things better", ou em livre tradução, "A gente faz as coisas melhores". "É interessante ver como cada cidade identifica qual é o seu core e a partir dele constrói essa identidade", comenta Cecília Russo, Diretora da Troiano Branding, em entrevista à TV Mundo do Marketing.

Seja específico

Um lugar é plural e possui várias características, mas é preciso ter foco (5) para encontrar a verdadeira vocação e usá-la para posicionar o lugar. Apesar de ter vários atrativos, Las Vegas é reconhecida por ser uma cidade para adultos e comunica isso com o slogan "What happens in Vegas, stays in Vegas", ou "O que acontece em Vegas, fica em Vegas" em uma clara mensagem que na cidade tudo pode acontecer, criada, principalmente, com a ajuda da indústria cinematográfica. Quem também se aproveitou do mesmo canal para construir sua imagem foi Nova York, que serve como cenário para vários filmes. A exposição reforça a imagem cosmopolita da cidade, mas ela só pôde ser construída após o compromisso da gestão pública (6), um dos princípios do place branding, para melhorar a opinião de seus públicos.

Capítulo 1 • O que é... e o que não é marca

O trabalho começou ainda na década de 1960 para afastar a imagem de cidade violenta e resgatar o orgulho e a confiança de seus moradores. A iniciativa rende frutos até hoje e faz do case "I love NY" um dos mais conhecidos em todo o mundo, despertando interesses e atraindo visitantes e investidores. Porém, para que a ação seja reconhecida deve-se ter paciência para acompanhar a ação do tempo (7), pois é preciso ter coerência para o projeto ter aderência e ser reconhecido pelo público e alcançar os objetivos.

O estado da Virgínia é outro lugar que há décadas constrói sua imagem baseada em um propósito, que é o de ser um lugar acolhedor para receber as pessoas que estão dispostas a cultivar o amor. O "Virginia is for lovers" visa resgatar os bons momentos e a qualidade de vida de quem quer viver bons momentos com quem se ama. O projeto já existe há quase meio século e é trabalhado turisticamente para atrair visitantes e virou a marca registrada do lugar, que tem como principal objetivo viver o amor em todas as suas formas.

Fonte: MORAES, R. 7 princípios de place branding. *Mundo do marketing*, maio 2015. Disponível em: <http://www.mundodomarketing.com.br/blogs/radar-internacional/33561/7-principios-de-place-branding.html>. Acesso em: nov. 2016.

VAMOS TESTAR SEUS CONHECIMENTOS?

1 Neste capítulo, você pôde entender o que é marca, os conceitos que estão inseridos nessa importante ferramenta mercadológica e como é essencial a gestão de marca para uma empresa, ou como ela é essencial para a sobrevivência de uma organização. Como você, enquanto gestor de marketing de uma empresa, argumentaria com o conselho de administração sobre a importância de uma gestão eficaz de marca?

2 No estudo de caso deste capítulo, apresentamos casos de place branding muito comuns em estados norte-americanos. Em sua opinião, essas estratégias seriam válidas em território brasileiro?

3 Além de dissertarmos sobre o tema marca, explicamos os desafios existentes em seu gerenciamento. Tendo como base o mercado brasileiro, quais desafios você considera mais difíceis de serem gerenciados pelo departamento de marketing? Em sua argumentação, faça uma análise do contexto brasileiro e use argumentos do capítulo para justificar a resposta.

4 Mostramos a importância da marca tanto para as empresas como para os consumidores. Elabore um texto argumentativo explicando as vantagens de desenvolver uma marca forte, tendo como base as vantagens para os consumidores. Em sua argumentação, explique se essas vantagens podem ser trabalhadas em estratégias de place branding.

5 Em sua opinião, é mais importante que a empresa gerencie os aspectos tangíveis ou intangíveis de uma marca? Use argumentos expostos no capítulo para embasar sua resposta.

2

A marca nos contextos institucional e mercadológico

APRESENTAÇÃO

Para que a gestão de uma marca seja eficaz é fundamental uma visão estratégica e mercadológica do negócio da empresa. Devido à sua importância, a marca deve sempre estar em consonância com as demais estratégias institucionais, de forma a garantir competitividade e credibilidade nos mercados em que está presente.

OBJETIVOS

O objetivo deste capítulo é entender a relação simbiótica da marca com os demais departamentos de uma organização, não apenas o de marketing, mas todos os que a compõem e que, de alguma forma, geram valor para os consumidores. Vamos compreender ainda o que é marketing e todo o contexto da marca dentro do processo decisório da empresa.

2.1 A MARCA NO CONTEXTO MERCADOLÓGICO

Que as marcas são importantes para uma organização, acreditamos que para você, leitor, não reste dúvida. São inúmeras as situações que conduzem o consumidor à compra, recompra e fidelização, e em muitas delas isso se deve a marcas fortes. Afinal, o que compramos não é o produto em si, mas a resolução de um problema específico, problema este que as marcas nos ajudam a resolver de forma pontual. No entanto, em qual ponto da gestão de marketing as marcas se encontram?

Pode parecer uma pergunta um tanto simples, porém, para que a gestão de marca seja eficaz é fundamental uma visão estratégica mercadológica do negócio da empresa. Lembre-se que, devido à importância da marca, ela sempre deverá estar em consonância com as demais estratégias institucionais. Cada passo deve ser milimetricamente estudado, como em um jogo de xadrez, no qual os grandes mestres não pensam apenas em uma jogada, mas no jogo todo, antecipando tudo o que pode ocorrer e as consequências de suas jogadas tanto para ele quanto para seus adversários. Com uma marca ocorre a mesma situação, temos que pensar no processo como um todo e na sinergia entre a empresa e a gestão de marca.

Você já notou como as marcas fortes trabalham em constante sintonia com os demais processos de uma organização? Quando, por exemplo, uma marca modifica seu posicionamento, todos os processos organizacionais são envolvidos e, se essa mudança é radical, toda a empresa necessita convergir para que ela possa realmente agregar valor. Observe que não se trata apenas de uma mudança estética no logotipo, por exemplo, e sim de alterações em todos os meios de contato da empresa com seus consumidores.

Quando a marca de sabão em pó Omo mudou seu posicionamento do famoso "Só Omo lava mais branco" para "Porque se sujar faz bem", toda a organização teve que se adaptar e elaborar novas estratégias para se adequar a essa mudança, incluindo os responsáveis pela concepção das campanhas publicitárias, que deixaram de lado os atributos técnicos do produto para se concentrar em seus benefícios emocionais – o relacionamento passaria a ser focado nas consumidoras modernas, que têm longas jornadas diárias de trabalho e ainda cuidam de suas casas. O recado pode ser entendido assim: não se preocupe se seus filhos estão sujando as roupas, pois Omo resolve esse problema. Além disso, a campanha resgata a ideia de que se sujar faz parte do aprendizado e é algo natural e saudável na infância.

Veja as campanhas do OMO Branco total:

Porque se sujar faz bem:

A mudança de posicionamento e marca tem, como já dissemos, novas estratégias de comunicação (seja na mídia de massa ou no ponto de venda), de preço, praça e produto. Notou como existe uma visão sistêmica do processo? Uma pequena mudança em uma marca afeta toda a organização.

Podemos citar também a Schincariol, quando trocou sua marca para Nova Schin. Lembra-se desse caso? A empresa literalmente mudou a fórmula, a embalagem e a marca de sua cerveja. Alterou também a estratégia de comunicação, com uma nova propaganda que chamava os consumidores a "experimentar" a nova cerveja, e o preço de seu produto, pois com essa nova versão conseguiu disputar mercado com as marcas *premium* já existentes, no caso Brahma, Antarctica e Skol. Porém, não foram apenas essas mudanças no marketing mix que afetaram a empresa. Todo o planejamento estratégico teve que ser revisto, porque tanta novidade fez com que a empresa literalmente subisse de patamar junto a seus concorrentes e a obrigou a pensar em novas estratégias de competição. Essa é a visão sistêmica e o processo de sinergia que buscamos, a junção ou visão do todo que os profissionais da área devem ter para uma melhor adequação a esse mercado em profunda transformação. O profissional do futuro não terá apenas uma visão dos processos, e sim, como já mencionamos, a visão de um jogador de xadrez, que enxerga uma jogada pontualmente, mas consegue perceber o todo e construir o cenário que melhor se enquadre em suas pretensões.

> **O profissional do futuro não terá apenas uma visão dos processos, e sim, como já mencionamos, a visão de um jogador de xadrez, que enxerga uma jogada pontualmente, mas consegue perceber o todo e construir o cenário que melhor se enquadre em suas pretensões.**

Como nosso objetivo é entender esse processo, acreditamos que seja importante compreender o que é marketing, como ele é importante para as organizações e como se relaciona com a marca. Assim, será possível identificar em que ponto do contexto mercadológico a marca se insere e como os gestores podem melhorar a forma de administrá-la.

Portanto, nossa primeira pergunta é: O que é marketing?

2.2 O QUE É MARKETING?

Pode parecer um pouco redundante falar sobre o conceito de marketing em um livro sobre marca, não é mesmo? Bem... mais ou menos. Se nosso objetivo é desenvolver uma visão sistêmica como profissionais com foco no mercado e uma visão geral da organização (e não apenas operacional), falar um pouco sobre o conceito de marketing para entender o espaço da marca nesse processo é fundamental. Temos que saber onde se encaixam as marcas no escopo do marketing e não imaginar que, por mais que a gestão de marca seja importante, estamos isolados no processo de gestão. Assim, vamos lá.

De forma simples, podemos conceituar marketing como as ações desempenhadas por uma organização com o objetivo de satisfazer às necessidades e aos desejos de seus consumidores. Ou seja, é o que se faz para identificar problemas pontuais dos consumidores em determinado mercado e, com isso, pensar em formas de solucioná-los por meio de um produto ou serviço. Por exemplo, as montadoras notam que os clientes têm problemas de locomoção e colocam determinado carro no mercado – é claro que hoje em dia a compra de um carro é mais

Capítulo 2 • A marca nos contextos institucional e mercadológico

do que simplesmente uma questão de locomoção, e também envolve *status*, segurança, conforto e preço –, mas a visão é a mesma: um problema que a empresa se propõe a resolver.

No entanto, o marketing é a satisfação das necessidades e dos desejos somente dos consumidores? Não. Com a importância que as empresas ganharam na sociedade para a geração de riqueza, elas deixaram de pensar apenas em seus consumidores e foram inserindo no conceito de marketing a preocupação com seus stakeholders (organizações ou organismos que têm algum interesse na empresa), como os acionistas, governo, público em geral, comunidade acadêmica, parceiros de negócios, enfim, todos os que têm interesse na empresa e podem se beneficiar direta ou indiretamente dela.

Ciente da importância de seus consumidores e stakeholders, as empresas mais antenadas no mercado, ou seja, aquelas que têm em seu DNA os preceitos de marketing, procuram a todo momento o fortalecimento de sua marca com estratégias de Responsabilidade Social Corporativa (RSC). São estratégias nas quais procuram vincular sua marca a causas voltadas à sustentabilidade, como a GE, com suas ações voltadas à economia verde e sua unidade estratégica de negócios chamada Ecomagination, que já representa mais de 40% de seu faturamento; e a Natura, com sua missão de promover beleza, prazer e sustentabilidade e suas ações voltadas à economia verde. São empresas que procuram fortalecer suas ações sociais com o objetivo de satisfazer não apenas às necessidades e aos desejos de seus consumidores, mas também de todos os demais interessados.

Portanto, de forma geral, podemos afirmar que marketing é a satisfação de necessidades e desejos de seus consumidores, porém... Como se dá esse processo? Como entregar valor aos consumidores? Como as marcas se encaixam nesse processo?

> **Para que uma empresa possa satisfazer as necessidades e os desejos de seus consumidores de forma mais eficaz que os concorrentes e entregar valor a seu público-alvo deve, de forma estratégica, pensar em marketing. É preciso, com base em um estudo sistematizado do mercado, compreender os verdadeiros anseios de seus consumidores e o que é valor para eles, o que realmente esperam em suas compras e o que eles desejam em um momento de troca.**

2.3 COMO SATISFAZER AS NECESSIDADES E OS DESEJOS DOS CONSUMIDORES?

Para que uma empresa possa satisfazer as necessidades e os desejos de seus consumidores de forma mais eficaz que os concorrentes e entregar valor a seu público-alvo deve, de forma estratégica, pensar em marketing. É preciso, com base em um estudo sistematizado do mercado, compreender os verdadeiros anseios de seus consumidores e o que é valor para eles, o que realmente esperam em suas compras e o que eles desejam em um momento de troca.

2.4 A SEGMENTAÇÃO DE MERCADO E AS MARCAS

Nós já falamos em vários momentos que uma das formas de escolha do cliente é pela marca, mas como encaixamos a marca nesse processo? Por que uma marca como a Apple é a preferida de um grupo de consumidores? Simples, a empresa delimitou seu público-alvo de forma estratégica, com um processo de segmentação de mercado, e conseguiu descobrir que ao menos no mercado brasileiro seus consumidores, em grande parte, encontram-se nas regiões nobres das grandes cidades, são das classes sociais A e B, têm espírito jovial e são ligados em tecnologia, entre outros fatores que demonstram a sua posição "descolada" em um mercado. Isso quer dizer que a empresa realizou uma adequada segmentação de mercado para poder direcionar suas estratégias de marketing. Dessa forma, podemos entender que segmentar o mercado consiste em dividi-lo em partes menores para conhecer seu nicho e assim direcionar suas estratégias.

Porém, como segmentar o mercado? Isso pode ser feito considerando-se quatro variáveis básicas, que servem para que uma empresa consiga delimitar seu mercado e assim estudá-lo de forma mais precisa. São elas: segmentação geográfica, demográfica, psicográfica e comportamental. Lembrando que quanto maiores as bases de dados usadas por uma empresa, maiores as chances de identificar o que o consumidor considera como valor, e esse valor será transferido para a marca, ou seja, para as estratégias de marketing. As **variáveis geográficas** consistem em dividir o mercado em territórios delimitados geograficamente, como estados, bairros, condados e países. Essa é a segmentação mais simples que existe, ao menos em termos de delimitação. Porém, cabe ressaltar que, por mais simples que seja, esse processo não deve ser negligenciado. Devemos lembrar que todos os mercados têm características peculiares de hábitos e costumes. Por exemplo, há diferença entre os sabores de sorvete comercializados no Nordeste e nas regiões Sul e Sudeste. Ainda, há automóveis fabricados

Capítulo 2 • A marca nos contextos institucional e mercadológico

no Brasil que precisam passar por adaptações para serem vendidos em outros países, e vice-versa. Mais uma vez, lembramos que quanto mais uma marca se adapta às mudanças, melhor é a percepção dos consumidores em relação ao seu diferencial. Para ilustrar, consideremos os vários sabores de Fanta que existem ao redor do mundo, nesse caso, uma adaptação da marca aos gostos diferenciados dos consumidores e, consequentemente, uma demonstração da relação íntima da marca com seu público-alvo, uma relação por meio da qual a empresa demonstra que sabe o que seus consumidores desejam no momento da compra e procura a todo momento surpreendê-los.

Após uma segmentação geográfica, o próximo passo é a **segmentação demográfica**. Essa segmentação consiste em dividir o mercado conforme as características físicas dos consumidores presentes em uma região geográfica, aquela que já delimitamos anteriormente. Assim, a empresa pode identificar seus consumidores tendo como parâmetro gênero, idade, classe social, nível socioeconômico, religião, raça, nacionalidade, entre outras variáveis. Note que essa segmentação também é importante para que a empresa possa direcionar suas estratégias de branding, visto que, com o objetivo de agregar valor à sua marca, busca sempre um processo de adaptação de suas estratégias a um grupo de consumidores e, assim, visa a uma identificação maior com esse público. Essa postura serve tanto para direcionar suas estratégias como para criar um posicionamento adequado. Assim, temos o Marlboro como um cigarro para homens, as lojas Marisa com foco nas mulheres, os relógios Rolex para pessoas de uma classe social mais alta, e assim por diante nesse relacionamento das marcas com seus segmentos de mercado. Quanto melhor for a delimitação do segmento, mais fortes serão as ligações da marca com seu segmento.

Veja a propaganda do cigarro Marlboro:

Portanto, nessa fase de construção de uma marca forte já foi delimitado o mercado em termos geográficos e demográficos. Isso, já é o suficiente para entendê-lo bem? Ainda não. Por mais que essas duas variáveis de segmentação sejam fundamentais para que uma marca possa ser adequadamente gerenciada, ainda temos um conjunto de consumidores com muitas diferenças em termos de consumo e, dessa forma, devemos realizar uma segmentação psicográfica.

Pode-se afirmar que o estilo de vida e a personalidade de uma pessoa podem influenciar seu padrão de compra e mudar as estratégias de marca de uma organização? Sem dúvida nenhuma. Ciente dessas características comportamentais, a próxima forma de dividir o mercado é a **psicográfica**, que consiste na segmentação pelo estilo de vida do consumidor, ou seja, o modo como ele se relaciona com a sociedade e consigo mesmo (por exemplo, esportistas, vegetarianos) e expressa sua personalidade: otimista, empreendedora, conservadora etc.

Esse tipo de segmentação pode parecer um pouco complicado para o gestor de uma marca, mas não é o que parece. Se ele fizer uma segmentação demográfica de forma adequada, ela trará fortes indícios de como poderá ser a segmentação psicográfica. Se na segmentação demográfica a empresa delimitou como seu segmento pessoas da faixa etária de 15 a 20 anos, ela já sabe que se trata de jovens e consequentemente pode entender que são pessoas com personalidade jovial e questionadora. Se a faixa etária for de 50 a 55 anos, a empresa terá como base pessoas com personalidade um pouco mais conservadora e que procuram aproveitar a vida após longos anos de trabalho. Essa relação também vale para o estilo de vida. Com um estudo de mercado pode-se identificar quais estilos de vida são mais marcantes em determinados locais. O campo e as regiões litorâneas, por exemplo, são procurados por pessoas que gostam de ambientes mais tranquilos e contato constante com a natureza etc.

Aquelas marcas fortes que foram construídas por um processo estratégico de branding conseguem expressar a personalidade de seus consumidores, como o banco Itaú, que tem como foco as pessoas tecnologicamente conectadas, a se notar em suas campanhas publicitárias o símbolo de arroba (usual na internet) formando o "I" do nome do banco. A descontração das sandálias Havaianas presente em seus produtos e propagandas. Ou o estilo de vida "faça você mesmo" nas lojas de móveis Ikea.

Bem, com esses tipos de segmentação de mercado já podemos passar para o estudo do comportamento do consumidor? Ainda não. Por fim, temos a mais complexa das estratégias de segmentação de mercado, a **comportamental**. Ela parte

> **Aquelas marcas fortes que foram construídas por um processo estratégico de branding conseguem expressar a personalidade de seus consumidores.**

Veja a campanha digital do Itaú:

do pressuposto de que a empresa deve estudar e dividir o mercado por meio do estudo do relacionamento do consumidor com o produto, ou seja, como ele se comporta no momento da compra. Isso é mais difícil porque a empresa deve conhecer a fundo o relacionamento que o cliente tem com o produto, precisando para isso dividir o mercado em variáveis como: *status* de fidelidade, quantidade comprada, momento da compra, local da compra, quantidade de uso, entre outras.

Com base nesse conhecimento, fruto de um relacionamento adequado com os consumidores, algumas marcas conseguem destaque no mercado. São exemplos o antigo posicionamento do Unibanco – "O banco 30 horas, 6 horas na agência e 24 horas na internet", uma estratégia que conseguiu identificar as mudanças comportamentais dos consumidores, e as embalagens tamanho família de refrigerantes e salgadinhos para os *heavy users* – que consomem muito do produto em determinados momentos.

Com o uso dessas estratégias de segmentação de mercado, a empresa estará pronta para o próximo estágio em seu processo de gerenciamento de marca: entender o que os consumidores enxergam como valor em uma marca para que possam, por meio de sua gestão de branding, criar valor para eles. Como fazer isso? Por meio do estudo do comportamento do consumidor.

2.5 A MARCA E O COMPORTAMENTO DO CONSUMIDOR

Como mencionamos anteriormente, o marketing pode ser entendido como a satisfação das necessidades e desejos dos consumidores, por isso é preciso primeiramente saber quais são as verdadeiras necessidades dos consumidores ou quais problemas deles uma empresa está disposta a resolver. Daí o motivo de ser preciso delimitar adequadamente o mercado, tendo em vista que seria quase impossível resolver os problemas de todos os consumidores. Definido o público-alvo, partimos para entender o seu comportamento, ou seja, o que o leva a comprar uma marca quando existem tantas opções no mercado. É preciso compreender como ele escolhe, compra, usa e descarta o produto, e seu nível de satisfação após adquiri-lo. Esse é o objetivo do estudo do comportamento do consumidor. Após essa análise, é possível entender claramente o que esse público-alvo enxerga como valor em uma compra.

Como já mencionado, os consumidores somente compram um produto se tiverem um problema, o que iremos delimitar como necessidade, ou seja, a diferença entre uma situação atual e uma desejada. O processo pode ser considerado da seguinte forma: imagine que você está sentado em seu sofá assistindo a um programa de televisão, aquele seriado favorito que você tanto espera durante a semana. Você está confortavelmente instalado, sem problema nenhum, quando durante o intervalo (você está assistindo ao seriado na TV a cabo) aparece a propaganda de um delicioso lanche do McDonald's. Sem você pensar muito nessa situação, seu estômago começa a roncar de fome. Você recebeu um estimulo de marketing que desencadeou uma necessidade interna, a fome. Essa situação irá causar um incômodo que, se não for sanado, levará a um desconforto que persistirá até o momento em que você comprar o lanche apresentado na propaganda, ou compensar o desejo com algum outro produto que tem à disposição em sua geladeira.

As marcas que conseguem entender esse processo melhor que os concorrentes são as que terão mais destaque na mente dos consumidores e, consequentemente, serão as preferidas no mercado.

É assim que é gerada uma necessidade. Nós recebemos determinados estímulos, sejam eles internos ou externos – internos são aqueles relacionados às nossas necessidades básicas e os externos normalmente, mas não unicamente, aos estímulos de marketing ou ambientais, e estes estímulos acabam por desencadear uma necessidade, que nos motiva a determinada ação para saná-la. É isto que o comportamento de compra nos ajuda a entender: quais estímulos levam os consumidores e enxergar nossos produtos e em quais situações eles irão se relacionar com a empresa. Com base nesse entendimento, conseguimos conhecer o que os consumidores consideram como valor no momento da compra.

As marcas que conseguem entender esse processo melhor que os concorrentes são as que terão mais destaque na mente dos consumidores e, consequentemente, serão as preferidas no mercado. As canetas Montblanc são conhecidas pelo slogan "A arte de escrever", porque no estudo do comportamento do consumidor a empresa percebeu que para seus clientes escrever não é apenas uma questão de instrumentalização de uma caneta, mas é algo que remete a *status*, estilo de vida e um certo glamour. Como ela conseguiu identificar isso? Simples: segmentando o mercado e estudando como seus consumidores compram, o que escolhem e principalmente o que enxergam como valor no momento da compra.

A partir do momento em que entendemos como uma necessidade é gerada, precisamos saber como o consumidor chega ao processo de compra e como as marcas são importantes nesse processo.

Capítulo 2 • A marca nos contextos institucional e mercadológico

Como vimos, o processo de compra se inicia quando o consumidor percebe que tem um problema que precisa ser equacionado, problema este que surgiu pela constatação de uma necessidade não satisfeita, que pode ter sido gerada por um estímulo interno ou externo. Desse ponto começa o processo de compra, no qual destacamos: reconhecimento do problema, busca de informações, avaliação das alternativas, decisão de compra e comportamento pós-compra. Em todas essas fases há influência da marca.

O **reconhecimento do problema** se dá quando percebemos que temos uma necessidade não satisfeita. Lembre-se que, como profissionais de marketing, nós vendemos soluções e não produtos ou marcas. Esse problema pode ser de ordem pessoal, profissional ou social. Pode ser um problema básico (o qual denominamos necessidade) ou um problema que foi gerado pela sociedade (o qual denominamos desejo). Quando tenho fome estou com uma necessidade interna, e um simples prato de arroz com feijão pode resolver meu problema, porém eu posso desejar um prato de estrogonofe, o que seria um desejo. As marcas trabalham os desejos, por isso eu desejo ter uma Ferrari amarela para resolver meu problema de locomoção de minha casa ao trabalho em vez de um simples carro 1.0.

Após reconhecer que tenho um problema ou uma necessidade insatisfeita, passo à fase de **busca de informações** para que possa resolvê-lo. É o ato de investigar o mercado para verificar qual marca oferece a melhor forma de resolver meus problemas. Assim, é comum que os consumidores recorram a fontes internas e externas. As fontes internas são aquelas relacionadas à experiência do consumidor, ou seja, ele busca em seu histórico de compras qual a melhor marca para resolver seu problema pontual. Portanto, se já tivemos um relacionamento com determinada empresa e ele foi adequado, normalmente são as marcas dela que iremos preferir. Temos o hábito de escolher mais de uma vez aquelas marcas que, de alguma forma, foram eficientes ao resolver nossos problemas, uma vez que ter que pesquisar outras marcas causa estafa mental, e como somos programados para economizar energia, essas marcas fortes ganham vantagem em relação às demais.

Outra forma de buscar informações são as fontes externas, entre as quais destacamos: fontes pessoais, comerciais, públicas e experimentais. Fonte pessoal é o famoso "boca a boca". Se temos um problema ou precisamos comprar um produto, procuramos pessoas de nosso convívio para buscar informações sobre determinadas soluções. As fontes comerciais são as propagandas que as empresas usam para chamar nossa atenção. Assim, pode-se pesquisar no site da empresa ou buscar a informação nas propagandas, no ponto de vendas, enfim, em todos os meios pelos quais uma empresa divulga sua marca. Outra forma de buscar informações para um problema pontual é pelas fontes públicas, destacando-se nesse caso pessoas ou órgãos de imprensa que apresentam informações de determinadas marcas sem receber nenhuma gratificação em troca, como uma matéria jornalística, blogs ou formadores de opinião. E por fim temos as fontes experimentais, que nos oferecem a possibilidade de literalmente experimentarmos o produto ou serviço para analisar sua adequação, como um test drive ou uma amostra grátis.

Após a busca de informações, os consumidores já podem analisar quais marcas poderão satisfazer as suas necessidades. Em seguida, eles poderão decidir, com base nas informações que possuem, quais produtos irão escolher. Esse é o momento de **avaliar as alternativas**. Nesse ponto, as marcas são fundamentais para que os produtos consigam um espaço de destaque na preferência dos consumidores, porque nessa fase são levados em consideração fatores como: crenças e atitudes (crenças são as ideias em que o consumidor acredita cegamente e que irão delimitar suas decisões, portanto, se ele acredita que uma marca é importante, nada o fará mudar de opinião); modelos de expectativa em relação a valor, ou seja, a diferença entre custos e benefícios; características funcionais ou se o produto irá atender às expectativas em relação a sua funcionalidade; benefícios de uso e posse, ou a gratificação que terá por adquirir o produto.

Após avaliar as opções que o consumidor tem à disposição, o próximo passo do processo é a **decisão de compra**. Nesse ponto, o consumidor irá considerar a *atitude dos outros* ou qual a impressão que as pessoas mais próximas a ele poderão ter em relação às suas compras. Por mais que muitos digam que não ligam para o que os outros falam, intimamente somos suscetíveis a opiniões em relação às nossas compras. Também há que se considerar os *fatores situacionais imprevistos*, por exemplo, quando o consumidor adquire um bem com valor muito alto financiado, sempre pensa no que pode ocorrer caso ele perca o emprego ou não tenha condições de honrar seus compromissos. Por fim, ele analisa os *riscos envolvidos* em uma compra, como o risco funcional (o que pode ocorrer caso o produto não tenha o desempenho esperado),

Capítulo 2 • A marca nos contextos institucional e mercadológico

o risco social (analisa se o produto pode causar algum desconforto a ele ou a outros), o risco físico, entre outros.

Note que toda essa análise pode ser amenizada caso tenhamos uma marca forte, porque nesse caso instintivamente o consumidor acaba por comprar no "piloto automático" ou acredita que, por se tratar de uma marca forte, esses fatores, principalmente em relação aos riscos, praticamente não existem. Mais uma vez, essa é a vantagem de trabalhar no sentido de criar e sustentar uma marca forte.

Só então temos a **compra** propriamente dita, fase em que o consumidor irá analisar o local de compra, as estratégias de preço, o relacionamento com o vendedor – ou seja, se estivermos tratando de uma compra física, ele analisará todos os fatores envolvidos no processo de compra no próprio ponto de venda. Já se a compra for virtual, por meio de uma plataforma, a análise considerará confiança na empresa, agilidade no processo e, muitas vezes, a disponibilidade dos produtos para entrega, entre outros fatores. Se existe uma marca forte, com toda certeza esses fatores serão atenuados no processo.

No último estágio do processo temos o **comportamento pós-compra**: o consumidor pode ficar satisfeito, insatisfeito ou encantado. Quando fica satisfeito, é sinal de que a empresa atendeu às expectativas dele; pode ficar desapontado se isso não ocorrer tanto pelo fato de a empresa não ter conseguido cumprir o prometido quanto pelo fato de as expectativas dele serem muito altas. Nessa situação, ele pode se tornar um crítico voraz da marca, usando todos os seus meios de contato para criticá-la. Já se ele ficar encantado com a compra, será um verdadeiro defensor da marca e não poupará meios de fazer propaganda da empresa.

> As marcas fortes normalmente são aquelas com as quais os consumidores ficam encantados. Os clientes da Harley-Davidson, por exemplo, são encantados com o trabalho da empresa. A empresa que tem uma marca forte procura a todos os momentos fortalecer o relacionamento com seus consumidores, e assim consegue transformá--los em verdadeiros defensores da marca.

As marcas fortes normalmente são aquelas com as quais os consumidores ficam encantados. Os clientes da Harley-Davidson, por exemplo, são encantados com o trabalho da empresa. A empresa que tem uma marca forte procura a todos os momentos fortalecer o relacionamento com seus consumidores, e assim consegue transformá-los em verdadeiros defensores da marca.

Bom, esse é o processo. Simples, não é mesmo? Mais ou menos. Quando tratamos de marketing, nem tudo é simples. Você sabia que todo esse processo inclui influências que nem sempre são percebidas pelos consumidores em suas decisões? E que esses fatores podem ser potencializados pelas marcas? Pois bem, todo processo de decisão de compra sofre influência de fatores culturais, sociais, pessoais e psicológicos. Vamos analisar brevemente cada um deles, porque são fundamentais para entender como os consumidores enxergam valor em uma transação mercadológica e auxiliam as empresas a criar vínculos que possam fortalecer a marca.

O primeiro, e talvez o mais forte dos fatores, é o **cultural**. Nesse ponto entendemos os hábitos e costumes presentes em determinada região e o que faz com que os consumidores os sigam muitas vezes sem pensar. Como acabamos por ser condicionados por determinados comportamentos, muitas vezes aqueles que nos trazem alguma vantagem, acabamos por praticá-los para que possamos nos adaptar à sociedade ou porque, como já mencionamos, não vale a pena modificá-los.

Há alguns hábitos que são recorrentes em nossa cultura, como tirar carteira de motorista aos 18 anos, *happy hour* depois do trabalho, assistir ao Jornal Nacional e a novelas, ter uma visão otimista, entre outros. Assim, algumas marcas podem se aproveitar desses comportamentos para estabelecer seu relacionamento e assim conseguir criar determinados gatilhos importantes para uma marca, como as campanhas de Natal com os ursinhos da Coca-Cola – a empresa estabeleceu um vínculo entre essa data comemorativa e seu refrigerante. As sandálias Havaianas se identificam com a irreverência dos brasileiros. Já marcas de cerveja se beneficiam de propagandas em que mostram reuniões de amigos regadas a churrasco e cerveja. Notem, são marcas que se aproveitam de determinados hábitos já enraizados para criar vínculos dos consumidores com suas marcas. O mais interessante é que elas não tentam mudar hábitos, procuram apenas incorporá-los em suas mensagens.

Veja como uma marca soube usar os aspectos culturais estrategicamente – Pipoca com Guaraná:

Afunilando um pouco mais nossa análise, temos os **fatores sociais**, que influenciam todo o processo de compra descrito anteriormente. Nesse caso podemos entender como os aspectos sociais interferem no comportamento do consumidor. Partindo do pressuposto de que nós somos dependentes de outras pessoas para o pleno andamento de nossa vida, é natural perceber que a sociedade tem uma forte influência em nosso comportamento de compra.

Pensando dessa forma, as empresas procuram vincular suas marcas a grandes formadores de opinião para que eles as avaliem. Por exemplo, se a celebridade usa determinado produto, é sinal de que ele é bom. Nesse caso temos a influência dos grupos de referência indireta, aquele grupo de que não participamos, mas do qual gostaríamos de participar. Além de existir a validação do produto por parte da sociedade, há o fato de o usarmos para que nos faça parecer (ou passar a imagem de que somos parecidos) com tal celebridade. Note o número de marcas que patrocinam o jogador Neymar.

Tantos modismos que surgem a cada dia acabam nos influenciando, porque, como integrantes de grupos sociais – sejam eles de influência direta ou indireta –, consumimos as mesmas coisas (produtos, serviços ou marcas) que os demais para nos mantermos na moda ou integrados a esses grupos.

Outro fator que está por trás de todo comportamento do consumidor são os **fatores pessoais**, que podemos entender como as fases do ciclo de vida de uma pessoa levando em consideração sua idade: as crianças são mais imaginativas, os adolescentes mais questionadores, os jovens mais impulsivos, os adultos focados em construir uma vida estável e os idosos mais conservadores. Claro que não queremos rotular ninguém, apenas estamos tratando de estudo do comportamento do consumidor e das marcas, e sabemos que em todas as situações descritas temos várias exceções. Também nesse fator podemos considerar o ciclo de vida de uma família. Por exemplo, os recém-casados e seu padrão de compra, seus gastos para o desenvolvimento de ambos com estudos, viagens e a casa; os casais com filhos pequenos terão foco nas crianças, aqueles cujos filhos já saíram de casa para construir sua própria família se voltam para o próprio casal, entre outros comportamentos que irão influenciar como os consumidores escolhem suas compras.

Poderíamos elencar outros fatores, mas acreditamos que esses sejam suficientes para mostrar como as marcas podem se relacionar com essas fases do comportamento do consumidor e assim tentar influenciá-lo em seu padrão de compra. Podemos destacar as marcas com apelo às crianças, como a Nickelodeon, com sua programação exclusivamente infantil, e outras que simplesmente migraram para esse público, mantendo o nome da empresa mãe (Fox Kids e Discovery

Kids). Já o desodorante Axe é direcionado aos jovens, como podemos perceber por suas campanhas com forte apelo sexual. O automóvel Up, da Volkswagen, tem como objetivo atrair os jovens com suas cores modernas e descoladas. Marcas de *status* como Mercedes-Benz e BMW têm como objetivo mostrar a ascensão ou posição de certo público--alvo, entre outras marcas que procuram se identificar com determinados estágios pelos quais passamos. Quando uma empresa consegue parametrizar cada uma dessas fases, identificar o real valor que isso tem para os consumidores, cria gatilhos que fazem com que eles, ao receber esses estímulos, lembrem-se automaticamente das marcas na escolha. Esse é o papel das marcas no comportamento do consumidor.

Chegamos à parte final sobre os fatores que influenciam o comportamento do consumidor, os **fatores psicológicos**. Esse ponto do estudo do comportamento do consumidor, e consequentemente do relacionamento com a marca, talvez seja um dos que recebe maior influência dela e compreende: motivação, percepção, aprendizagem e memória. Quando pensamos nesses fatores, nosso objetivo é tentar entender o que se passa na cabeça dos consumidores e o que os motiva a adquirir determinados produtos, serviços e principalmente marcas.

Iniciamos com a **motivação**. Entendemos como motivação tudo aquilo que faz com que os consumidores se esforcem para sair de uma posição atual para uma desejada. Ao notar que têm certa necessidade, eles direcionarão todos os esforços para adquirir um produto ou serviço que possa saná-la. Assim, podemos dizer que a motivação está relacionada a necessidades específicas, como *status*, funcionais, emocionais etc. Nesse ponto entra a importância de determinadas marcas, que em alguns momentos têm habilidade de despertar necessidades latentes nos consumidores e fazer com que busquem formas de supri-las. Alguns deles sentem a necessidade de um produto de marca para se adequar a seu grupo social, outros, para resolver alguns problemas funcionais ou simplesmente satisfazer o ego.

> **Iniciamos com a motivação. Entendemos como motivação tudo aquilo que faz com que os consumidores se esforcem para sair de uma posição atual para uma desejada. Ao notar que têm certa necessidade, eles direcionarão todos os esforços para adquirir um produto ou serviço que possa saná-la. Assim, podemos dizer que a motivação está relacionada a necessidades específicas, como *status*, funcionais, emocionais, entre outras.**

Você conseguiu notar alguma similaridade entre essas situações com alguma teoria existente? Não? Bem, essas necessidades são conhecidas como a hierarquia das necessidades, de Maslow,[1] autor que apresenta, de forma hierárquica, as necessidades de determinado grupo de pessoas. Elas podem ser descritas como necessidades básicas, de segurança, sociais, de autoestima e autorrealização. Cabe aos profissionais de marketing identificar em qual estágio seu consumidor se encaixa e assim entender quais fatores influenciam seu comportamento.

As marcas estão constantemente trabalhando com base em motivações. Se os consumidores estão no estágio de necessidades de segurança, são esses os produtos que irão motivá-los. Se estão no estágio de autoestima, são produtos relacionados a seu bem-estar... Algumas marcas focam assuntos relacionados a necessidades básicas, como alimentação; outras, a necessidades de segurança, como os bancos, que trabalham pela segurança de nossos rendimentos. Já as necessidades sociais são alvo de propagandas de cerveja, que comumente mostram pessoas curtindo a vida junto com amigos. As de autoestima são consideradas por marcas que prezam o "eu", como as abordagens do tipo "você merece esse automóvel". E ainda as necessidades de autorrealização de consumidores que desejam melhorar suas potencialidades. Nesse caso, por exemplo, uma marca pode mostrar como uma viagem à Europa pode enaltecer a base intelectual. Note que são abordagens que as marcas usam para despertar determinadas necessidades que seus consumidores possam ter em determinado momento da vida.

Depois temos a **percepção**. Entendemos, ao menos em termos de marketing, percepção como as opiniões que os consumidores têm em relação à oferta da empresa. Ela vai sendo construída no decorrer da vida conforme as experiências que o consumidor teve em relação a determinados aspectos de uma marca. Assim, se ele tem a percepção de que um produto com valor alto significa uma qualidade melhor, naturalmente terá uma atitude positiva em relação ao produto. Quando uma pessoa vai a um restaurante e encontra tudo limpo e em ordem, tem a percepção de qualidade no produto. Um som ambiente calmo em um consultório médico passa a percepção de tranquilidade e segurança em relação ao serviço. Este é o papel do gestor de marca, apresentar pistas que possam ajudar os consumidores a construir sua percepção em relação à marca. Devido à ideia pré-formulada de que os consumidores constroem sua percepção com base na oferta da empresa, cabe

---

1.   OLIVEIRA, S.L.I. *Desmistificando o marketing*. São Paulo: Novatec, 2007.

ao gestor de branding saber como conseguirá deixar adequadamente explícitas certas dicas que o ajudem a ter uma percepção positiva.

E então temos a **aprendizagem**, que em marketing significa que os consumidores aprendem no relacionamento que têm com as marcas. Assim, quando aprendemos que os produtos da Nestlé são de qualidade, naturalmente adotamos essa aprendizagem para todos os produtos da marca. Basta que a empresa assine todos os produtos com a marca que os consumidores saberão automaticamente que eles são bons. Isso ocorre graças à nossa capacidade de discriminação, ou seja, de conseguir discriminar entre todas as ofertas qual se refere à nossa marca preferida, além de nossa capacidade de generalização, que consiste em atribuir nossas percepções a todos os produtos da mesma marca.

Com base nesse processo de aprendizagem, as empresas estão cada vez mais usando estratégias de extensão de marca. Uma delas consiste em transferir todos os elementos de uma marca vencedora (marca guarda-chuva) para os demais produtos de seu portfólio. A indústria alimentícia sempre usa essa estratégia. A marca Moça, da Nestlé, por exemplo, tem vários produtos, de leite condensado a sorvetes e cereal de milho.

Por último, podemos citar a **memória** como nossa habilidade de reter determinadas informações que, a nosso ver, serão úteis em determinados momentos. Nesse ponto cabe destacar que as marcas têm papel importante no momento de o consumidor armazenar informações em relação a atributos. São as marcas fortes que lembramos ou tentamos trazer à tona quando precisamos de um produto e, quanto melhor nossa experiência com elas, maiores as chances de serem lembrados em um futuro próximo.

Então, como podemos perceber, entender o comportamento do consumidor é fundamental para as marcas. Caso, apesar dos exemplos que mencionamos, você ainda esteja se perguntando por quê, em poucas palavras lembramos que entender o comportamento do consumidor nos ajuda a saber o que ele considera como valor em um processo mercadológico. Não se trata apenas de entender como ele se comporta no momento da compra, mas principalmente o que enxerga como valor em uma compra. É compreender os motivos que o levam a escolher o produto da marca X em detrimento do produto da marca Y. Ele prefere determinadas marcas porque elas transmitem determinados valores que são fundamentais na concepção dele. E agora que a empresa sabe o que os consumidores consideram como valor, o que fazer?

Capítulo 2 • A marca nos contextos institucional e mercadológico

2.6 O POSICIONAMENTO E AS MARCAS

Agora que sabemos o que os consumidores querem ou procuram de valor em uma empresa, o próximo passo é estabelecer o posicionamento da marca. Podemos entender como posicionamento o espaço que uma marca ocupa na mente do consumidor. Em mercados cada vez mais competitivos, aquela que garantir um espaço de destaque levará vantagem. Porém, qual posicionamento adotar?

Antes de mais nada, gostaríamos de frisar que esta parte do capítulo na qual falaremos sobre posicionamento será um pouco simples, pelo fato de que iremos nos deter mais no assunto no Capítulo 7.

Bem, voltando: qual posicionamento adotar? Essa decisão deverá levar em consideração dois fatores: diferenciação e comportamento dos consumidores.

Quando falamos em diferenciação nos referimos a todos os fatores que levam uma empresa a se tornar superior a seus concorrentes mantendo o foco no consumidor. Queremos salientar essa ideia porque de nada adianta uma empresa ser infinitamente superior a seus concorrentes se essa diferenciação não é o que o consumidor deseja, portanto, para não investir em atributos que não estejam de acordo com o que os consumidores querem, não esqueça de sempre realizar um estudo do comportamento do consumidor.

Lembre-se de que os diferenciais da empresa com esse perfil devem ser de fácil entendimento por parte dos consumidores e sustentáveis (no sentido de que ela tenha condições de cumprir o que promete). Após identificá-los, o próximo passo é estabelecer o posicionamento, ou seja, a forma pela qual a empresa irá se promover junto ao seu público-alvo em relação aos seus diferenciais.

Assim, a empresa irá pensar em seu diferencial e, com base no estudo do comportamento do consumidor, identificará se ele realmente é o que o consumidor espera do produto ou de uma categoria de produtos. É a junção do estudo do comportamento do consumidor com o diferencial da empresa. Os dois precisam estar interligados.

Depois de estabelecer seu posicionamento, a empresa usará todos os pontos de contato com seus consumidores para divulgá-lo. E seu posicionamento ajudará no fortalecimento da marca. Por exemplo, qual o posicionamento da Coca-Cola? Está relacionado à sensação de felicidade dos consumidores ao tomar o refrigerante, seja sozinho ou em grupo, está associado a tudo aquilo que eles recebem no momento do consumo. Para entender melhor essa definição, basta analisar as campanhas publicitárias da empresa e seu slogan: "Sinta o sabor". Ela chegou a esse posicionamento com um estudo do comportamento do consumidor e consequentemente de seus próprios diferenciais competitivos.

Veja a campanha Sinta o sabor da Coca-Cola:

Outro caso famoso é o da Duracell, como já mencionamos. Temos um posicionamento forte nesse caso? A marca consegue se sobressair em relação aos concorrentes? Sem dúvida. Seu posicionamento é tão forte que literalmente está em sua marca: é a durabilidade. Alguma outra empresa no setor consegue competir com a Duracell nesse quesito? Não. Simplesmente porque seu posicionamento está em seu nome, em sua marca. E, mais uma vez, esse posicionamento foi fruto de estratégias voltadas ao entendimento do comportamento do consumidor e de sua própria diferenciação, única no mercado.

Muito bem, conseguimos entender o relacionamento da empresa com o mercado no processo de criação de valor para um grupo de consumidores, valor esse que estará associado à marca, mas ainda não chegamos à marca propriamente dita. Assim, em qual ponto da administração de marketing a marca se encaixa? Onde ela está no contexto mercadológico?

2.7 A MARCA E O MARKETING MIX

Já falamos anteriormente que marketing é a satisfação das necessidades e dos desejos dos consumidores, mas como isso pode ser feito? Como entregar valor aos consumidores no processo mercadológico? Por meio do marketing mix, 4 Ps ou variáveis mercadológicas (produto, preço, promoção e praça).

Como acompanhamos até o momento, o gestor de marketing precisa, de forma sistematizada, entregar valor aos consumidores. Para isso, deve segmentar o mercado, estudar o comportamento de seu público-alvo, o que considera como valor, estabelecer um posicionamento mercadológico e, por último, entregar esse valor. Essa entrega de valor ocorre com um produto que satisfaça plenamente as necessidades e os desejos dos consumidores, que tenha um preço adequado e que possa garantir um retorno para a empresa. É preciso ainda uma estratégia de distribuição que faça com que os produtos estejam disponíveis ao consumidor no momento certo e na quantidade desejada (a praça) e, por fim, uma estratégia de divulgação dos produtos (a promoção). Esse é o marketing mix, ou as variáveis controláveis pela organização. Contudo, onde está a marca dentro de todas essas ferramentas? Em todas elas! Como sabemos, no entanto, aquilo que está em todos os lugares não está em nenhum, não é mesmo? Dessa forma, vamos delimitar cada um deles para encontrar o verdadeiro espaço da marca. Depois, nos demais capítulos, aprofundaremos as estratégias.

2.7.1 O produto

Bem, como já mencionamos, ao menos em termos de marketing, o produto pode ser considerado um dos itens mais importantes do marketing mix, porque sem ele não haveria a necessidade dos demais itens. Quando pensamos em produto, devemos considerá-lo como o principal item que os consumidores procuram para atender a suas necessidades e, para um melhor gerenciamento, esse item do mix de marketing tem seu próprio mix – o mix de produto –, que compreende todos os itens do composto do produto que os gestores podem usar para entregar valor a seus consumidores. São eles:

- **variedade** – compreende a quantidade de produto ou linhas de produtos que uma empresa tem para atender a necessidades específicas de seus consumidores;
- **qualidade** – o nível de qualidade que um produto possui e que deve estar de acordo com as necessidades de seus consumidores. A qualidade pode variar de acordo com as percepções de seus consumidores, ou seja, para alguns pode ser a funcionalidade do produto, o fato de apresentar problema ou até preço. Porém, apesar de ser algo variável, nesse quesito iremos apenas considerar a capacidade de um produto em relação ao seu funcionamento, sendo melhor em resolver os problemas que os concorrentes de mercado;
- **design** – algumas empresas se destacam em seu mercado devido ao design de seus produtos, como a Apple. Outras usam o design como uma forma de melhorar o produto, como no caso de automóveis e relógios. Enfim, são empresas que procuram esses itens para agregar valor às suas marcas;

- **embalagem** – funciona como o verdadeiro vendedor silencioso, porque consegue, além de proteger o produto, promovê-lo no ponto de venda. A variedade de tamanhos de embalagem pode ser considerada um diferencial para atender a necessidades específicas de cada consumidor;
- **serviços adicionais** – também podem ser considerados como uma forma de as empresas, dentro do composto de produtos, conseguirem diferenciais. Nesse caso específico, estamos nos referindo aos serviços adicionais que podem complementar a venda do produto;
- **devolução** – também pode ser considerado como um diferencial para a marca o fato de o consumidor poder devolver o produto caso não se sinta satisfeito com a compra;
- **garantia** – em muitos casos, pode se tornar um diferencial, principalmente quando falamos da compra de produtos com um valor agregado ou de produtos de compra comparada. É a possiblidade de troca ou conserto caso o produto apresente algum defeito em sua utilização;
- **marcas** – a marca é administrada dentro do composto do produto e, apesar de sua importância, é nesse escopo que iremos trabalhar. Lembramos que este tem sido cada vez mais um fator importante no momento da compra, por isso deve ser administrado de forma diferenciada, e isso é o que iremos acompanhar neste livro.

Um ponto que gostaríamos de destacar é a sinergia existente entre esses fatores, visto que uma pequena alteração em um deles influenciará todos os demais.

2.7.2 Preço

O preço é um dos mais importantes determinantes de compra, ainda mais quando pensamos que, devido aos avanços tecnológicos, os produtos acabam tendo poucas diferenças entre si. E o mais interessante é sua relação íntima com a marca.

Isso se explica se pensarmos que quando uma empresa tem uma marca forte, ela pode cobrar preços superiores aos de seus concorrentes, afinal, o preço está ligado à percepção que os consumidores têm em relação às ofertas da empresa, aos seus diferenciais e à sua marca. Assim, quanto melhor for a posição da marca, melhores serão os preços que poderão ser cobrados no mercado.

Como os itens do marketing mix são interdependentes, lembramos que qualquer mudança no produto, na promoção ou na praça irá influenciar as estratégias de preço e, em nosso caso em particular, as marcas.

Os itens que compõem o mix de preço, ou seja, as estratégias que poderão ser consideradas pelos gestores para entregar valor aos consumidores, são: lista de preço, quando algumas empresas trabalham com preço predeterminado em alguns mercados; descontos, sejam eles por quantidade comprada, por segmento ou por região; prazo de pagamento, quando a empresa oferece condições de pagamento facilitadas; e condições de financiamento, principalmente quando a empresa comercializa produtos com um valor alto para seus consumidores.

Sendo o preço uma importante variável no momento de decisão de compra, há marcas que se destacam nesse quesito, como Walmart (preços baixos) e Casas Bahia (longo prazo de pagamento). Podemos citar ainda montadoras de automóvel (financiamentos em longo prazo), a lista de preço das companhias de cigarro que possuem uma tabela padronizada para a comercialização em seus varejistas, redes de drogarias (descontos oferecidos a idosos), entre outras estratégias que, pela constância, acabam sendo conhecidas como uma política de preços da organização e ajudam a fortalecer seu posicionamento do mercado e sua marca.

2.7.3 Promoção

Agora chegamos ao momento de informar aos consumidores os diferenciais da marca e consequentemente seus valores. Trata-se da estratégia da empresa para divulgar a seu público-alvo que está disposta a resolver seus problemas.

Nesse componente do marketing mix, a empresa tem à disposição as seguintes estratégias:

- **promoção de vendas** – estratégias pontuais e por tempo determinado por meio de uma oferta da empresa, como preços menores, descontos ou a possibilidade de comprar um produto e levar outro com desconto;
- **propaganda** – ato de informar os consumidores, por meio das mídias de massa ou segmentadas, sobre as ofertas da empresa, como uma propaganda na televisão, rádio, internet, cinema;

- **força de vendas** – é literalmente a figura do vendedor. Os vendedores podem ser considerados uma excelente estratégia promocional, porque é a melhor forma de mostrar aos consumidores, no momento da compra, quais os diferenciais da marca;
- **relações públicas** – consiste em trabalhar as informações da empresa junto a determinados públicos ou stakeholders, como matérias jornalísticas, materiais para imprensa, trabalhos com blogueiros, informações junto a governos, entre outras estratégias que incentivam outras pessoas a emitir uma opinião favorável sobre a empresa, sem a troca de valores financeiros;
- **marketing direto** – consiste nas ações da empresa que falam diretamente aos consumidores, sem nenhum intermediário, como telemarketing, mobile, e-mail marketing, canal de vendas, mala direta etc.

A promoção, ainda mais quando consideramos as mídias sociais, acaba por se tornar um dos elementos mais importantes do marketing mix para que a empresa consiga mostrar a seus consumidores os diferenciais de uma marca. Isso faz dela um grande desafio, visto que em épocas anteriores bastava uma propaganda na novela da Globo para falar com uma grande parte dos consumidores. Hoje isso é praticamente impossível, e as empresa precisam pensar em todas as formas de se relacionar com seu público.

2.7.4 Praça

Por último temos a praça, ou a forma pela qual uma empresa consegue chegar aos seus consumidores e entregar valor a eles. Mais uma vez destacamos que, com o advento das novas tecnologias digitais, as empresas conseguem estar em vários locais ao mesmo tempo. Os consumidores podem ser atendidos em qualquer lugar e a qualquer momento. Isso é uma grande oportunidade para as marcas que conseguem se aproveitar dessas novas tecnologias.

Nesse item do marketing mix os seguintes elementos podem ser trabalhados para agregar valor as marcas:

- **canais** – formas que uma empresa pode usar para chegar a seus consumidores, como vender por um varejista, um atacadista, venda direta, entre outras formas;

Capítulo 2 • A marca nos contextos institucional e mercadológico

- **cobertura** – entendida como os locais que uma empresa consegue atender com suas ofertas;
- **variedade dos canais** – uma empresa pode usar mais de uma forma de chegar a seus consumidores, como venda direta, por varejistas ou também por um representante comercial;
- **locais** – podem ser físicos ou virtuais;
- **estoques** – devem ser gerenciados de acordo com a forma que a empresa irá trabalhar para que o produto não falte e para que não exista excesso na armazenagem;
- **transporte** – empresas podem terceirizar ou não sua entrega.

Veja propaganda das novas lojas da Amazon:

Este item, como os demais, também pode e deve ser usado para o fortalecimento da marca. Algumas empresas usam loja própria para valorizar suas marcas, como é o caso das operadoras de celular. Outras se destacam por estar em vários pontos de venda, como a Coca-Cola, cujos produtos podem ser encontrados em qualquer lugar do país, ou por entregas rápidas, como as lojas da Amazon e da Apple, entre outras estratégias.

Como acompanhamos, a marca, apesar de ser administrada dentro do marketing mix, está sempre relacionada a todo o processo mercadológico. Não temos como falar de marca e nem de sua gestão sem pensar estrategicamente no marketing da empresa e na forma como esse processo de entrega de valor é gerenciado por ela.

ESTUDO DE CASO

6 razões porque a marca Apple é ícone

Estratégia de branding, surpreender o consumidor, ligação emocional, senso de pertencimento, tudo precisa ser perfeito e DNA da Apple disseminado são as pistas para o sucesso

O ranking Interbrand das Melhores Marcas Globais de 2012 traz a Apple em 2º lugar. Sua marca foi avaliada em $76.568 milhões (de dólares). As ações da Apple subiram vertiginosamente e a empresa em agosto deste ano alcançou a posição de mais valiosa do mundo, ao atingir o valor de $665 bilhões (de dólares). A mais valiosa do mundo! Uau!

Na ocasião, consultores de Wall Street escreveram diversos artigos tentando explicar (e entender) porque esta empresa atingiu tamanha valorização. Mas suas narrativas racionais não poderiam jamais explicar a mágica que envolve a marca Apple. Veja só:

A estratégia de branding da Apple
A estratégia de branding da Apple foi sempre baseada em inovação e design. Num mar vermelho onde tudo é igual, ser o primeiro estabelece uma enorme vantagem de mercado. O primeiro é percebido como o original e aqueles que são lançados depois, como copiadores, conforme diziam Ries & Trout. E já que falamos de percepção, aqui vai mais uma curiosidade: o design entrega a promessa emocional e a mágica da marca. A Apple prima pelo design em tudo o que faz. É campeã em design de produto, design de interações e design de experiências.

Surpreender seu consumidor
Surpreender seu consumidor e imaginar aquilo que ele nem ainda imagina também faz parte da estratégia da Apple. Steve Jobs não acreditava em pesquisas de mercado. Dizia que os consumidores não sabem ainda o que desejam e que se algo é inovador é porque o consumidor ainda não imaginou.

A Apple possui uma ligação fortemente emocional com seus consumidores
Por conta disso, a Apple possui uma ligação fortemente emocional com seus consumidores. Hoje faz parte do grupo seletíssimo das marcas ícones – aquelas para as quais o consumidor acredita não haver substituta. Seus consumidores se comportam como uma legião de embaixadores da marca. Sentem-se tão ligados a ela que perdoam seus erros sem julgar, pagam mais caro pelos seus produtos sem pestanejar e não se incomodam em formar filas de dobrar o quarteirão para serem um dos primeiros a comprar o último iPhone recém-lançado.

A Apple entendeu que o papel maior de uma marca é desenvolver uma ligação social
A Apple entendeu que o papel maior de uma marca é desenvolver uma ligação social que conecte pessoas, encontrando seu universo comum e gerando assim o "sense of belonging", o "senso de pertencimento", que nós como seres sociais tanto necessitamos. Sua comunidade tem conotações quase religiosas. Seus usuários identificam-se tão fortemente com a cultura Mac que muitos exibem, com orgulho, suas maçãzinhas em seus automóveis. Reconhecem pertencer à comunidade Mac e têm o mesmo jeito de pensar e fazer as coisas.

Steve Jobs sempre compreendeu que seu consumidor deveria ter a mesma percepção
Steve Jobs sempre compreendeu que seu consumidor deveria ter a mesma percepção e sentimento quando usasse um Macbook ou um iPhone, abrisse uma imaculada embalagem, entrasse numa loja ou navegasse pelo site da Apple. E para garantir sempre esta mesma experiência de marca, nunca houve nem há qualquer economia. Tudo precisa ser perfeito. Jobs foi famoso por devolver projetos a seus designers porque não estavam à altura de suas expectativas.

Finalmente, o DNA da Apple
Finalmente, o DNA da Apple está disseminado não apenas entre seus consumidores, mas também por toda a base de colaboradores e outros stakeholders. A Apple reconhece que esta experiência de marca coerente e consistente precisa ser holística e envolver todos aqueles que têm algum contato com a marca.

Fonte: RING, B. 6 razões porque a marca Apple é ícone. *Mundo do marketing. Dicas*, out. 2012. Disponível em: <http://www.mundodomarketing.com.br/inteligencia/dicas/64/6-razoes-porque-a-marca-apple-e-icone.html>. Acesso em: nov. 2016.

VAMOS TESTAR SEUS CONHECIMENTOS?

1 Neste capítulo tratamos de marca e de sua relação com o marketing da empresa. Se você tivesse que convencer um gestor da importância de pensar em termos de marketing, como seria seu argumento? Quais aspectos você iria explicar? Use o estudo de caso deste capítulo como um recurso de comparação para embasar seus argumentos.

2 No decorrer do capítulo explicamos que para uma empresa ter uma estratégia de marketing de sucesso e, consequentemente, de marca, é adequado pensar em uma estratégia de segmentação de mercado. Porém, você notou que não é fácil segmentar o mercado, visto que a grande maioria dos gestores não quer sacrificar um mercado para focar apenas em determinado segmento. Dessa forma, quais argumentos você usaria para convencer um gestor de que a segmentação de mercado é importante para a empresa? Qual a relação existente entre segmentação de mercado e gerenciamento de marca?

3 Para que possamos ter uma marca forte é importante entender o comportamento do consumidor e o que ele considera como valor em uma transação comercial, pois isso possibilita que uma marca consiga usar esses atributos para se destacar no mercado. Como você estabeleceria o estudo do comportamento do consumidor com o gerenciamento da marca? Qual é a importância desse estudo para desenvolver marcas fortes?

4 Usamos como estudo de caso o artigo que trata da marca Apple. Tendo como base essa empresa e como ela consegue desenvolver produtos que se tornam ícones no mercado, fortalecendo cada vez mais sua marca, devemos ter em mente que sua estratégia de posicionamento é muito eficaz. Portanto, considerando os conceitos de posicionamento elencados no capítulo, como a Apple usou uma estratégia de posicionamento para fortalecer sua marca no mercado?

5 Ainda com base no texto sobre a Apple, faça uma análise de seu marketing mix e descreva como ele é importante para a consolidação da marca no mercado.

3

Composto de marca

APRESENTAÇÃO

O composto de marca aborda tudo aquilo que envolve uma marca. Seu objetivo é elencar os pontos mais importantes em que o gestor poderá pensar no processo mercadológico e consequentemente na forma de uma empresa entregar valor e oferecer diferenciação a seus consumidores.

OBJETIVOS

O objetivo deste capítulo é mostrar como uma marca é composta, como se identifica seu valor estratégico e, ainda, como ela gera competitividade para a empresa no mercado.

3.1 COMPOSTO DE MARCA

Em continuidade ao entendimento de como gerenciar uma marca forte, neste momento entramos no que nomearemos de composto de marca, ou seja, abordaremos tudo o que envolve uma marca, com o objetivo de elencar os pontos mais importantes a serem considerados pelo gestor no processo mercadológico e de entrega de valor aos consumidores.

Como você já deve ter notado, a marca é, ao menos em termos mercadológicos, uma mescla de vários atributos, fatores e percepções de um produto ou empresa que consegue demonstrar aos consumidores os verdadeiros diferenciais que esta se propõe a entregar a seu público-alvo. Em um mercado altamente disputado, ter diferenciais significativos é muito importante para que as empresas consigam se manter competitivas. Lembramos que em muitas situações, ou em quase todas, os consumidores procuram marcas fortes em detrimento de outras de menos destaque no mercado.

Tendo em vista que as marcas atualmente têm grande importância em nosso cotidiano e influenciam diretamente a compra, como repetidamente frisamos neste livro, no papel de gestores precisamos entender e valorizar todos os pontos que a compõem: o seu composto.

3.1.1 Níveis de significado da marca

Podemos entender que as marcas têm, para os consumidores e para os gestores, o que chamamos de níveis de significado, os quais podemos nomear como: atributo, benefício, valores, cultura, personalidade e usuário. A seguir, são apresentadas as definições de cada um:

- **atributo** – engloba todos os atributos ou características que o produto ou marca tem. São os atributos físicos, como durabilidade, estabilidade, maciez, entre outros. É o que o consumidor pode perceber em termos físicos do produto;
- **benefício** – refere-se a tudo aquilo que os consumidores recebem ao interagir com a marca. Se os atributos são as características físicas, ou os aspectos tangíveis de produto, o benefício são os aspectos intangíveis que compõem uma marca, como o prazer de dirigir um automóvel, de viajar etc.;
- **valores** – uma marca forte consegue, por meio de uma gestão adequada, transmitir os valores da empresa ou tudo aquilo que ela preza como fundamental. Por exemplo, considere a importância da sustentabilidade para a marca Natura;
- **cultura** – pode ser entendida como o conjunto de valores, crenças e normas de uma organização. A marca, no contexto empresarial, tem um papel importante no sentido de demonstrar como uma empresa pensa e se relaciona no mercado, por exemplo, a seriedade de uma instituição bancária ou a agressividade (em termos de concorrência) da Ambev;
- **personalidade** – uma marca bem administrada demonstra a personalidade do usuário ou da própria empresa em si. Pensando que uma marca pode ser considerada um organismo vivo, ela pode ser associada a características humanas, como demonstrar irreverência e descontração;
- **usuário** – por fim, na hierarquia, temos o usuário, que irá personificar a marca. Ele comprará um produto por seus atributos – benefícios, valores, cultura e personalidade da marca. A marca representa seu usuário.

3.1.2 A importância das marcas no mercado

Voltando à importância da marca, salientamos que ela ajuda o consumidor a identificar a funcionalidade dos produtos, revelando de forma explícita ou implícita todos os atributos e benefícios que a empresa pretende oferecer. De forma explícita quando notamos esses atributos ou sua funcionalidade em mensagens publicitárias, como as das operadoras de celular ao informar sobre descontos no uso de redes sociais. E implícita quando indiretamente notamos o estilo e *status* do produto, por exemplo, de uma caneta Montblanc.

Além de serem um índice de funcionalidade do produto, as marcas expressam a autoimagem dos consumidores, tanto a que eles têm quanto a que pretendem ter. Muitos usam determinadas marcas para afirmar isso, por exemplo, um carro conversível está associado à ideia de consumidor moderno, o uso de uma marca consagrada de produtos de limpeza demonstra a preocupação do usuário em ter um ambiente agradável e limpo para sua família.

Uma marca pode transmitir a personalidade da empresa, como modernidade, no caso de empresas de tecnologia, ou descontração, caso das sandálias Havaianas. É a capacidade de representar, literalmente como um organismo vivo, a forma como uma empresa se relaciona com os consumidores – a forma de pensar, os verdadeiros sentimentos e a forma de agir deles.

Enfim, são vários os fatores que demonstram a importância de uma marca para os consumidores e, o que é fundamental, como podemos notar, ela é muito mais que um produto. Não que o produto não seja importante, mas a marca acaba por proporcionar muitas outras experiências ao consumidor e a possibilidade de diferenciação para uma empresa.

Pelo fato de ser mais que um produto, podem-se notar vários fatores que confirmam essas hipóteses, como o fato de uma marca possibilitar fazer associações com relação a uma organização. O apelo de sustentabilidade da marca Natura, por exemplo, estende-se do produto à empresa como um todo, à sua missão nesse aspecto.

Uma marca pode transmitir a personalidade da empresa, como modernidade, no caso de empresas de tecnologia, ou descontração, caso das sandálias Havaianas. É a capacidade de representar, literalmente como um organismo vivo, a forma como uma empresa se relaciona com os consumidores – a forma de pensar, os verdadeiros sentimentos e a forma de agir deles.

Outro modo de uma empresa se diferenciar no mercado, que somente uma marca pode oferecer, são os símbolos que ela cria e que auxiliam os consumidores a identificá-la, como a logomarca ou personagens símbolos. O símbolo da Nike pode ser facilmente reconhecido em qualquer situação, assim como o robozinho do sistema operacional Android. Está claro como as marcas são importantes no sentido de ajudar o processo de comunicação da empresa e de ajudar a diferenciá-la da concorrência?

Acreditamos que sim, por ser um dos pontos importantes no gerenciamento de uma marca e, consequentemente, de uma organização.

Também podemos destacar a capacidade da marca de apresentar os relacionamentos da empresa com seus parceiros e interessados. Empresas que procuram manter relacionamentos estreitos valorizam esse diferencial em suas marcas por meio de estratégias de responsabilidade corporativa, como ocorria com o banco Real antes de sua aquisição pelo banco Santander. O referido banco buscava em todas as suas campanhas valorizar seu processo sustentável que, como sabemos, estendia-se a todos os parceiros de seu processo produtivo. Ou a marca de produtos de beleza The Body Shop, que deixa clara sua preocupação com a origem de sua matéria-prima em seu processo produtivo e sua cadeia de suprimento. Seria praticamente impossível divulgar esses relacionamentos sem a força de uma marca.

> **Uma marca forte e bem sedimentada no mercado consegue, de forma natural, apresentar todos os benefícios do produto, como a segurança de um automóvel Volvo ou a estabilidade de um amortecedor Cofap. São os benefícios que logo notamos e que de outra forma seriam mais difíceis de serem entendidos e assimilados pelos consumidores.**

Uma marca forte e bem sedimentada no mercado consegue, de forma natural, apresentar todos os benefícios do produto, como a segurança de um automóvel Volvo ou a estabilidade de um amortecedor Cofap. São os benefícios que logo notamos e que de outra forma seriam mais difíceis de serem entendidos e assimilados pelos consumidores.

Por fim, uma marca ainda traz consigo um fator que pode ser um diferencial: o país de origem. Esse aspecto é considerado indicativo de qualidade superior em várias circunstâncias, pois, conscientemente ou não, temos o hábito de vincular a nacionalidade de uma marca a certos atributos. São famosos nesse aspecto os perfumes franceses, os vinhos chilenos ou portugueses, os uísques escoceses, as vodcas russas, os relógios suíços, entre outros.

Resumindo o tópico e retomando: uma marca envolve muito mais do que um produto, é um conjunto de atributos tangíveis e intangíveis que pode contribuir para o sucesso de uma organização. Dessa forma, é importante para o gestor ter o pleno entendimento desses fatores que envolvem uma marca para gerenciá-la adequadamente, aproveitar suas potencialidades e cultivá-las da forma que merecem, como um dos patrimônios mais importantes que uma empresa possui. Partindo da ideia do composto de marca, agora detalharemos cada uma das partes que compõem uma marca, lembrando que a apresentação não será hierarquizada, porque acreditamos que cada uma das partes tem sua importância para o branding de uma empresa.

3.1.3 Tipos de marca

Quando falamos dos tipos de marca, nosso propósito é que você entenda que as marcas podem ser classificadas de formas diferenciadas, tanto em termos da gestão da empresa como da percepção por parte dos consumidores. Nosso objetivo é que você consiga, com base nas características apresentadas, classificar a marca de uma empresa em determinada categoria e, assim, pensar nas melhores formas de entregar valor a seus consumidores. Assim, partimos do pressuposto de que as marcas são, independentemente do tamanho das organizações e de sua força no mercado, diferentes umas das outras.

O que difere a marca de determinado analgésico da marca de um parque de diversões? E uma marca que proporciona *status* se comparada a uma marca que efetivamente resolve um problema pontual? Tente não pensar no produto em si, mas na própria marca. Note que há diferença naquilo que o consumidor irá receber ao usar o produto: um terá um benefício superior, como solucionar um problema de saúde ou inconveniente relacionado a dores; outro uma experiência, como a adrenalina de uma montanha russa. São situações diferentes, assim como os relacionamentos que a empresa mantém com seus consumidores, e consequentemente isso irá afetar como o gestor deve trabalhar essa marca.

Esses são os tipos de marca que encontramos no mercado: **marca funcional**, **marca de imagem** e **marcas experienciais**. Assim, nosso objetivo é explicar as características de cada uma delas e apresentar a você uma forma de identificá-las e de usá-las em benefício de suas marcas.

3.1.3.1 *Marca funcional*

Entendemos como marca funcional aquela cujo principal apelo, como a própria classificação nos permite entender, é a funcionalidade do produto. São aquelas marcas que no momento de entregar valor a seus consumidores concentram esforços nas necessidades funcionais deles. Quando as empresas usam esse tipo de estratégia para trabalhar suas marcas, partem do pressuposto de que, em seu processo de entendimento do consumidor, o que realmente o leva a procurar a empresa são os atributos do produto relacionados a como a marca resolve seus problemas pontuais, isto é, seu interesse está na funcionalidade do produto.

Quando uma marca tem esse foco, percebemos que sua estratégia de comunicação para conseguir delinear seus diferenciais está relacionada às características físicas e aos aspectos tangíveis de um produto. Em muitas situações isso é feito simplesmente como uma resposta ao consumidor (porque é o que ele espera no momento da compra), seu foco está no ato de resolver um problema pontual e perceptível. Como exemplo, citamos o detergente Limpol, cujas campanhas publicitárias afirmam que o produto rende mais e é mais eficiente na remoção de gorduras e sujeiras. No site da marca, os produtos são citados como "os queridinhos das donas de casa, supereficientes na remoção de gorduras". A marca está pautada nas necessidades funcionais das pessoas que necessitam manter sua louça limpa – até o ato de limpar está sugerido no nome, o que auxilia estrategicamente a reforçar o posicionamento da marca.

Essas características são físicas e facilmente perceptíveis pelo consumidor, não é o mesmo que usar uma marca para proporcionar um *status* superior, que é mais difícil de ser mensurado.

Também podemos destacar nessa categoria de marca aquelas que prometem poupar nosso tempo em atividades do cotidiano, economizar dinheiro, evitar inconvenientes, ou seja, focam na usabilidade do consumidor, como o analgésico Doril (slogan "Tomou Doril, a dor sumiu"), que se propõe a evitar determinados inconvenientes provocados pelas dores de cabeça. Já a proposta das pilhas Duracell é durar mais que as concorrentes, e assim ajudar o consumidor a economizar recursos financeiros.

Veja a propaganda do Doril:

Contudo, não adianta apenas ressaltar essas caraterísticas que os consumidores estão esperando. A empresa precisa ter esses atributos entregáveis aos consumidores como seus diferenciais competitivos, ou seja, devem ser características superiores às dos concorrentes e com foco nos consumidores. Precisam ser perceptíveis para as pessoas que comprarão o produto e elas devem conseguir perceber o diferencial em relação às demais marcas do mercado, caso contrário, o esforço será inútil e facilmente copiado pelos concorrentes.

Aliás, falando em termos de concorrente, este é o grande desafio do gestor de um produto que se encaixe nessa categoria: manter os esforços mercadológicos para evitar que os diferenciais sejam copiados pela concorrência, o que é difícil porque os atributos tangíveis são os mais fáceis de serem replicados, o que em muitos casos se deve à tecnologia que acabou por nivelar as ofertas disponíveis.

Estratégia de marca funcional

Se sua marca se encaixa nessa categoria, você deve pensar estrategicamente no processo de branding. Precisa, como já destacamos, pensar em termos de gerenciamento mercadológico, identificando o segmento de mercado, estudando o comportamento do consumidor para identificar o que ele considera como valor, sua estratégia de posicionamento – todas essas fases que nomeamos "criar valor para os clientes" – e as estratégias de entregar valor, o marketing mix. Pensando nisso, iremos nos concentrar no marketing mix, ou seja, no final do processo estratégico. É esse o procedimento que usaremos para as demais categorias de marca.

Produto – como nesse caso o foco é em um desempenho superior ao dos concorrentes de mercado, deve-se procurar a excelência nesse aspecto. Para isso, é preciso todo o cuidado no momento de encontrar fornecedores de matéria-prima, no processo de fabricação e nas formas de mensurar o desempenho do item.

Todas as estratégias voltadas ao produto devem ser concentradas em melhorar o produto e sua funcionalidade, como podemos notar nos fabricantes de produtos de limpeza, que sempre estão procurando novas fórmulas para tornar seu produto superior.

Os programas de qualidade devem ser valorizados, tanto em termos de relacionamento com os stakeholders quanto com os consumidores, porque para muitos mercados a confiabilidade da marca está relacionada à sua qualidade superior.

Em alguns mercados, pode-se adotar a estratégia de expandir a funcionalidade dos produtos de determinada marca para outras categorias, como alguns smartphones, que a cada novo lançamento expandem suas funcionalidades de GPS, calculadora, agenda, TV etc.; xampus, que além de lavar os cabelos ainda os condicionam; e alimentos funcionais, que além de resolver um problema pontual dos consumidores ainda ajudam no adequado funcionamento do organismo.

Note que nesses exemplos as marcas, para se manterem fortes e competitivas, procuram expandir sua categoria. Isso ocorre para se protegerem dos concorrentes, que muitas vezes não conseguem fazer o mesmo, para serem conhecidas como polivalente, ou porque perceberam que alguns atributos, aqueles que eram seu diferencial competitivo, simplesmente são impossíveis de serem potencializados.

Preço – essa variável do marketing mix irá alternar-se de acordo com o produto, mercado e objetivo da organização. Como estamos pensando em um produto que valoriza seus aspectos funcionais, em algumas categorias não existe a possibilidade de cobrar um preço *premium*, porque não é isso que os consumidores esperam no momento da compra. Isso quer dizer que em alguns mercados o consumidor já está acostumado a pagar determinado valor, assim, ele não estará disposto a pagar um preço superior pelo produto.

Quando falamos de produtos de necessidade básica, via de regra essas são as estratégias, embora existam exceções.

Agora, se o posicionamento da empresa estiver relacionado à economia de dinheiro, a empresa terá duas opções: praticar um preço inferior ao do mercado ou vincular outros atributos em sua estratégia. Neste caso, por mais que o consumidor pague o preço de mercado, em sua percepção ele estará economizando recursos (cabe aqui lembrar o famoso apelo de que, apesar de custar mais caro, tal produto rende mais).

Praça – quando pensamos em estratégias de distribuição, é preciso considerar que normalmente um produto com um apelo funcional tem distribuição intensiva, ou seja, deve estar disponível em muitos pontos de venda, devido ao fato de, como já mencionamos, algumas estratégias serem relacionadas a preço, ou melhor, a um preço baixo.

Assim, muitos produtos que se encaixam nessa categoria podem ser considerados como bens de conveniência, com quantidade de compra alta e preço baixo, por isso devem estar disponíveis em vários locais.

Caso o produto não se encaixe nessa categoria (conveniência), ele pode ser considerado um produto de compra comparada. Nesse caso, sua distribuição até poderá ser seletiva, restrita a poucos locais de compra, como ocorre com algumas marcas de roupas, como tênis cujo diferencial está em suas características físicas (por exemplo, desempenho para corredores). Aqui o apelo também estará direcionado às experiências que os consumidores terão ao usar o produto, cabendo ao gestor pensar na situação em que melhor se encaixa sua estratégia de posicionamento.

Promoção – nesse caso nos referimos às formas que uma empresa usará para propagar os diferenciais do produto, ou seja, como o promoverá junto a seus consumidores-alvo. Nesse ponto é preciso estar atento ao modo pelos quais uma empresa poderá, com base em seu posicionamento, comunicar valor a seus consumidores.

Sua comunicação deve destacar os objetivos básicos do produto ou as necessidades funcionais dos consumidores que a marca está disposta a resolver e que possam ser considerados como diferenciais da empresa. No entanto, nem sempre essa estratégia é um diferencial. Como exemplo, podemos citar a fabricante da margarina Qualy, que destaca na embalagem e nas campanhas publicitárias que seu produto é o mais cremoso; porém, se analisarmos com mais detalhe sua estratégia, trata-se de um atributo facilmente copiável, uma vez que suas concorrentes (Delícia Cremosa, Claybom e Doriana) usam o mesmo apelo. De todo modo, podemos perceber que a empresa é clara em seus objetivos básicos, porque a cremosidade é um atributo básico que os consumidores esperam de uma margarina para seu café da manhã.

O mercado de sabão em pó também é rico em exemplos que demonstram como as marcas procuram, em suas campanhas publicitárias, estabelecer seus objetivos e ter um espaço de destaque na mente de seus consumidores, todas com um objetivo geral claro: atender às necessidades funcionais. Assim, temos o Omo Multiação; o Brilhante, que é multitecidos – sua necessidade funcional está relacionada a agir em vários tecidos e a devolver o brilho a roupas brancas e coloridas; o Minuano, que oferece ação profunda; o Ypê, que promete muito mais limpeza e rendimento. Enfim, são formas pelas quais as empresas, com foco nas necessidades funcionais de seus consumidores, procuram destacar seus objetivos básicos.

Como esses objetivos básicos muitas vezes podem ser facilmente copiados pela concorrência, ou talvez haja tantos benefícios básicos em um mercado que as empresas tenham dificuldade em estabelecer o melhor diferencial (como no caso das empresas de sabão em pó citadas no último parágrafo), uma forma de estabelecer um diferencial em relação ao mercado é se comparar com os concorrentes. Como o objetivo é se estabelecer como líder em determinados atributos, nada

Capítulo 3 • Composto de marca

como uma boa comparação para ajudar os consumidores a entenderem a superioridade da marca.

Cabe destacar que os órgãos que regulam a publicidade no mercado brasileiro não permitem que seja citada em uma propaganda a marca do rival, ao contrário do que ocorre nos Estados Unidos, onde uma propaganda da Coca-Cola pode criticar a Pepsi apresentando a marca da rival. No Brasil isso é passível de retirada imediata da propaganda do ar e punição. Porém, existem outras formas mais criativas de estabelecer a superioridade de uma marca funcional em uma propaganda sem um ataque frontal ao concorrente.

Está gravada na memória de uma grande parte dos consumidores a campanha dos coelhinhos da Duracell. Em várias histórias contadas, o coelhinho sempre acabava por superar o outro, e a razão para essa superação era que o vencedor sempre usava pilhas Duracell, já os seus rivais usavam (ideia implícita) as pilhas dos concorrentes. Uma ótima estratégia, que conseguia demonstrar superioridade sem ferir as normas éticas da publicidade, em nosso caso em particular, as normas brasileiras.

Outras marcas também conseguem transmitir com sutileza sua comparação com os concorrentes, como o guaraná Antarctica, que em uma de suas peças tentava mostrar que suas garrafas eram facilmente descartáveis após a utilização, isso para frisar seu apelo sustentável. Em uma linha de reciclagem de garrafas, eram apresentadas as garrafas da empresa e, de repente, aparecia uma garrafa com o formato da de sua rival, a Coca-Cola, que, embora repelida em um primeiro instante pelo narrador, era depois aceita, porque para a empresa a sustentabilidade é mais importante que a briga entre as rivais. Foi uma forma criativa de mostrar os atributos sustentáveis da empresa, não os funcionais, mas é um bom exemplo de como uma marca pode usar a criatividade para estabelecer comparações com os concorrentes.

Veja a propaganda do guaraná Antarctica:

Também podemos mencionar nesse tipo de estratégia de comunicação as empresas que destacam que são as melhores da categoria tendo em vista determinado atributo ou funcionalidade, por exemplo, os melhores preços do mercado, ser uma marca com um atributo diferenciável na categoria, como o caso do lançamento do automóvel Fox no Brasil, que o destacava como o compacto mais espaçoso da categoria.

Como seu objetivo de comunicação é sempre destacar a funcionalidade do produto, todas as mensagens ao consumidor devem focar sua superioridade em determinado aspecto tangível, como o café Pilão, que propaga que é "o café forte do Brasil", um atributo bem sintonizado com os consumidores, que em sua maioria preferem um café forte para despertar. Nesse caso, além da própria marca ser forte, ter sonoridade (quando você ouve a palavra Pilão, jamais irá imaginar um atributo no diminutivo), sua campanha ajuda a fortalecer sua imagem. Em uma de suas propagandas veiculadas na mídia no ano de 2015, denominada Terremoto, várias pessoas sentem um abalo sísmico no momento em que o café está sendo preparado, uma forma inteligente de demonstrar um atributo físico ou uma necessidade funcional do produto – a força de seu café.

Veja a propaganda do café Pilão:

Quando o objetivo do produto é expandir para outra categoria e assim conseguir manter sua hegemonia, ou em um processo de expansão de mercado, a empresa também pode usar estratégias de comunicação para ajudar nesse objetivo. Para ilustrar, citamos as marcas de creme dental, que, além de cuidar da higiene bucal, agora expandem seus benefícios para o branqueamento dos dentes. Assim, cada uma das marcas que disputam o mercado tenta a todo custo mostrar a seus consumidores que o tempo para satisfazer essa necessidade é menor (primeiro sete dias, depois três, e logo será imediato, na primeira escovação).

Temos também o caso dos alimentos funcionais, cada vez mais presentes em nosso dia a dia, como o Activia, que, além de oferecer os benefícios comuns a um iogurte, ainda contém probióticos, que auxiliam no adequado funcionamento do intestino. Assim, suas campanhas publicitárias servem para fortalecer seu objetivo de expandir a categoria.

Portanto, as marcas funcionais são aquelas cujos objetivos básicos servem para satisfazer as necessidades funcionais de um produto, com foco em aspectos tangíveis e perceptíveis pelos consumidores no momento da compra. Como acompanhamos, são esses atributos que deverão ser usados em suas estratégias mercadológicas.

3.1.3.2 Marca de imagem

Outro tipo de marca que uma empresa deve gerenciar em seu processo de branding são as marcas de imagem. Podemos defini-las como aquelas nas quais o processo de agregar valor aos consumidores está ligado ao tipo de imagem que ela pode transmitir ao usuário, como os já citados exemplos da imagem "descolada" dos usuários da Apple, da sustentabilidade da The Body Shop, da irreverência dos Postos Ipiranga, entre outros tipos de marca que, com administração e gerenciamento adequados, conseguem melhor que os concorrentes transmitir uma imagem diferenciada a um grupo de consumidores, imagem esta identificada no estudo do comportamento do consumidor.

Toda vez que estudamos o consumidor em relação a seu relacionamento com uma empresa, em um processo de adquirir conhecimento de uma marca ou produto, percebemos que ele busca a todo momento "pistas" que as empresas deixam para que se possa criar percepções dessa marca ou produto. Para ele, cada marca é única, assim, cada marca tem uma imagem singular, um DNA, que irá diferenciá-la no mercado. Cada marca é única e sua imagem também.

Como sabemos que os consumidores criam estereótipos das marcas, cabe ao gestor pensar em formas de criar símbolos que possam ser valorizados por eles. Esses símbolos serão retratados em seu marketing mix, com sua comunicação, ponto de venda (PDV), estratégias de preços ou linha de produtos.

Criar uma imagem da marca junto aos consumidores torna-se cada vez mais necessário no mercado, porque a tecnologia conseguiu literalmente colocar em pé de igualdade a grande maioria das marcas. Se uma tinha um diferencial competitivo em relação a determinado atributo, este será facilmente copiado pelos concorrentes. Por exemplo, com os avanços tecnológicos o diferencial de um automóvel que polui menos o ambiente será, em poucos anos, copiado e, muitas vezes, superado pelos concorrentes. Esse diferencial será de curta duração.

Porém, quando uma marca estabelece seus diferenciais em relação à imagem que passa ou que representa para um grupo de consumidores, torna a cópia, por mais que a tecnologia ajude os concorrentes a ficar em pé de igualdade, mais difícil.

Podemos ilustrar esse aspecto com o caso do Omo. Por muitos anos, esse sabão em pó foi conhecido no mercado brasileiro pelos slogans "Branco total"

> **Toda vez que estudamos o consumidor em relação a uma empresa, em um processo de adquirir conhecimento, percebemos que ele busca a todo momento "pistas" que as empresas deixam. Para ele, cada marca é única, ou seja, cada marca tem uma imagem singular, um DNA, que irá diferenciá-la no mercado. Cada marca é única e sua imagem também.**

e "Gigante branco", devido a sua capacidade de deixar as roupas mais brancas que os produtos concorrentes. No entanto, a tecnologia colocou os concorrentes em igualdade de competição, e o ato de lavar melhor já não era um diferencial que pudesse ser mantido, porque outras marcas faziam o mesmo. Assim, a marca evoluiu de um atributo técnico para uma marca de imagem, com seu slogan "Porque se sujar faz bem", transmitindo aos consumidores a ideia de que os entendia de forma ímpar, que o fato de seus filhos se sujarem nas brincadeiras era algo natural e que eles não precisariam se preocupar por que a marca resolveria o problema.

Já a fabricante das sandálias Havaianas antigamente se preocupava apenas com os aspectos técnicos de seu produto, o que na época era uma estratégia adequada. Seu slogan para comunicar aos consumidores seu diferencial era "Não deformam, não soltam as tiras e não têm cheiro" e, para concorrer com as cópias, também usava a expressão "As originais". Por um tempo foi uma boa estratégia de marca, mas o mercado evoluiu e os concorrentes também. Muitos deles começaram a oferecer produtos com uma qualidade superior à da marca e, assim, ela ficou em uma situação delicada no mercado.

Para reverter a situação, a marca se reinventou e, em vez de focar em seus atributos técnicos, focou na moda. Transferiu os aspectos tangíveis do produto para uma marca de imagem. Agora os consumidores compram as sandálias como um artigo de moda, uma moda relacionada à irreverência do brasileiro e à sua descontração. Um produto que as pessoas compram não como uma sandália para usar em momentos de descontração, mas como um produto que adquirem para usar em várias ocasiões, de modo que normalmente não têm apenas uma Havaianas, mas várias, uma para cada ocasião e que combine com suas peças de roupa. Uma excelente estratégia de marca de imagem, que proporcionou à empresa hegemonia em termos de marca de sandálias, não apenas no mercado brasileiro mas também em outros países, como os Estados Unidos, onde se tornou objeto de desejo.

Para que uma marca de imagem consiga se diferenciar das concorrentes, sua gestão pode ser baseada nas características do produto e na imagística do usuário. Também pode se diferenciar pelo uso da propaganda.

Imagem baseada nas características do produto – nesse caso, a empresa procura demonstrar sua imagem superior em relação aos concorrentes pelas suas características, ou seja, por tudo aquilo que oferece aos consumidores com determinado atributo técnico, como aquelas

Capítulo 3 • Composto de marca

marcas que conseguem passar uma ideia de refino ou superioridade em relação a determinados aspectos e características do produto.

Como destacamos anteriormente que as marcas de imagem são superiores em relação às marcas funcionais, podemos entender que elas conseguem, por meio de suas estratégias, transmitir sua superioridade não apenas em relação à funcionalidade mas também à imagem que consegue transmitir. Porém, como podemos identificar ou distinguir cada uma delas? Pela imagem que ela passa.

Podemos dizer que a marca de cristais Swarovski é uma marca de imagem, mais relacionada à característica do produto em relação à sua superioridade frente aos concorrentes. Também cabe destacar sua capacidade de transferir essa superioridade para outros produtos, como joias, relógios, acessórios etc. Por ser uma empresa fundada em 1895, consegue consolidar uma imagem de longevidade e consequentemente de supremacia. Outra marca de imagem é a Montblanc, tanto pela qualidade superior de seus produtos como pela imagem que consegue transmitir tendo em vista quem os usa.

Como podemos notar, as marcas baseadas em características procuram demonstrar em suas estratégias seus diferenciais em relação aos concorrentes. Os automóveis BMW poderiam se destacar em vários atributos, tanto em relação à sua superioridade em determinada categoria quanto pela imagem de refinamento que seus consumidores enxergam quando dirigem um deles.

Imagem baseada na imagística do produto – trata-se da capacidade da marca de transmitir seus diferenciais por meio de uma ou mais pessoas que usam os produtos. Essa estratégia é cada vez mais empregada pelas empresas para divulgar determinados atributos, o que talvez seria mais complicado com outras formas de abordagem. Como demonstrar a seus consumidores que sua marca representa vitória, raça, determinação? Ou talvez refinamento, ousadia, descontração? Um pouco complicado, não é mesmo?

Para as marcas de imagem, mais precisamente aquelas que trabalham a imagística do usuário, esses atributos são transmitidos aos consumidores por meio das próprias pessoas que as usam, e se essas pessoas forem celebridades, melhor ainda. A marca Nike foi criada, ou ao menos teve grande parte de seu crescimento, devido ao vínculo com o jogador de basquete Michael Jordan, que conseguiu personificar como ninguém a imagem que a marca gostaria de passar a seus consumidores, percepções relacionadas à vitória, determinação e garra. Esses são atributos fundamentais para uma marca voltada ao esporte, e a Nike conseguiu transmitir essa imagem a seus usuários.

Essa correspondência de percepções que o gestor de branding constrói para fortalecer sua marca e transferir algumas características pode ser observada em outras situações não ligadas a esportes, apesar de nos esportes os exemplos ou a forma como percebemos essas estratégias ser mais evidente. Nos filmes do agente secreto James Bond percebemos algumas marcas que procuram vincular sua imagem à do agente "com licença para matar", como Aston Martin, BMW, Omega e Coca-Cola Zero. Outras marcas usam a supermodelo brasileira Gisele Bündchen para transmitir beleza, requinte e sofisticação, como Victoria's Secret, Hope, C&A, Chanel, Pantene, entre outras. Como podemos notar, são marcas que transportam para determinadas pessoas, ou grupos de pessoas, os atributos que querem transmitir ao mercado. Essa transferência de imagem pode ser personificada por celebridades ou por um grupo de pessoas comuns, desde que representem o que a marca simboliza e possibilitem formas de propagar essa imagem a um grupo maior de consumidores.

Imagem por meio da propaganda – podemos entender este caso como as marcas que constroem sua imagem por meio de mensagens publicitárias, um investimento nessa forma de comunicação com o objetivo de criar associações positivas na mente dos consumidores.

Cabe salientar que esse tipo de estratégia de marca requer um alto investimento para que a marca consiga passar sua imagem a seu público-alvo. Um exemplo de estratégia vencedora nesse quesito e que consegue criar um vínculo emocional com os consumidores é a Coca-Cola. Em suas campanhas publicitárias, o foco nunca foi o produto, pelo contrário, em muitas situações o produto é apenas o coadjuvante da história. Quem recebe destaque são os personagens, a situação, o envolvimento com o público. Desde os ursinhos de Natal em suas campanhas de final de ano até os jovens rebeldes que ilustram outras propagandas, tudo tem foco nos personagens, na situação que eles vivem e, o mais interessante, na emoção que tentam transmitir.

Também podemos citar a Fiat quando lançou sua campanha intitulada "Está na hora de você rever seus conceitos", cujo objetivo era tentar mudar a mentalidade dos consumidores que acreditavam que os carros Fiat tinham qualidade inferior à dos demais. Com situações do cotidiano, pregava que as coisas estão mudando a todo momento e que não

Capítulo 3 • Composto de marca

deveríamos ficar presos a ideias preconcebidas. Assim, com um pesado investimento a Fiat conseguiu de certa forma mudar a percepção dos consumidores em relação à sua marca.

Essas são as formas de administrar uma marca de imagem, que são aquelas de difícil avaliação por parte dos consumidores. Também podemos notar nos exemplos citados que esse tipo de marca é muito exposto aos consumidores, o que ajuda, desde que bem administrada, a criar uma grande fluidez no mercado, porque é facilmente visualizada. Agora, como fizemos nas seções anteriores, vamos mostrar como gerenciar seu marketing mix.

Veja a campanha Fiat, está na hora de você rever seus conceitos:

3.1.4 Estratégia de marca de imagem

Neste momento, iremos discutir as possibilidades de estratégias de marketing para os produtos que se encaixam nessa categoria, lembrando apenas que são propostas, haja vista que cada uma das situações discutidas deve fazer parte de um estudo sistematizado do mercado a fim de proporcionar à empresa formas de agregar valor aos consumidores. Assim, ao menos nesta parte do livro nos deteremos nas estratégias do marketing mix.

Produto – nesse caso, como o produto é o principal meio para entregar valor aos consumidores, precisamos ter em mente o objetivo principal, gerar valor para o produto por meio de imagens, as quais ajudarão a marca a criar símbolos que possam ser valorizados pelos consumidores. Tendo isso em mente, vamos tratar de alguns dos componentes presentes no mix de produto.

Normalmente os produtos de imagem são de fácil visualização pelo público em geral, porque em muitas situações a marca serve para demonstrar uma imagem que o consumidor tem ou gostaria de ter. Pensando dessa forma, um dos componentes em que o gestor necessita pensar é *design*. Deve ser um *design* que, além de melhorar a usabilidade do produto, possa transmitir o *status* que o consumidor espera receber. Uma joia é trabalhada em termos de formato, tamanho e estilo, porque além de ser algo que transmite uma imagem para o usuário, é de fácil visualização. Assim, deve também ser estrategicamente trabalhada pensando-se nas várias pessoas que poderão ver o produto e se interessar por ele. Cuide bem de seu *design*.

Ainda pensando em termos da visualização do produto, não esqueça da embalagem. De nada adianta ter um produto que tenta passar aos seus consumidores uma imagem diferenciada e se esquecer de trabalhar esse componente do produto. Lembre-se de que atualmente a experiência do produto é muito importante, de modo que o relacionamento entre empresas e consumidores não termina no momento que o consumidor adquire o produto.

A experiência do consumidor ao receber o produto em uma embalagem adequada, como as famosas caixinhas da Tiffany com sua cor característica (as pessoas chegam ao ponto de comprá-las no eBay), as embalagens dos produtos Apple ou até as caixas de uísque, pode ser um fator que ajuda a criar uma imagem diferenciada para a marca. Assim, não esqueça que o produto é a soma de todos os seus componentes ao transmitir uma imagem diferenciada aos consumidores.

Dependendo de qual o valor envolvido no produto, procure pensar em garantias e assistência técnica para que os consumidores se sintam seguros ao desembolsar um alto valor. Quanto maior for a garantia do produto, maior é a possibilidade de o consumidor escolher sua marca no momento de decidir, ainda mais quando pensamos em marcas de luxo. Porém, não esqueça que seu serviço de assistência técnica e as garantias envolvidas devem manter o mesmo rigor em termos de atendimento. Nesse ponto, cuidado com as terceirizações, porque muitas vezes esses serviços não mantêm a mesma qualidade e imagem que sua empresa levou anos para construir. Note que, especialmente quando trabalhamos uma marca de imagem, tudo faz parte da forma como os consumidores percebem seu produto. Uma questão de percepção.

Outra estratégia que deve ser muito bem trabalhada nesse momento são as extensões de marca. Como veremos mais adiante, trata-se de extensão da marca quando uma marca forte usa sua força no mercado para avalizar outros produtos, seja na mesma categoria ou em categorias diferentes da marca de origem. Podemos citar como exemplo a empresa de cristais, que já destacamos anteriormente, Swarovski, que teve seu auge com a fabricação de peças extremamente delicadas, como miniaturas de animais, e, se aproveitando da força de sua marca, usou sua habilidade em manusear os cristais e ampliou sua marca para joias, lustres, utensílios domésticos e uma infinidade de outros produtos, sempre, é claro, mantendo-se fiel a sua qualidade e ao refino de suas peças. Já a BMW conseguiu transportar sua marca requintada para as motos, que

Capítulo 3 • Composto de marca

77

agora também fazem muito sucesso entre seu público fiel. Use com sabedoria a força da marca para criar extensões para outros produtos, apenas não esqueça que esses outros produtos devem ter sinergia com a marca mãe, para não prejudicar a imagem da companhia.

Por fim, entre as ferramentas que um gestor pode usar para gerenciar suas marcas podemos destacar a atenção ao Ciclo de Vida do Produto (CVP), que significa os estágios de uma marca no decorrer de sua existência. A atenção ao CVP deve-se ao fato de que se a imagem de uma marca não for adaptada, esta pode morrer. Isso mesmo, morrer. A imagem de uma marca pode ficar defasada, seja devido aos avanços tecnológicos ou a mudanças de comportamento do consumidor. Algumas marcas que tinham muita força, como a Marlboro, dificilmente conseguirão transportar seus atributos para outros produtos. Outras estão defasadas tecnologicamente, como a fabricante de máquinas de escrever Olivetti e também a Kodak, com suas máquinas fotográficas. Portanto, cabe ao gestor administrar sua marca para que ela não envelheça e desapareça do mercado.

Preço – como já mencionamos em outras ocasiões, o preço é uma variável difícil de ser administrada, tanto em relação à percepção do consumidor como pelo fato de que em muitas situações esse será o principal determinante de compra. Quando tratamos de marca de imagem, a questão preço é ainda mais perceptível.

O preço é uma das estratégias mais usuais para determinar a imagem de uma marca no mercado, porque se for baixo, passa a imagem de que o produto é popular. Por outro lado, se for alto, tem-se a percepção de que se trata de um produto de luxo, e isso ajuda a fortalecer a imagem da empresa. Certo? Quase certo. Alguns produtos já citados em exemplos se encaixam nessa categoria, outros não. Um produto de conveniência como a Coca-Cola, mesmo tendo sua marca trabalhada de forma estrategicamente direcionada a determinadas situações, não pode cobrar um preço muito acima da média de mercado pelo fato de ser um bem de consumo. Ou as sandálias Havaianas que, apesar de terem sua imagem associada a um acessório de moda, teria essa percepção invalidada caso aplicasse um preço muito acima ao do mercado. Portanto, nesses casos a empresa deve sim cobrar um pouco a mais que o mercado, mas não valores exorbitantes.

Já empresas de bens duráveis poderão usar essa variável para criar um símbolo de *status*, que ajuda a criar uma marca forte. Isso ocorre porque, devido aos altos valores envolvidos em uma compra, somente as pessoas de melhor condição econômica poderão comprar o produto, como um relógio Rolex – um produto elitizado, fácil de ser visualizado por outras pessoas e que está direcionado às classes mais altas. Nesse caso, o preço é um componente fundamental no momento de criar a imagem da marca.

Porém, tenha cuidado. O preço deve estar relacionado à imagem que a empresa deseja passar para seu mercado, e deve estar de acordo com a ideia que seu público-alvo tem. Veja o caso da Mercedes-Benz: conhecida no mercado brasileiro como fabricante de carros de luxo (essa é a imagem que as pessoas têm da marca), o que não necessariamente ocorre em outros países, principalmente os mais desenvolvidos, resolveu lançar no mercado brasileiro um carro um pouco mais modesto que os demais de sua linha tradicional, o Classe A. Essa estratégia, além de não ter dado muito certo, devido a teóricos problemas aerodinâmicos do automóvel, ainda prejudicou a imagem elitizada da empresa, porque tornou seus produtos um pouco mais acessíveis a uma classe mais baixa de consumidores. Aqueles que já eram consumidores da marca e se sentiam elitizados com o produto acabaram por migrar para outras marcas, que poderiam lhes possibilitar o *status* que antes enxergavam nos carros da Mercedes.

Portanto, gerencie seu mix de preço com muito cuidado. Lembre-se do produto e sintonize-o com a imagem que a marca quer demonstrar ao mercado.

Praça – quando tratamos de estratégias de distribuição, a primeira questão que nos vem à mente é sobre o uso de uma distribuição exclusiva, intensiva ou seletiva. Bem, para responder a essa questão devemos pensar qual o tipo de produto que a empresa está comercializando, relacionando-o com o mix de produto. Se é um item exclusivo, do qual a empresa construiu uma imagem de *status*, uma distribuição exclusiva em lojas próprias parece ser a opção mais adequada para garantir o *glamour* da marca. Porém, se a empresa comercializa produtos de conveniência, poderá usar uma distribuição intensiva, como no caso dos refrigerantes mencionados anteriormente. Portanto, antes de decidir o sistema de distribuição, verifique qual a classificação do produto.

Esse componente do mix de marketing, se usado com inteligência, talvez possa ser uma das melhores formas de transmitir uma imagem de sofisticação para o produto e, juntamente com as demais estratégias, proporcionar uma imagem diferenciada para a empresa, já que o PDV pode ser uma ótima ferramenta de branding sensorial.

Capítulo 3 • Composto de marca

Entendemos como branding sensorial a forma de a empresa utilizar os sentidos dos consumidores para lhes passar uma experiência diferenciada e, consequentemente, uma imagem diferenciada. Nas lojas da Starbucks, por exemplo, vários elementos são trabalhados para transmitir uma imagem de sofisticação, desde o som ambiente e aroma do café até o atendimento diferenciado de seus baristas. Já as lojas Victoria's Secret têm determinadas cores predominantes, som ambiente com música clássica, ambiente aromatizado, luz um pouco mais fraca que o usual em lojas de roupas, entre outros estímulos que são trabalhados para o fortalecimento da marca. Dessa forma, as empresas conseguem, pela administração de seu PDV, transmitir o diferencial de sua marca.

Portanto, use esse componente do marketing mix como uma ferramenta de comunicação para ajudar a transmitir a imagem que deseja e que deve estar de acordo com os demais componentes de seu marketing mix.

Promoção – quando tratamos do mix de promoção, estamos nos referindo às formas pelas quais as empresas comunicam seus diferenciais a seus consumidores-alvo. O objetivo principal nessa classificação de marca é fortalecer a imagem que a empresa pretende passar.

Veja a propaganda da vodca Absolut:

Em se tratando de imagem, podemos citar o caso da vodca Absolut. Quando entrou no mercado, seu desafio era tentar convencer os consumidores de que uma vodca sueca poderia ser melhor que as russas. Para isso, o processo de comunicação adotado foi muito importante, começando com uma embalagem diferenciada, ilustrada com obras de artistas famosos. Posteriormente a empresa começou a patrocinar eventos de artistas contemporâneos e, de forma natural, criou uma ligação entre eventos artísticos, um público seleto e intelectualizado e a marca. Foi uma excelente estratégia de gerenciamento. A empresa usou um evento, um dos itens do mix de comunicação, para criar uma imagem diferenciada para a marca.

Lembre-se de que o objetivo da comunicação é criar associações para a marca. Nesse momento, portanto, a mensagem é mais importante que o produto em si. Note que as marcas que se diferenciam no mercado nesse quesito são aquelas cujo produto é apenas um coadjuvante. Assim, em uma propaganda de um automóvel de luxo o foco está no tipo de pessoa que usa o produto, e posteriormente (no final da propaganda) aparece a marca para finalizar o processo de criação de percepções positivas.

Como já mencionamos em outros momentos, o vínculo com celebridades é uma estratégia adequada, porque, de forma natural, os consumidores vinculam determinada imagem que essa personalidade possui com o produto. Por exemplo, as marcas que patrocinam o jogador Cristiano Ronaldo têm como objetivo se vincular (ou criar percepções) às vitórias do esportista.

Outra forma interessante de trabalhar as marcas de imagem é usar o buzz marketing, que consiste em uma estratégia mercadológica que incentiva o boca a boca espontâneo entre os consumidores. A empresa identifica grandes conectores de mercado para que sua mensagem seja divulgada a um número maior de pessoas. Nessa situação, os formadores de opinião, ou conectores de mercado, desempenham papel importante, haja vista que as pessoas irão analisar o que eles usam e replicar a mensagem. Esses grandes conectores podem ser celebridades, que ajudarão a criar uma imagem positiva para o restante do mercado.

Veja o caso dos fones de ouvido da marca Beats by Dr. Dre. Eles viraram febre entre os jovens devido ao uso por celebridades. Você já deve ter visto essa marca sendo usada por muitos jogadores de futebol, entre eles o craque Neymar. Esse tipo de uso ajudou a criar uma imagem de *status* em torno da marca e de sucesso do produto. Além disso, trata-se de um produto de fácil visualização por parte dos consumidores, ou seja, é um produto à vista das pessoas, o que ajuda na proliferação (leia-se buzz do produto).

Mais uma estratégia que pode ser usada é o product placement, que consiste na inserção de marcas em filmes e seriados. Essa estratégia, se bem planejada, ou seja, se for inserida no enredo dos filmes e aparecer de forma espontânea na trama, poderá também ajudar a criar uma imagem diferenciada para a marca. Um exemplo são os produtos usados pelo agente 007, a moto do Capitão América ou a bebida (a cachaça 51) na prateleira de Penny, personagem do seriado The Big Bang Theory. Essas ações ajudam a criar uma ligação entre a personalidade do usuário, leia-se personagem, e os atributos que a marca deseja passar a seus consumidores.

Essas são apenas algumas ações de promoção para o fortalecimento de marca, mas existem muitas outras. Lembre-se, porém, de que nessas situações o objetivo é criar, fortalecer e manter a imagem que a marca possui.

Essas são as características de uma marca de imagem. Agora passaremos às estratégias de marcas experienciais.

3.1.5 Marcas experienciais

Existe um parque que é conhecido como o mundo da fantasia. Talvez, ao menos até este momento, ainda seja o maior e melhor parque de diversões já planejado. É o sonho de toda e qualquer criança quando sabe de sua existência, o que naturalmente ocorre na mais tenra idade. Foi projetado para transmitir o melhor aos visitantes, afinal é o mundo da fantasia, o mundo dos sonhos e, como em nossos sonhos tudo é perfeito, todos os funcionários são treinados para prestar atenção aos mínimos detalhes. Dificilmente você verá lixo no chão. Se uma criança deixa cair seu sorvete, um funcionário solícito lhe entregará outro antes mesmo de ela começar a chorar. A atenção aos detalhes é levada ao extremo.

Com relação aos detalhes e à preocupação com o mundo dos sonhos de qualquer criança, os cavalos do carrossel são pintados com tinta à base de ouro e, ao final do expediente, um funcionário verifica cada um deles para ver se existe a necessidade de retocar a pintura, afinal no mundo da fantasia não existem falhas. Em 1995, os responsáveis chegaram ao ponto de desenvolver um sistema que destravava carros em questão de minutos, caso algum motorista desatento (ou deslumbrado com o mundo da fantasia) esquecesse suas chaves dentro do carro e o trancasse, afinal a empresa não queria que seu consumidor tivesse um péssimo dia por ter trancado o carro com as chaves dentro, não é mesmo? Toda essa preocupação tem apenas um objetivo: oferecer a melhor experiência de consumo a seus visitantes. Que parque é esse? Estamos falando dos parques da Disney.

Esse é o típico exemplo de marca experiencial, aquela que não está apenas preocupada com as características funcionais de seu produto, ou com a imagem que pretende passar a seus consumidores. Seu foco está em oferecer a melhor experiência para um grupo de consumidores e assim criar vínculos emocionais com eles. Partindo do pressuposto de que a maioria dos consumidores decide suas compras com base na emoção e não na lógica, esse tipo de estratégia ou branding pode ser considerado um dos mais importantes em termos mercadológicos.

A marca diferencial torna-se cada vez mais importante no contexto mercadológico como uma forma de diferenciar sua oferta. Muitas delas acabam por se tornar concorrentes de empresas até de setores em que não atuam, mas com as quais naturalmente os clientes as comparam. Se uma pessoa foi a um parque na Disney e sentiu-se muito bem atendida, de forma natural irá usar essa experiência para comparações em outras situações; se ela vai a um supermercado e o atendimento é repleto de situações que a deixam insatisfeita, naturalmente irá lembrar da experiência inesquecível na Disney e sempre irá pensar que todas as empresas deveriam tratá-la da mesma forma. Esse tipo de comparação acaba por criar um novo concorrente, um concorrente por percepção, porque faz parte da natureza humana estabelecer comparações para criar as suas próprias imagens em relação a produtos ou serviços.

Dessa forma, esse tipo de marca torna-se um concorrente dos demais produtos que se enfrentam em um determinado segmento de mercado.

A marca diferencial torna-se cada vez mais importante no contexto mercadológico como uma forma de diferenciar sua oferta. Muitas delas acabam por se tornar concorrentes de empresas até de setores em que não atuam, mas com as quais naturalmente os clientes as comparam.

Empresas que trabalham marcas de experiência são aquelas cujas ações estão ancoradas na emoção e nas experiências sensoriais do consumidor no momento de se relacionar com a empresa. Entendemos que ele terá, durante todo o contato, uma experiência única. Desde o momento em que conhece a empresa, entra em contato com ela, usa o produto e estabelece qualquer outro relacionamento posterior – tudo deve ser perfeito, sem nenhum problema e, se possível, proporcionando uma experiência superior. Todos os momentos de relacionamento devem ser satisfatórios.

Quando pensamos em termos de experiência, precisamos pensar em todos os estímulos que uma empresa apresenta a seus consumidores em relação a um acontecimento, seja ele real ou virtual. O conjunto desses estímulos é o envolvimento ou vivência que o consumidor terá com a marca. Para que a empresa consiga trabalhar de forma adequada essas experiências, deve pensar em todos os pontos de relacionamento, como materiais de PDV, internet, funcionários, layout da loja, experiências pessoais, ações de comunicação, embalagem, eventos, produtos, entre outros.

Uma empresa pode trabalhar as experiências tendo como bases seus materiais no PDV. Nesse ponto, usam a tecnologia para tentar transmitir estímulos que possam reforçar o posicionamento da marca. A Tissot, em uma de suas lojas na Europa, permite que seus consumidores usem

Veja a ação da Tissot:

os relógios de forma virtual. Basta colocar o pulso em frente a uma tela de computador e escolher o modelo que gostaria de experimentar. Algumas lojas de roupa já usam essa mesma tecnologia para que os clientes possam experimentar peças de roupa e ver qual a melhor combinação. Uma experiência diferenciada.

Outra forma de interação que podemos destacar é a internet. Como muitos consumidores recorrem a essa plataforma para escolher produtos e transacionar com a empresa, todo o cuidado nessa ferramenta é fundamental. Deve-se procurar proporcionar a eles uma navegação fácil e uma experiência adequada. Muitas empresas já estão usando tecnologias de realidade aumentada para transmitir uma experiência mais ampla a seus consumidores. Outras pensam em formas de potencializar o relacionamento com seus consumidores agilizando as transações, como a Amazon e sua "compra com um clique". Uma estratégia simples, mas muito eficaz. Afinal, se o cliente já tem cadastro na empresa, por que ter que esperar pela aprovação de seu cartão de crédito? A compra com um clique é um voto de confiança que a empresa deposita em seus consumidores. E é possível ir mais além. Se você comprar um livro impresso, enquanto ele não chega você pode começar a lê-lo em formato digital. Sem dúvida alguma uma experiência diferenciada.

Outras organizações podem se diferenciar e transmitir uma experiência adequada por meio de seus colaboradores. Nesse caso, a empresa procura ter funcionários gabaritados para potencializar o relacionamento com os consumidores. Destacamos os parques da Disney, que, como já mencionamos, têm colaboradores treinados para transmitir a melhor experiência possível aos visitantes; e a loja de eletroeletrônicos norte-americana Best Buy, que, ao perceber que o número de mulheres em suas lojas estava aumentando, começou a contratar vendedoras, o que permitiu que a experiência de compra melhorasse.

Pode-se ainda transmitir uma experiência diferenciada por meio do layout das lojas. Citaremos como exemplo as lojas da Apple. Além de ter sido a primeira empresa a permitir que seus consumidores interagissem com os produtos, deixando-os à mostra para que toda e qualquer pessoa os manuseasse (o que depois foi copiado por todas as concorrentes), ainda possui um layout limpo, buscando destacar seus produtos e melhorar a experiência que os consumidores terão. Sem caixas para o pagamento, sem departamento de embalagem, enfim, apenas os vendedores, os quais também se destacam pelo conhecimento do produto.

Outra forma de se destacar para transmitir uma experiência diferenciada é por meio de ações de comunicação. As empresas estão cada vez mais criativas ao trabalhar os sentidos dos consumidores para lhes transmitir uma experiência sensorial. O Burger King realizou uma ação em pontos de ônibus na Espanha na qual exalava o cheiro de seu sanduíche Whopper. A Mitsubishi do mercado norte-americano borrifou cheiro de carro novo em um anúncio de lançamento de seu modelo Lancer. Trata-se de usos do que conhecemos como branding sensorial, cujo objetivo é criar uma experiência diferenciada aos consumidores trabalhando estímulos para conseguir destacar os valores da marca.

Mais uma opção para transmitir uma experiência diferenciada a determinado grupo de consumidores é a embalagem. Podemos destacar o trabalho desenvolvido pela Apple em relação a seus produtos. Todo o processo é pensado para que os consumidores tenham a melhor experiência possível com relação à forma de apresentação do produto e ao manuseio no momento de abrir a embalagem.

Também temos eventos que podem ser desenvolvidos com o objetivo de apresentar as experiências diferenciadas de uma marca. Nesse quesito, destaca-se a Red Bull, que realiza eventos relacionados à sua marca com o objetivo de construir a experiência. Alguns são inusitados, como o Red Bull Stratos, no qual o paraquedista de *base jump* Felix Baumgartner fez um salto da estratosfera transmitido ao vivo pelo site da empresa.

E o próprio produto ou serviço da empresa pode fazer essa função, como o cinema 4D, que apresenta várias experiências diferenciadas para seus consumidores, ou a atração *The amazing adventures of spiderman*, no parque Universal Studios em Orlando, no qual o espectador recebe vários estímulos sensoriais, como calor, frio, vento, os quais são apresentados a cada situação que envolve o relacionamento do visitante com o aracnídeo mais famoso da vizinhança.

Ou seja, essas são algumas das ferramentas que a empresa pode usar para oferecer experiências diferenciadas a seus consumidores, criando uma marca de experiência e se diferenciando dos concorrentes.

De forma estratégica, uma marca pode trabalhar os seguintes tipos de experiência para fortalecer sua marca: sentidos, sentimentos, pensamento, ação e identificação.

Capítulo 3 • Composto de marca

Quando falamos em sentidos, estamos nos referindo aos vários sentidos que possam transmitir um diferencial, não apenas os mais comuns (visão e audição), mas também tato, olfato e paladar.

Já sentimento ou emoção são determinados estímulos, seja a emoção proporcionada por um filme, a excitação de uma montanha russa, o prazer de dirigir uma moto Harley-Davidson, entre outras experiências que possam estar relacionadas à marca – sentimentos estes que devem ajudar a criar vínculos entre ela e seus consumidores.

As experiências relacionadas ao pensamento se referem à forma de mudar, em determinados momentos, o que os consumidores enxergam da empresa ou da marca. Poderíamos dizer que se trata da mudança de determinados paradigmas que os consumidores criam em relação a uma marca.

Temos ainda as experiências relacionadas à ação, ou seja, à interação que os consumidores terão com a marca, seja no PDV ou com os produtos ou serviço – como o manuseio do produto, que pode agregar valor à marca, ou a experiência em um parque de diversões (também pode ser considerada como manuseio do produto), mas com certa profundidade em termos de interpelação, pois como se trata de um serviço, é exigida maior interação por parte dos consumidores.

Por último, temos a identificação, que é a experiência de o consumidor se identificar com a marca. É o vínculo da pessoa com a marca.

Dessa forma, resumimos os tipos de experiência que uma empresa pode usar para criar vínculos e estímulos positivos em relação à sua marca. Agora, como fizemos na seção anterior, vamos pensar nas estratégias do marketing mix.

3.1.5.1 Estratégias de marcas experienciais

Neste momento, pensaremos nas possíveis estratégias de marketing mix para as marcas de experiência. Lembrando sempre que o objetivo quando tratamos desse tipo de marca é potencializar a experiência dos consumidores no momento de se relacionar com a empresa e criar estímulos que possam transmitir determinados vínculos entre produto, marca e consumidores.

Produto – nesse ponto, o objetivo principal com o produto é entender as possibilidades que existem para valorizar os aspectos intangíveis da marca em relação a determinados atributos ou experiências que o consumidor possa ter ao se relacionar com ela. O produto ou serviço deve ser fruto de um estudo completo do comportamento do consumidor para se compreender quais as experiências que ele espera viver ao se relacionar com a marca.

Lembre-se de que todo produto, dos mais simples aos mais complexos, podem e devem transmitir experiências diferenciadas aos consumidores, e nesse aspecto o papel do gestor é identificar como potencializar essas experiências, agregando valor à sua marca e produto.

Note que quando falamos de experiência, entendemos que todos os relacionamentos entre a marca e o consumidor devem ser precisos, sem erros ou desgastes. Assim, nessa estratégia de produto se deve atentar aos colaboradores, que em vários aspectos serão uma das mais importantes ferramentas para agregar valor aos produtos ou serviços. Assim, o treinamento do pessoal de apoio é fundamental. É necessário ter atenção aos processos para que as falhas sejam evitadas, ou, caso existam, possam ser facilmente corrigidas.

Deve-se atentar também às extensões de marca, porque muitas vezes a experiência que a empresa criou para um produto pode não ser adequada a outros. Nesse ponto, o cuidado deve ser redobrado, porque se o produto lançado não tiver sucesso, ou seja, a experiência adequada, isso poderá contaminar a marca mãe.

> **Deve-se atentar também às extensões de marca, porque muitas vezes a experiência que a empresa criou para um produto pode não ser adequada a outros. Nesse ponto, o cuidado deve ser redobrado, porque se o produto lançado não tiver sucesso, ou seja, a experiência adequada, isso poderá contaminar a marca mãe.**

Esteja atento aos aspectos mais simples de um produto, como sua embalagem, que, como já mencionamos, pode ser uma ótima forma de transmitir experiências aos consumidores. E pense em seu mix de produto como a principal forma de fazer isso.

Preço – como ocorreu nas estratégias de marca citadas anteriormente, o preço ainda continua sendo um problema. Isso devido à necessidade ou dificuldade de mensurar a experiência dos consumidores. Este é o ponto de problema para esse tipo de marca: quanto cobrar. Bem, quanto melhor for a experiência dos consumidores, maiores serão as chances de se cobrar um preço *premium*; assim, tudo dependerá de como a empresa estará posicionada no mercado.

Como uma das preocupações nesse tipo de estratégia é muitas vezes com processos, que devem ser constantemente monitorados, os custos precisam ser analisados de forma criteriosa. Como sabemos, eles irão influenciar o preço dos produtos. Portanto, atenção aos custos.

Praça – quando pensamos em termos de praça, podemos afirmar que se trata, dependendo do produto, do momento de entregar a experiência. Portanto, pode-se destacar que é uma ótima forma de demonstrar a experiência do produto, principalmente quando pensamos no branding sensorial. Em muitas situações, a empresa deve trabalhar uma distribuição seletiva ou exclusiva. Não que uma distribuição intensiva não possa ser usada, mas, como o objetivo é demonstrar uma experiência diferenciada, a distribuição intensiva, ou seja, em massa, pode dificultar o processo. Assim, deve-se pensar muito bem no momento de elaborar as estratégias de distribuição. Lembre-se do potencial do mix de praça no momento de trabalhar o branding sensorial (temos outros sentidos além da visão e da audição que podem ser potencializados no momento de entregar valor para os consumidores).

Promoção – poderíamos dizer que é a parte de fechamento do processo de mix de marketing. É nesse momento que iremos usar as formas de comunicação para a empresa transmitir sua experiência. Pense em seu mix de comunicação como uma forma de potencializar a experiência do consumidor. Assim, pode-se utilizar a propaganda em mídias diversas; promoções nos pontos de venda; promoções no site da empresa (nesse ponto, é preciso pensar na experiência que o consumidor terá no momento de transacionar com a empresa); o trabalho dos vendedores da empresa (o que em comunicação denominamos de venda pessoal), que são uma ferramenta importante nesse processo.Também podemos citar o boca a boca. Partindo do pressuposto de que os consumidores compartilham em sua rede de contatos uma experiência diferenciada, isso pode ser uma ótima oportunidade para a empresa ter seus diferenciais compartilhados pelas pessoas de forma espontânea e, teoricamente, gratuita. Portanto, nesse ponto cabe ao gestor cuidar para que esse processo ocorra e incentivar o boca a boca entre seus consumidores, tendo uma plataforma digital que facilite o compartilhamento, tratando de forma diferenciada seus clientes fiéis e, acima de tudo, não permitindo que seus diferenciais sejam reduzidos por falta de controle.

Bem, essas são algumas formas de gerenciar o mix de promoção e, como já mencionamos anteriormente, são apenas algumas sugestões – as possibilidades são infinitas.

ESTUDO DE CASO

Análise de ícones visuais e personagens de marcas

Há diferentes caminhos para explorar a força dos personagens. Tudo depende do que a marca deseja construir de associações e de como o personagem será utilizado para gerar valor

Personagens de marcas estão presentes em nossas vidas há muito tempo. Eles começaram a ser desenvolvidos em uma época em que pouco se falava de branding ou de processos estruturados de gestão de marcas. Ainda assim, mesmo que intuitivamente, a criação destas figuras ajudou as marcas a se conectarem aos seus consumidores.

No meio do século XIX algumas marcas já começavam a utilizar figuras, reais ou fictícias, para explorar melhor seus atributos. O caso da Quaker, tido como o personagem mais antigo da história, é emblemático. A criação do personagem "Senhor Quaker" em 1877, foi inspirada em uma figura humana de uma comunidade religiosa chamada "The Quakers". Esta comunidade era famosa na época por seus hábitos saudáveis de alimentação, algo que se conectava fortemente aos objetivos da nova empresa.

Na mesma época, em meados de 1890, a marca Michelin fez algo ainda mais ousado e criou um personagem fictício. A ideia surgiu quando um dos fundadores da empresa se deparou com uma pilha de pneus e imaginou que seria possível criar um personagem para sua marca. Pouco tempo depois, com a ajuda de um desenhista, nascia o famoso "Bibendum".

Apesar de terem sido criados por empresas diferentes, os dois casos acima têm algumas similaridades, mas também grandes diferenças no processo de gestão de seus personagens. Na marca Quaker, o personagem foi mantido mais como um elemento identificador, com o objetivo de gerar lembrança, mas muito pouco explorado em sua personalidade. Hoje em dia, a antiga história por trás do logo, e a suposta associação com hábitos saudáveis perdeu relevância e não consegue mais transferir tais atributos.

Por outro lado, o "Bibendum" da Michelin, além de ser utilizado como elemento identificador exclusivo, ganhou vida, e passou a fazer parte da vida de seus consumidores. É comum vê-lo em filmes publicitários, anúncios, participando de eventos, ou até mesmo como bonecos nas antenas de caminhões. Mais de 120 anos se passaram desde a sua criação, e o personagem continua atual. "Bibendum" segue presente como um grande companheiro de viagens de seus consumidores.

Os dois exemplos deixam claro que há diferentes caminhos para explorar a força dos personagens. Tudo depende do que a marca deseja construir de associações, e de como o personagem será utilizado para gerar valor percebido junto aos consumidores.

Abaixo alguns modelos de utilização de personagens pelas marcas, seguidos de exemplos.

PERSONAGENS COMO ÍCONE VISUAL

Assim como o exemplo da Quaker, há inúmeros casos nos quais o personagem está presente na própria estrutura de design de seu logo. Estes personagens, em formato de ícones visuais, podem ser animais, figuras fictícias, ou até mesmo a imagem dos fundadores das empresas. O objetivo, nestes casos, é o de garantir um elemento identificador forte, que possua alguma relação com a categoria, com o público-alvo, ou ainda, com os produtos que a marca oferece.

A marca Pringles de batatas chips utiliza o personagem intitulado "Mr. Pringles" como ícone visual de seu logo. Aparentemente, não há relação entre o personagem e a categoria, tampouco há peças de comunicação da marca que, de fato, ajudem a construir uma personalidade para Mr. Pringles. Neste caso, tudo indica que o personagem é explorado somente como um identificador exclusivo da marca.

A rede brasileira Casa do Pão de Queijo também trabalha um personagem em sua identidade visual. A imagem presente no logo representa a mãe do fundador, e criadora da famosa receita. Ao colocar a Vovó Arthêmia com ares de cozinheira, a marca visa explorar sua relação direta com a categoria de alimentos. Como resultado desta estratégia, a marca consegue criar um elemento identificador proprietário e ainda constrói valor, associando-se com imagens que remetem ao acolhimento, ao caseiro, e ao sabor de seus produtos.

Apesar dos exemplos acima serem de marcas de enorme sucesso, a força de seus personagens é relativa. Na verdade, estas marcas possuem uma alta capacidade de diferenciação graças aos seus desenhos exclusivos, e que lhes garantem níveis altos de lembrança. Do ponto de vista de personalidade, seus personagens são frágeis.

Outros exemplos de marcas que utilizam personagens como ícones visuais de seus logos:

- Panco – Panificadora
- Puma – Artigos Esportivos
- Nestlé Moça – Leite Condensado

PERSONAGENS COMO ELEMENTO COMPLEMENTAR DA MARCA

Um modelo mais flexível de trabalhar o uso de personagens é utilizá-los como elemento complementar da marca. Algo feito por marcas como Sadia e Duracell. Diferente do modelo descrito anteriormente, no qual os personagens são concebidos em conjunto com as marcas, este modelo é utilizado por empresas que desenvolvem seus personagens em um segundo momento, normalmente com um objetivo estratégico claro. Desta forma, grande parte delas já cria o personagem com o propósito de construir associações para a marca.

O caso de Sadia demonstra a criação de um personagem a partir de estratégias de negócio. Idealizado na década de 1970, o personagem do frango com capacete de motociclista foi criado para ajudar a marca a vender uma nova categoria, a de produtos prontos congelados. Com a necessidade de transmitir agilidade e praticidade da vida moderna, foi criado o personagem "Lequetreque". O sucesso foi tão grande, que já na década de 80, ele passou a ser utilizado como personagem oficial da marca Sadia.

Um outro exemplo interessante de uso de personagem como elemento complementar é o da marca Duracell. Com o objetivo de construir atributos funcionais de superioridade para suas baterias, a marca criou o personagem "Bunny", representado pela figura de um coelho, um animal símbolo de longevidade e velocidade.

Trata-se de um personagem que não está ligado diretamente à identidade visual de Duracell. Com isso, os gestores da marca têm maior liberdade de decidir quando, e onde utilizar seu mascote.

Outros exemplos de marcas que utilizam personagens como elemento complementar:

- Paçoquita – Doce de Amendoim
- Fofo – Amaciante
- Treloso – Biscoitos Infantis
- Bimbo – Panificadora
- Casas Bahia – Varejo

PERSONAGENS PARA CONSTRUIR PERSONALIDADE DE MARCA

Assim como a Michelin citada acima, há outras marcas que trabalham seus personagens em níveis mais avançados de gestão. Toddynho e M&M's são alguns exemplos de marcas que constroem seus personagens de maneira consistente, alinhados com as estratégias de negócio, e com fortes características de personalidade.

A marca Toddynho é uma referência de construção de relacionamento com seu público. Ao criar uma bebida láctea, pronta para beber, e com valor nutricional, a marca atingiu em cheio as mães de seus consumidores. O uso do personagem Toddynho serviu para envolver o público infantil em histórias de

Capítulo 3 • Composto de marca

aventura e fantasia, resultando em uma marca com forte ligação emocional. Os altos índices de preferência e fidelidade de compra da marca são o resultado de um processo de identificação de características comportamentais do público, e de um consistente trabalho de construção de personalidade para o personagem. Toddynho é imaginativo, brincalhão, alegre, aventureiro, amigo e companheiro. Um amigo que toda criança gostaria de ter!

Talvez o trabalho mais bem feito de construção e gestão de personagens seja o da marca de confeitos de chocolate M&M's. Criados na década de 1950, e graças a um trabalho primoroso de construção de identidade, os personagens "Mr. Plain" (Vermelho) e "Mr. Peanut" (Amarelo) rapidamente ganharam a simpatia do público. Nos anos seguintes, novos personagens foram lançados com diferentes personalidades: 1995 – Azul; 1997 – Verde; 1998 – Laranja; 2012 – "Ms. Brown".

A ligação emocional dos personagens com seus consumidores permitiu a ampliação da atuação da marca para várias categorias. Lojas temáticas M&M's World espalhadas pelo mundo vendem mais de 4 mil itens relacionados aos personagens, como camisetas, canecas, mochilas, bonecos de pelúcia, chaveiros, gerando resultados financeiros efetivos para a empresa Mars, detentora da marca.

Abaixo mais alguns exemplos de marcas que utilizam personagens como parte da personalidade de suas marcas:

- Sucrilhos – Cereal Matinal
- Cofap – Amortecedores Automotivos
- Nestlé Chamyto – Bebida Lactea
- Go Daddy – Hospedagem de Sites

Sem dúvida nenhuma, não é fácil construir personagens tão complexos do ponto de vista de personalidade como fazem as marcas citadas acima. Fato é que, uma vez que seus mascotes se conectam emocionalmente com seus consumidores, eles constroem sentimentos, tornando-se queridos e muito mais relevantes. Estes vínculos dificilmente são abalados por uma marca concorrente, o que cria uma vantagem competitiva real, e muito superior àquelas marcas que só trabalham seus personagens como ícones visuais.

Personagens são ativos das empresas, e requerem estudos para sua criação além de processos claros de gestão. Apesar de muito simpáticos, alegres e divertidos, cuidar deles pode dar mais trabalho do que se imagina.

Fonte: PUGA, R. Análise de ícones visuais e personagens de marcas. *Mundo do marketing. Marca*, nov. 2015. Disponível em: <http://www.mundodomarketing.com.br/artigos/rodrigo-puga/35028/analise-de-icones-visuais-e-personagens-de-marcas.html>. Acesso em: nov. 2016.

VAMOS TESTAR SEUS CONHECIMENTOS?

1. Neste capítulo tratamos do composto de marca, ou seja, todos os atributos que devemos trabalhar no processo de gerenciamento de marca para torná-la forte no mercado e assim conseguir construir diferenciais competitivos para a empresa. Falamos dos níveis de significado da marca, entre os quais elencamos: atributo, benefício, valores, cultura, personalidade e usuário. Você, como gestor, acredita que todos esses significados possam ser tratados por uma marca? Em sua opinião, qual o mais importante deles para que uma marca consiga construir verdadeiros diferenciais no mercado?

2. Como vimos, os tipos de marca que encontramos no mercado são: marca funcional, marca de imagem e marcas experienciais. Se fosse gestor de marketing de uma empresa, como você argumentaria com os demais departamentos que, para sua marca ter sucesso, é preciso usar uma estratégia de marca funcional? Na resposta, procure classificar o produto, entender o comportamento do consumidor, descrever as vantagens desse tipo de marca e os motivos pelos quais sua estratégia é a melhor para o caso. Escolha um produto que melhor se encaixe nessa categoria.

3. Use a mesma estratégia de resposta da questão anterior para uma marca de imagem e estabeleça relações comparativas com uma marca funcional e outra experiencial.

4. Ainda com base na questão 3, considere agora uma marca experiencial e estabeleça relações comparativas com uma marca funcional e outra de imagem.

5. Tendo como parâmetro o estudo de caso deste capítulo, responda: Qual a importância da personalidade da marca para criar uma marca forte? Essa personalidade se encaixa melhor em uma marca funcional, de imagem ou experiencial?

Identidade da marca

APRESENTAÇÃO

A identidade da marca não é apenas seu nome comercial ou sua inscrição, mas todos os componentes que a fazem ser diferente e única. Engloba todos os relacionamentos dela: como trata seus consumidores, concorrentes e públicos envolvidos. A identidade da marca é a soma de todos os seus componentes tangíveis e intangíveis, sua história, identidade e tudo que a faz ser forte e notada.

OBJETIVOS
· · · · · · · · · · · · · · · · · ·

O objetivo é mostrar como as marcas fortes trabalham para criar uma identidade própria, que as distingue de seus concorrentes. Vamos apresentar também as estratégicas que são desenvolvidas para fortalecer diariamente essa identidade, bem como a imagem da marca.

4.1 IDENTIDADE DA MARCA

Após analisarmos, no Capítulo 3, a composição de uma marca – e como trabalhar seus componentes essenciais, que a auxiliam a se diferenciar da concorrência e se destacar na percepção dos consumidores –, agora iremos estudar a identidade da marca. Mas o que é a identidade da marca? Seria apenas seu nome, seu logotipo ou como o consumidor a identifica em determinados momentos, por exemplo, quando consegue destacá-la no ponto de venda (PDV) entre as demais? Bem... mais ou menos. Ou melhor, é tudo isso e mais.

Se fizermos uma comparação com as pessoas – note como cada vez mais as empresas procuram se parecer com seres humanos, personificando suas ações –, podemos dizer que a identidade de uma pessoa é apenas seu número no documento? Em termos legais até pode ser, mas como seres humanos sociais e ativos somos mais do que isso, mais do que um simples número de registro. Somos a soma de todas as nossas atitudes, de nossas histórias, de nossas posições em determinados grupos e de nosso papel na sociedade, no trabalho, entre amigos e familiares. Com as marcas ocorre a mesma situação; portanto, sua identidade não é apenas seu nome comercial ou sua inscrição nos órgãos competentes. Como já destacado na Apresentação, são todos os componentes que a fazem ser diferente e única, todos os seus relacionamentos. Trata-se da soma de todos os componentes tangíveis e intangíveis que ela vai construindo no decorrer de sua história e que, se bem administrados, com uma identidade consistente, podem torná-la uma marca forte.

Valores essenciais – podemos dizer que identidade da marca se refere, entre outros fatores, a seus valores essenciais: tudo que pode ser transmitido por meio de suas ações e de seus relacionamentos com os stakeholders em todas as formas de contato da marca; aquilo que leva a identidade central da marca, seus valores, ideias e filosofia.

Quando pensamos em 3M, não enxergamos apenas uma junção de letra e número que identifica uma marca ou que ela está relacionada a Minnesota Mining and Manufacturing Company. Essa sigla serve para facilitar o entendimento de seus consumidores e como uma forma de diferenciação dos concorrentes; a marca e a companhia em si podem ser reconhecidas pelos esforços constantes de satisfazer às necessidades e desejos de seus consumidores com produtos inovadores, que causam impacto na sociedade. Uma empresa com uma base tecnológica forte, presente em nosso dia a dia e que tem como um de seus objetivos fundamentais a inovação, presente em seu DNA e responsável por vários produtos que facilitam nossa vida há mais de 110 anos. Essa característica – inovação – é incentivada a todos os momentos nos departamentos da empresa, em todos os níveis hierárquicos.

Esses são seus valores essenciais, os quais a tornam uma marca forte, distinta de seus concorrentes, com uma identidade única. Uma identidade que supera o simples nome da empresa. Como mencionamos, não é apenas o nome que diferencia a empresa, mas suas ações. E quando temos uma marca forte, a simples menção de seu nome permite uma identificação imediata de seus valores essenciais.

Pretensões – a identidade da marca deixa claras suas pretensões. Quando você pensa no Walmart, ao menos para os norte-americanos, qual a ideia que se tem em mente? Preços baixos todos os dias. Esse é o norte da organização, expresso em seu slogan: "Save money. Live better" – "Economize dinheiro. Viva melhor". Esse é seu propósito, seu objetivo no mercado. Quando uma marca tem um propósito bem definido e difundido para seus colaboradores (porque a identidade da marca não é apenas para o mercado) em toda a companhia, isso ajuda em várias decisões que a empresa tem que tomar no dia a dia, seja nos níveis operacionais ou estratégicos.

Se um assunto estiver em discussão e seus colaboradores não souberem qual a melhor decisão – por exemplo, aceitar a devolução de um produto ou atender o consumidor após o fechamento de uma loja –, a decisão para esses casos é facilitada quando se recorre às pretensões da empresa. Isso ajuda a solidificar uma marca no mercado. O fato de ter essas pretensões claras para todos os colaboradores e clientes – e o uso de um slogan marcante, que as simbolize ou materialize – ajuda a organização a construir bases sólidas, as quais a ajudam a consolidar sua marca no mercado e consequentemente a se diferenciar dos concorrentes.

Como ser percebida – a identidade da marca expõe como uma empresa gostaria de ser percebida no mercado. Quando você pensa no supermercado Dia% – que é uma abreviatura de seu nome comercial (Distribuidora Internacional de Alimentación), o que vem à sua mente? Produtos a preços baixos e em local perto de sua residência. A marca passa a seus consumidores uma imagem intimista, como aqueles supermercados que existiam antigamente, com preços acessíveis e próximos de nossa residência. É isto que a marca faz: auxilia o consumidor a entender o que a empresa está fazendo no mercado, suas ações, e as materializa em sua identificação, ou seja, em sua marca.

Quando temos uma marca forte e adequadamente trabalhada, conseguimos facilmente entender como ela gostaria de ser percebida pelo mercado e por todos os agentes que tenham algum interesse nela. Por exemplo, se pensarmos na estratégia de marca da Havaianas como uma proposta de identidade expandida, verificaremos que o próprio nome já nos remete ao paraíso tropical Havaí e, assim, reconhecemos como a marca é percebida: descanso e diversão.

> Quando temos uma marca forte e adequadamente trabalhada, conseguimos facilmente entender como ela gostaria de ser percebida pelo mercado e por todos os agentes que tenham algum interesse nela.

Personalidade – as marcas fortes que são marcantes permitem que seus consumidores identifiquem seus traços de personalidade, ou seja, o conjunto de qualidades que ela possui e que a distinguem de outras marcas ou empresas no mercado.

Uma marca como a Johnson & Johnson passa a seus consumidores, como um traço marcante de sua personalidade, integridade. Jamais pensaremos em ver a empresa envolvida em escândalos ou atos que possam

Capítulo 4 • Identidade da marca

99

prejudicar seus consumidores ou a sociedade. Quando isso ocorreu, não por culpa da empresa, é claro, ela manteve sua integridade intacta devido às decisões tomadas, decisões estas sempre para proteger seus clientes.

Lembra-se do famoso caso do envenenamento do Tylenol? A Johnson & Johnson foi rápida em solucionar, ou ajudar a solucionar, o problema.

Personalidade – as marcas fortes que são marcantes permitem que seus consumidores identifiquem seus traços de personalidade, ou seja, o conjunto de qualidades que ela possui e que a distinguem de outras marcas ou empresas no mercado.

Em 1982, sete pessoas morreram envenenadas após consumir o medicamento contaminado com cianeto. A empresa agiu imediatamente: 22 milhões de frascos do comprimido foram retirados do mercado ao custo de 100 milhões de dólares. Um comitê de comunicação foi criado para sanar possíveis dúvidas de consumidores e da imprensa – quanto aos consumidores, a mensagem foi clara: não use o medicamento até que a situação seja resolvida. Ainda, abriu as portas de suas fábricas para que todos os órgãos envolvidos pudessem verificar a segurança da produção e desenvolveu uma nova embalagem inviolável para o produto. Suas vendas caíram vertiginosamente durante a crise, mas após o incidente houve um aumento substancial e sua participação de mercado aumentou. A marca saiu fortalecida. Isso é o que podemos referenciar como identidade de uma marca: integridade.

Relacionamentos – outro ponto que devemos considerar no momento de pensar na identidade da marca, e que consequentemente as marcas fortes conseguem enaltecer melhor, são os relacionamentos. É preciso entender melhor que os concorrentes de mercado como os consumidores desejam se relacionar com as marcas, quais seus anseios, suas aspirações, e como elas podem contribuir com uma sociedade melhor. Marcas que atingem esse intuito são aquelas que manterão relacionamentos mais duradouros com seus consumidores.

Cada vez mais as pessoas procuram marcas que consigam lhes entregar valores essenciais e conduzam a associações diferenciadas. Atualmente os consumidores, ao menos em mercados mais desenvolvidos, preferem marcas que satisfaçam às suas necessidades mais altas na hierarquia de Maslow,[1] ligadas à autoestima e autorrealização.

---

1. KOTLER, P. (Org.). *Marketing 3.0*: as forças que estão definindo o novo marketing centrado no ser humano. Rio de Janeiro: Elsevier, 2010.

Para isso priorizam marcas que conseguem enaltecê-los em relação ao espírito e ao coração, por exemplo, que procuram, além de satisfazer às suas necessidades, colaborar com o bem-estar da sociedade e sejam íntegras em seus relacionamentos.

Ainda pensando em termos de relacionamento, os gestores de marca necessitam estar atentos às novas gerações de consumidores que inundam o mercado. Se em épocas anteriores as pessoas eram fiéis às marcas pelo fato de terem comprado produtos que satisfizeram à sua necessidade pontual, o comportamento da nova geração é diferente. Ela não se importa com fidelidade, quer experiência e, assim, não é muito fiel a marcas. Se antes as extensões de marca faziam muito sucesso, com as novas gerações isso é um pouco mais complexo, porque os novos consumidores querem experimentar as mais variadas alternativas de mercado antes de emitir uma opinião. Assim o relacionamento é mais difícil.

Portanto, é preciso considerar também como eles querem se relacionar. Os novos nativos digitais, que estão conectados 24 horas por dia e conversam com todo mundo pelas mídias sociais, naturalmente querem esse tipo de relacionamento com as empresas. Eles falam com as marcas como se estivessem falando com seu vizinho de sala. Não se importam se o contato é com o atendente do SAC ou o CEO da empresa, a conversa é aberta e direta. Para eles, o diálogo tem que ser aberto e franco.

Para que as marcas consigam manter um relacionamento com esse público, devem a todo momento ser o mais diretas possível com ele. Portanto, pensando em termos de novos consumidores e de identidade da marca, os gestores devem elaborar estratégias de relacionamento diferenciadas e pensar em formas de conduzir contatos sólidos com esses consumidores.

4.1.1 A identidade da marca como um conjunto de associações

Um dos pontos importantes que devemos considerar no momento de gerenciar uma marca em relação à sua identidade é o processo de **associações exclusivas**. Note como as marcas fortes têm a capacidade de possibilitar determinadas associações com relação a seus produtos, público ou experiências de consumo. Associações únicas, que acabam sendo incorporadas por elas e as tornam diferentes de outras no mercado.

Quando a TAM era capitaneada por seu fundador, o comandante Rolim Amaro, a marca era reconhecida como aquela que melhor tratava seus clientes. Era comum ver o dono da empresa na porta de alguns aviões para cumprimentar todos os passageiros. Ou ver um tapete vermelho estendido no caminho de embarque na aeronave. Era uma marca com foco, visão, missão e valores centrados no cliente acima de qualquer coisa. As associações exclusivas por parte dos clientes eram imediatas, e a empresa concentrava todos os seus esforços na manutenção dessa percepção.

Se pensarmos nessas associações, perceberemos que nosso cérebro é condicionado para identificar e categorizar determinados eventos que ocorrem na vida, como não colocar a mão no fogo porque queima. Esse ato ficou armazenado em nossa memória e, por mais que não tenhamos passado por tal experiência, nós a evitamos. Com as marcas ocorre o mesmo. Se em determinada situação tivermos uma experiência gratificante com uma marca, nós a categorizaremos como uma marca positiva, e depois, com muita frequência, informamos aos nossos grupos sociais essa experiência, nossa percepção. É assim que nos comportamos em vários momentos de relacionamento com as empresas.

Nossa percepção em relação às associações exclusivas de uma marca, além de ficar gravada na mente, também pode contaminar outro grupo de consumidores, que, se derem credibilidade a nossa opinião, irão tê-la como verdade quase absoluta. É por isso que a cada dia se torna mais importante vender experiências, com o objetivo de criar e manter associações positivas e exclusivas das marcas junto aos consumidores.

> **Nossa percepção em relação às associações exclusivas de uma marca, além de ficar gravada na mente, também pode contaminar outro grupo de consumidores, que, se derem credibilidade a nossa opinião, irão tê-la como verdade quase absoluta. É por isso que a cada dia se torna mais importante vender experiências, com o objetivo de criar e manter associações positivas e exclusivas das marcas junto aos consumidores.**

Devido à importância da categorização que os consumidores costumam fazer em relação às associações exclusivas de uma marca, o gestor deve estar atento no sentido de manter e criar essas associações experienciais. Porém, como fazer isso? Por meio das ações da empresa, da comunicação de suas estratégias, de seus colaboradores e de sua promessa de venda.

Ações – quando tratamos de ações nos referimos a todas as atitudes que uma empresa toma quanto aos fatos ocorridos em seu processo, em nosso caso em específico, comercial. São as iniciativas de marcas que procuram a todo momento manter seus valores vivos junto ao seu mercado.

Como exemplo, podemos citar a Unilever, cujas ações – sejam elas comerciais, de marketing ou internas – são ligadas a preceitos de sustentabilidade, que fazem parte de seu DNA e são facilmente entendidos como forma de ajudar o consumidor em suas percepções da marca. Já a Volvo desenvolve todas as suas estratégias com foco em segurança. Dessa forma, as empresas conseguem manter associações positivas com seu mercado. E o mais interessante nessas estratégias é que as percepções, com as atitudes da empresa, são cada vez mais reforçadas.

Veja a propaganda da Unilever com o seu apelo ambiental:

Estratégias promocionais – as associações podem ser mantidas por meio de estratégias promocionais, ou formas pelas quais a empresa procura mostrar ao mercado seus diferenciais. São as ações que ela realiza para provar que tem as melhores opções para resolver os problemas pontuais de um grupo de consumidores, e assim fortalecer seu posicionamento de marca.

Como exemplo de uma empresa que consegue manter associações positivas na mente dos consumidores podemos citar o Posto Ipiranga. Por meio de uma mensagem publicitária simples e irreverente, porém poderosa para o objetivo de marca da empresa, no qual toda vez que alguém procura alguma informação recebe como resposta "Pergunta lá no Posto Ipiranga" ou "Lá no Posto Ipiranga", é possível transmitir associações positivas em relação ao fato de que a empresa é "Um lugar completo esperando por você" – o slogan da companhia. Ela foi tão precisa em sua campanha publicitária que esta acabou por se tornar um meme, não apenas na internet mas também na piadinha que usamos na roda de café.

Colaboradores – uma empresa pode conseguir criar uma identidade por meio de seus funcionários. Nesse caso, podemos entender que os funcionários são uma forma de apresentar ao mercado a identidade da marca, não apenas com suas vestimentas ou veículos para ir à casa dos clientes, isso seria muito fácil, mas da forma como os atendem e mantêm relacionamentos pautados nos alicerces da companhia.

A Zappos é um típico exemplo. A empresa que comercializa vestuário pela internet dispõe em seu grupo de colaboradores pessoas com foco no cliente, que gostam de conversar e de resolver problemas. Ficou famoso um caso em que um de seus funcionários do SAC passou mais de sete horas conversando com um cliente. Exagero? Não. Ele foi punido por ficar tanto tempo ao telefone? Não, pelo contrário, foi elogiado, primeiro por passar uma associação positiva ao mercado, de que a empresa se esforça muito mais que os concorrentes para resolver os problemas, e também porque criou um verdadeiro relacionamento com o cliente, além de gerar um boca a boca positivo para a empresa, sendo motivo de várias citações em revistas de negócios e livros, como este que você está lendo. Apenas uma observação: a ligação demorou tanto porque o atendente, na conversa, descobriu que havia crescido na mesma cidade do cliente e aí a conversa se prolongou.

Promessa – por fim, temos que ter em mente a promessa. Lembre-se de que quando os consumidores criam uma associação com a marca, eles também criam automaticamente percepções daquilo que esperam que ela possa fazer. Isso pode ser traduzido na promessa da marca, e acaba sendo um ponto fundamental na construção de uma marca forte. Quando a empresa promete algo, tem que ter a capacidade de entregar. Caso não consiga, sua imagem ficará desgastada. Quem convidou o cliente a experimentar o produto foi sua empresa, portanto, cumpra o que prometeu. Muitas organizações, para conseguir aumentar suas vendas, acabam por fazer promessas que não conseguem cumprir, deixando seus consumidores insatisfeitos.

Algumas empresas do mercado brasileiro começaram a ficar antenadas a essa situação. Se você compra algo pelo site da Apple, a previsão de entrega é, por exemplo, de dois dias úteis, porém, no primeiro dia após o pedido a compra estará em sua residência. É uma ótima estratégia, porque dessa forma a empresa sempre supera as expectativas dos clientes e cumpre mais que o prometido, criando associações positivas para a marca. Por falar em prazo de entrega, a empresa que começou com essa estratégia foi a Casas Bahia, que sempre prometia a entrega em determinado prazo, mas entregava os produtos antes do combinado.

Isso pode ocorrer não apenas com a entrega, mas em todos as formas de relacionamento com o cliente. Trata-se de surpreender os consumidores, seja tendo realmente os preços mais baixos do mercado, respondendo às chamadas antes do prazo ou provando sua capacidade de resposta rápida em relação a possíveis problemas, entre outras formas de cumprir o que foi prometido.

4.1.2 A identidade da marca como estratégia para fortalecer relacionamentos

Um dos grandes defeitos das marcas atualmente é a dificuldade de manter relacionamentos íntimos e duradouros com seus consumidores. A velha ideia de que é mais caro conseguir um novo cliente do que manter os atuais nunca esteve tão certa. Em um mercado no qual a cada dia surgem mais produtos e concorrentes, em que estamos sendo inundados de ofertas das mais variadas, manter um cliente fiel pode significar o sucesso ou fracasso de uma marca.

Quando uma marca tem uma identidade forte junto ao mercado, consegue estabelecer relacionamentos sólidos com os clientes. Não apenas no momento da compra, mas também em seu posicionamento. Isso ajuda a manter consumidores fiéis, seus grandes defensores, aqueles que costumam fazer propaganda boca a boca da marca em seu grupo social e, o mais importante, tentam convencer outras pessoas a usar o produto.

> Quando uma marca tem uma identidade forte junto ao mercado, consegue estabelecer relacionamentos sólidos com os clientes. Não apenas no momento da compra, mas também em seu posicionamento. Isso ajuda a manter consumidores fiéis, seus grandes defensores, aqueles que costumam fazer propaganda boca a boca da marca em seu grupo social e, o mais importante, tentam convencer outras pessoas a usar o produto.

Para que esse relacionamento seja possível, a identidade da marca deve deixar muito clara sua proposta de valor. Entendemos como proposta de valor o que a empresa identificou no estudo do comportamento do consumidor como aquilo que o leva a escolher determinada marca para resolver seu problema pontual. São todas as características que o consumidor enxerga como essenciais para satisfazer às suas necessidades. São os benefícios inerentes em um relacionamento entre empresas e consumidores.

Algumas marcas se destacam ao apresentar seus benefícios e assim conseguem manter relacionamentos duradouros com seus clientes. São aquelas cujo propósito conseguimos distinguir, e que, como já acompanhamos, pode estar relacionado aos benefícios funcionais, emocionais e de autoexpressão.

Benefícios funcionais – uma identidade de marca com base em benefícios funcionais parte do pressuposto de que seus clientes enxergam valor na funcionalidade do produto, como ocorre com alguns analgésicos. O Tylenol, em alguns momentos de sua história, usou o seguinte

Capítulo 4 • Identidade da marca

slogan para demonstrar seus diferenciais de mercado e sua proposta de valor: "Existe um Tylenol específico para cada tipo de dor".

Nesse caso, a empresa se comunica com os consumidores, destacando que seu principal benefício é sua habilidade de acabar com a dor, é sua funcionalidade. O mais interessante dessa estratégia é que o benefício está relacionado à funcionalidade para vários tipos de dor que as pessoas possam vir a ter. Ela demonstra habilidade de ampliar sua categoria de produto, porque destaca que este não é apenas para dor de cabeça, mas para vários outros tipos de incômodo. O que podemos notar é que a empresa entende o tipo de benefício que o consumidor espera, e não apenas faz a promessa certa como cumpre o que foi prometido.

Benefícios emocionais – outra forma de manter relacionamentos duradouros com os clientes pode estar relacionada aos benefícios emocionais. Entendemos esses benefícios como determinados sentimentos dos consumidores no momento de se relacionar com o produto. Alguns enxergam valor nesse atributo, a exemplo do prazer do dirigir uma BMW como notamos em suas campanhas publicitárias, ou do *status* em usar um relógio Rolex.

Falando deste último exemplo, esse fator fica claro quando analisamos as estratégias da empresa, que patrocina eventos artísticos para mostrar sua sofisticação, bem como eventos esportivos para demonstrar o sabor da vitória. Para fechar suas estratégias, usa o seguinte slogan em algumas campanhas: "Uma coroa para cada conquista". Muito bem pensado, pois faz uma relação entre a coroa símbolo de seus produtos e a emoção da vitória.

Veja a propaganda da Rolls-Royce:

Benefícios de autoexpressão – por último, nesse processo de identidade da marca com foco em seus relacionamentos temos os benefícios de autoexpressão. São aqueles que os consumidores consideram como valor nas marcas que demonstram implicitamente a imagem que eles têm ou gostariam de ter. Normalmente essas marcas procuram determinadas pessoas de grande influência no mercado para se relacionar e transmitir determinados atributos. Este é também o caso de alguns produtos de luxo.

O que você lembra quando vê a marca Rolls-Royce? Com toda certeza, deve pensar em sofisticação, a sofisticação de uma marca usada por pessoas sofisticadas. Com o seu slogan: "Experimente o extraordinário" procura transmitir a mensagem de que seus clientes são diferenciados. Assim, quem quer passar essa imagem, sendo ela real ou desejável, compra esse produto para mostrar a seus pares.

Note que focamos em exemplos de estratégias de comunicação, com a apresentação de slogans, porque é uma das formas mais adequadas de demonstrar o posicionamento de marca. Portanto, devemos salientar que em todos os casos as estratégias mercadológicas convergem para o posicionamento, ou seja, todas ajudam a criar uma identidade diferenciada e a manter relacionamentos duradouros com os consumidores – seja a excelente eficácia de um produto como o Tylenol, o preço superior que demonstra a sofisticação de marcas como Rolex e Rolls-Royce, bem como, nesses mesmos produtos, design, qualidade e supremacia em engenharia – todos os itens contribuindo para a criação de uma identidade própria.

Agora que sabemos o que é a identidade da marca, vamos nos deter nas classificações, ou categorias, dessa característica em que as marcas fortes normalmente se concentram no mercado: marca como produto, como organização, como pessoa e como símbolo.

Marcas de sucesso são aquelas que conseguem, melhor que suas concorrentes, adotar formas distintas de serem percebidas por seus consumidores, com ações que, de modo inteligente, mostram o que pretendem como marca ou instituição e estabelecem associações fáceis de serem percebidas – relacionadas aos valores que os clientes esperam enxergar em uma relação comercial.

4.2 MARCA COMO PRODUTO

Nosso grande desafio é entender por que algumas marcas se diferenciam no mercado, sendo reconhecidas como sinônimo de categoria, e outras, apesar de seu tempo de existência, investimento e tentativa de entender o consumidor, ainda permanecem como simples coadjuvantes. Por que algumas marcas conseguem, como se fossem um ímã, atrair tanto a atenção dos consumidores?

Marcas de sucesso são aquelas que conseguem, melhor que suas concorrentes, adotar formas distintas de serem percebidas por seus consumidores, com ações que, de modo inteligente, mostram o que pretendem como marca ou instituição e estabelecem associações fáceis de serem percebidas – relacionadas aos valores que os clientes esperam enxergar em uma relação comercial. São também as que mantêm, por meio de suas estratégias de marketing e de suas ações e atitudes, um forte relacionamento com seus consumidores, ou seja, têm uma identidade forte no mercado, o que ajuda em sua administração.

Para que uma marca consiga essa identidade distinta, uma estratégia é pensá-la como um produto, ou seja, a identidade da marca com associações ao produto. Nesse ponto, o gestor terá como foco estratégico pensar em sua relação com o mercado e nas associações que deseja transparecer a ele em relação a classe de produto, atributos, qualidade e valor, uso ou aplicação, usuário e país de origem.

Você já notou como algumas marcas são sinônimos de categoria? Muitas delas acabam por se tornar o nome do mercado, aquelas que os consumidores citam em vez de mencionar o tipo de produto que gostariam de adquirir. Podemos dizer Band-aid no momento de comprar um curativo; isso é o que estudaremos como uma marca que tem identidade relacionada à classe de produto. Há também aquela marca com uma proposta de valor tão acentuada ou que nos proporciona algo tão além do produto que literalmente não conseguimos resistir à oferta, a exemplo da conveniência em comprar no site da Amazon; isso é o que estudaremos como identidade da marca relacionada aos atributos do produto.

Já as marcas que são tão especiais em relação à qualidade que literalmente as compramos de olhos fechados, como os produtos G&E, são associadas à qualidade e valor. Temos ainda aquelas marcas que conseguem estabelecer seu território e, logicamente, fazer associações benéficas para seus consumidores com o momento de sua utilização, como o Gatorade, que ficou associado à vitória nos esportes depois que muitos times que conquistavam um título nos Estados Unidos passaram a comemorar com um "banho" da referida bebida. A isso damos o nome de identidade relacionada ao uso ou aplicação do produto. As marcas que conseguem estar ligadas ao usuário, ou seja, sabe-se de antemão que o produto é destinado a um segmento específico de mercado (como uma cerveja Bohemia, direcionada a pessoas com gosto mais refinado para cervejas), são as associadas ao usuário. Por último, nessa proposta de analisar a identidade das marcas, temos aquelas cujo nome basta para as relacionarmos com seu país de origem e consequentemente a alguma característica diferenciada, como as vodcas russas, o que será estudado como uma marca com identidade e que faz associações com o país de origem.

Bem, esses são os tipos de classificação que uma marca pode usar para determinar sua identidade, e vamos analisá-los individualmente.

4.2.1 Associação com a classe do produto

Esse tipo de identidade da marca se estabelece quando ela, por meio de suas estratégias de marketing, de seu posicionamento e do relacionamento que mantém com o mercado, lembra a classe do produto, na percepção dos consumidores. São ligações fortes: basta o nome da empresa ser apresentado que, de forma natural, o consumidor já lembra em qual classe o produto da marca se encontra. Se falarmos de Rexona, lembraremos na hora de desodorantes, porque a marca é conhecida e identifica essa classe de produtos. Se ouvirmos Pirelli e Goodyear, pensaremos em pneus; Doriana, em margarina; Hering, em camisetas.

Pode-se perceber com esses exemplos que as estratégias das marcas citadas foram muito bem construídas dentro do escopo do produto, porque sempre lembraremos em qual categoria de produto a marca se encaixa pela simples menção a seu nome. É uma ligação natural e, em muitos casos, até cultural, porque faz parte de nossas vidas e crescemos construindo um vínculo dessas marcas com a categoria de produtos que elas representam.

Esse processo, quando bem trabalhado, pode levar a situações nas quais a simples menção a um produto também leva a uma marca – são as marcas dominantes, que, devido à sua força, acabam por se tornar sinônimos da categoria. Em mercados competitivos como o que nos encontramos, a simples lembrança de uma marca na categoria de um produto pode ser uma grande vantagem para as empresas, porque é dela que os consumidores lembrarão no momento da compra. Podem até não comprar o produto, mas será a primeira marca a ser lembrada por eles.

Algumas marcas acabam por ficar tão fortes nesse tipo de categoria que se tornam dominantes. A associação entre categoria e marca é tão forte que a marca fica conhecida como sinônimo de categoria, como Bombril para palhas de aço, Danone para iogurte, Xerox para fotocópias, Maizena para amido de milho etc. É interessante destacar que algumas dessas marcas fortes foram as primeiras a serem lançadas no mercado e, assim, por uma questão de melhor identificação por parte dos consumidores, acabaram por se tornar referência ou sinônimo da categoria no mercado.

Capítulo 4 • Identidade da marca

Como vantagem para a marca que se encontra nessa categoria podemos mencionar que será a primeira a ser lembrada no momento da compra. Não que isso signifique que o consumidor irá comprá-la, muitas vezes ele pode ter uma opção melhor, mas que ser lembrada como a primeira opção no momento da compra é uma grande vantagem, isso é. Em mercados nos quais as empresas brigam incessantemente por um espaço na mente do consumidor, ser a primeira na lembrança dele é o que toda marca deseja.

Já como desvantagem podemos mencionar que, como a marca tem uma ligação intensa com a categoria do produto, isso poderá dificultar uma estratégia de extensão. Esses tipos de marca que são muito ligadas, em termos de percepção, com uma categoria de produto somente conseguirão uma extensão com produtos correlatos. Jamais veremos um refrigerante da marca Bombril ou um analgésico da marca Maizena... Ao menos é isso que esperamos.

Veja a propaganda da Olivetti:

Outro problema que uma marca nessa categoria pode enfrentar ocorre nos casos em que uma categoria de produtos deixa de existir ou os consumidores mudam suas preferências. Assim, como as extensões de marca são mais difíceis, ela pode ficar presa em uma categoria e não conseguir migrar para outras e usar sua força. Como o negócio de máquinas de escrever acabou, a Olivetti teve dificuldade de transferir a força de sua marca para outras categorias de produto, e o mesmo ocorreu com a Kodak no mercado de fotografias.

Quando a marca é associada a uma classe de produtos, o cuidado deve ser redobrado, porque os clientes a identificam como representante de determinada categoria, portanto, em muitas situações é a marca dominante que conduz o restante do, se assim pudermos nomear, rebanho. Por exemplo, as modificações de embalagem são mais notadas se feitas pela marca dominante, bem como as mudanças em termos de atributo, benefícios ou outros componentes do mix de produto. Se a marca dominante faz alguma modificação, os seguidores de mercado também farão.

Em algumas situações, a marca dominante é tão forte que ela espera seus rivais fazerem modificações de mercado, depois as copia e acaba por se tornar referência, o que ocorreu com a Coca-Cola e a Pepsi. A Pepsi, ao perceber que muitos dos consumidores pediam para adicionar uma rodela de limão ao refrigerante, resolveu criar a Pepsi Twist, um refrigerante à base de cola com um "leve toque de limão". A Coca-Cola esperou que sua rival literalmente testasse a novidade e lançou sua versão do produto, a Coca-Cola Light Lemon, que em alguns mercados acabou se tornando sinônimo da categoria. É a força da marca dominante. Em muitas situações, ela pode esperar que os concorrentes criem novos produtos e, depois de testados, lança sua versão, com algumas modificações, e é considerada melhor na percepção dos consumidores.

Portanto, a gestão do mix de produto deve ser considerada no sentido de fortalecer as características dele e de estar sempre analisando o avanço da categoria para que possa evoluir junto a ela, e não perder as evoluções ou modificações que ocorrem no mercado, mantendo sua competitividade no setor.

4.2.2 Associação com qualidade e valor

Como acompanhamos nesta parte do capítulo, a identidade de uma marca é o conjunto de percepções que as empresas criam com o objetivo de transmitir seus atributos ou experiências para determinada classe de consumidores ou, como sempre mencionamos, um segmento de mercado. Na seção anterior falamos que a identidade de uma marca pode estar relacionada a uma categoria de produto. Trata-se das marcas dominantes que acabam, se bem administradas, tornando-se sinônimo de categoria. Agora, avançando um pouco mais em nossa análise, chegamos às marcas que têm uma identidade voltada à qualidade e valor, e por meio de suas estratégias de marketing criam associações com o valor percebido pelo consumidor no momento da compra.

Quando pensamos em termos de estudo do comportamento do consumidor e de seu relacionamento com as marcas, entendemos que valor não é apenas o monetário, ou o dispêndio que o consumidor tem no momento de adquirir um produto ou serviço.

O que o consumidor percebe de superior entre as ofertas de mercado? Se pudéssemos entender o que se passa na cabeça dele (já podemos com os estudos da neurociência aplicada ao marketing) e gerar um esquema de como ele percebe as ofertas de mercado, teríamos: custos (todos os custos envolvidos em um processo de compra, não apenas os monetários, mas também de tempo, psicológicos, entre outros) e benefícios (tudo aquilo que o consumidor recebe de valor em uma estratégia, como os benefícios sociais, funcionais, entre outros). Se na percepção dele os benefícios forem superiores aos custos, teremos valor para os clientes e uma preferência no momento da compra.

Assim podemos afirmar que as marcas associadas a qualidade e valor trabalham a percepção dos consumidores no sentido de entregar algo superior ao oferecido por seus concorrentes, que os benefícios envolvidos no processo comercial sejam superiores aos custos no entendimento deles. Por que alguns consumidores preferem um tênis Nike apesar de seu valor superior no mercado? Simples, porque para eles os benefícios em usar uma marca como essa superam os custos envolvidos. Isso porque a marca entrega valor, trabalha a nossa percepção em valorizar todos os seus benefícios em detrimento dos custos mais elevados da categoria. Ela promete e entrega valor para determinado segmento de mercado.

As marcas que se encaixam nessa categoria são aquelas reconhecidas por entregar algo a mais que os concorrentes e consequentemente são vistas como as que entregam valor, relacionado aos benefícios que os consumidores percebem no momento da compra – a relação entre custos e benefícios. Algumas empresas se notabilizam com seu processo de entregar valor, como a Fedex. Seus clientes sabem que ela promete e cumpre, com maior probabilidade que as concorrentes, seus prazos de entrega, custe o que custar, algo que a atuação de Tom Hanks no filme *Náufrago* tornou célebre. No filme, apesar do desastre sofrido pelo personagem, ele não perdeu de foco sua missão: entregar sua encomenda. Não é apenas ficção, é realidade. É a forma de a marca incorporar em suas ações a qualidade de suas entregas, sua pontualidade. É a relação da marca com qualidade e valor.

Ainda pensando no processo de entregar algo a mais aos consumidores, voltamos mais uma vez aos benefícios que uma marca oferece no momento da compra. Eles podem ser funcionais ou emocionais, sempre ligados àquilo que o consumidor espera e que possam ser incorporados na identidade da marca. Gostaríamos de frisar essa parte: **com foco no que o cliente deseja e que possa ser incorporado à marca**.

Benefícios funcionais relacionados a qualidade e valor – quando tratamos dos benefícios funcionais, temos as marcas que são reconhecidas por seus consumidores pelo algo a mais que eles recebem durante o uso do produto, ou porque os produtos funcionam melhor que o dos concorrentes. Citamos aqui como exemplo um creme dental que higieniza a boca e mata os germes que causam o mau hálito de forma mais eficiente que os demais – assim, para uma categoria de consumidores, essas duas funções atribuem qualidade superior ao produto, pelo fato de ele oferecer mais atributos que seus concorrentes.

Podemos mencionar também nesse tipo de categoria a Casas Bahia, que tem em sua identidade de marca os benefícios funcionais ligados ao funcionamento do produto, além de oferecer, antes da aquisição deles, a possibilidade de financiar o preço em parcelas. Note como é interessante o processo de entrega de valor aos consumidores. Não necessariamente uma empresa necessita ter o menor preço, mas apenas o ato de facilitar a aquisição dos produtos por determinada parcela de consumidores já pode ser considerado como valor. É o que a varejista faz: não tem os menores preços, mas oferece condições de compra para uma camada da população brasileira que talvez não tivesse acesso ao crédito sem o auxílio da marca. Assim, acaba se tornando uma marca que representa qualidade para os consumidores.

Como podemos notar, essas marcas construíram sua identidade tendo como base seus benefícios funcionais, que ajudam a fortalecer uma percepção por parte dos consumidores no sentido de criar uma identidade própria. Cabe destacar que esses benefícios são aqueles mais fáceis de serem demonstrados aos consumidores, visto que são mais perceptíveis no momento de uso.

Benefícios emocionais relacionados a qualidade e valor – outro tipo de benefício que uma empresa pode trabalhar para garantir uma imagem de qualidade e valor são os benefícios emocionais. Cabe destacar que estes são um pouco mais difíceis de serem apresentados aos consumidores. Como exemplo, podemos citar o prazer de dirigir um automóvel, a elegância de uma marca de roupas e a satisfação de usar uma joia.

Esses benefícios são mais difíceis de se tornarem tangíveis pelo fato de estarmos trabalhando a experiência do consumidor, que nem sempre será a mesma para todos. Enquanto um pode sentir prazer em

Capítulo 4 • Identidade da marca

dirigir um automóvel por ele ser de determinada marca, outro, muitas vezes do mesmo segmento de mercado, pode sentir segurança por dirigir esse mesmo automóvel, considerá-lo um carro moderno ou ter a sensação de *status* por ter um carro superior.

Outro ponto que o gestor deve considerar em uma situação como essa, para criar valor junto aos consumidores, é o fator concorrência. Se partirmos do pressuposto de que apenas entregar um produto que satisfaça às necessidades dos consumidores já não é suficiente, visto que isso toda marca deve fazer, o campo de guerra acaba se tornando o processo de valor, ou os benefícios entregues que poderão ser considerados como padrão de qualidade para os consumidores. Trata-se da percepção de que entregar o produto básico todas as empresas fazem, o desafio é entregar algo mais. E o mais importante, o que de "algo mais" entregar? O que fazer para não ser apenas mais uma no mercado?

Esse terreno é tão complexo que, à medida que uma organização cria um diferencial, como a entrega gratuita de produto, ou uma garantia estendida, logo o concorrente fará o mesmo e, assim, essa entrega de valor será por tempo determinado. Nesse ponto, o grande desafio para os gestores de marca é identificar quais benefícios devem ser entregues aos consumidores para sair do senso comum e ir além da concorrência. Porém, é importante ter cuidado com a busca de "ir além da concorrência".

Muitas marcas, com o objetivo de entregar muitos benefícios, acabam por confundir os consumidores. São tantos os benefícios que o consumidor começa a desconfiar da promessa, afinal, uma marca não pode, por mais que queira, ser boa no ato de entregar tantos benefícios ao mesmo tempo. Assim, a empresa deve focar no que realmente os consumidores estão interessados e entregar exclusivamente isso. Trata-se de conhecer seus consumidores melhor que os concorrentes, cuja importância já foi destacada tantas vezes. Significa entrar dentro da cabeça deles e identificar o que realmente desejam no momento da compra, o que enxergam de valor.

Veja o caso da Porto Seguro. Seu produto básico são os seguros de automóveis, mas na tentativa de se diferenciar da concorrência e ter uma proposta de valor que poderia criar uma identidade associada a qualidade e valor, percebeu que seus consumidores também têm problemas em sua residência e no uso de computadores. Note a perspicácia da empresa: se ela destacasse que seus benefícios seriam, por exemplo, serviços adicionais de encanador, eletricista e técnico de computador, poderia confundir os consumidores e estes talvez não acreditassem em sua proposta. Dessa forma, conseguiu compactar esses outros benefícios funcionais em duas propostas: serviços domiciliares e desktop.

Uma boa estratégia no sentido de agregar valor aos serviços, e assim se diferenciar da concorrência. Dessa forma, se você tiver vários benefícios que possam ser entregues e que na percepção dos consumidores sejam vistos como uma identidade associada a valor e qualidade, procure agrupá-los em pacotes, assim é mais fácil para os consumidores entender sua proposta e principalmente acreditar em seu diferencial.

E lembre-se de que qualidade é algo relativo. O que é qualidade para um grupo de consumidores não necessariamente será para outro. Assim, construa sua identidade com foco nos consumidores, em suas reais necessidades e naquilo que eles realmente enxergam como qualidade. Estabeleça diferenciações marcantes em relação aos seus rivais de mercado, diferenças que os concorrentes terão dificuldades em igualar – um dia eles conseguirão igualar, não há como fugir dessa sina, mas, quando isso ocorrer, sua marca deverá pensar em outras formas de ser vista com uma identidade associada a qualidade e valor.

4.2.3 Associação com o momento de utilização

Uma marca pode criar associações com o momento de utilização, as quais lhe permitam ter uma identidade distinta no sentido de agregar valor aos consumidores e se diferenciar das concorrentes ao competir por um espaço na mente e na preferência do mercado.

Nesse ponto, as marcas passam a ser conhecidas no momento em que os produtos são consumidos ou experimentados pelos consumidores. O Gatorade construiu sua marca com um apelo dominante focado na utilização por esportistas, uma imagem muito forte que acabou por se tornar sinônimo de categoria. Uma associação construída com muito planejamento. Note que em qualquer evento esportivo a que você vá a marca estará presente. O objetivo disso é associar seu produto ao momento de utilização de seus consumidores, os esportistas, sejam eles profissionais ou amadores. Nenhuma outra bebida

> **Uma marca pode criar associações com o momento de utilização, as quais lhe permitam ter uma identidade distinta no sentido de agregar valor aos consumidores e se diferenciar das concorrentes ao competir por um espaço na mente e na preferência do mercado.**

inventada até o momento conseguiu tirar o reinado da marca devido à sua inteligente associação com o momento de uso e, principalmente, sua habilidade de prometer e cumprir os benefícios inerentes à sua proposta de valor.

Nesse tipo de associação, uma marca pode criar uma identidade por algum uso específico, como o creme dental Sensodyne, que é direcionado a pessoas que têm sensibilidade nos dentes. A empresa cria associações com sua marca também no momento de uso de seu produto, no ato de escovar os dentes, e mostra seu benefício para as pessoas desse modo. Assim, pensou em sensibilidade nos dentes, a marca que vem à mente é Sensodyne, que estrategicamente tem um nome que remete à palavra **sensibilidade**, ao problema que promete resolver.

Como também já mencionamos em outros momentos, uma marca pode, em algumas situações, encaixar-se em mais de uma categoria, por ter apelos diferentes conforme o país ou público-alvo. É o caso da Fedex, cuja associação de identidade da marca está relacionada à sua habilidade de entregar encomendas no prazo mais adequado às necessidade de seus consumidores, ou seja, seu diferencial está relacionado ao uso do produto e aos benefícios que os clientes recebem. Uma questão de percepção: para alguns, esse caso pode estar relacionado a qualidade e valor, para outros, à utilização.

Veja a propaganda da Fedex:

Assim, pode-se dizer que as marcas que pretendem criar uma identidade com base na associação com o uso ou aplicação do produto são aquelas ligadas a determinados grupos, por exemplo, a associação a algum evento específico, como no caso das frutas natalinas ou do panetone, ou mesmo do tender da Sadia, que para muitos representa as festas de final de ano. Algumas marcas se destacam ao criar associações com festas regionais, como a de São João, fabricando pipoca e doces típicos dessa ocasião, e por isso estão gravados na mente dos consumidores como produtos destinados a datas específicas.

Há ainda marcas que se destacam de seus concorrentes por trazer maiores benefícios no momento de uso do produto, como um automóvel mais econômico, um provedor de internet mais rápido, uma farmácia que fica aberta 24 horas em seu bairro, o cartão de crédito que é aceito em vários estabelecimentos comerciais e em vários países etc. Criar associações fundamentadas nessa categoria de identidade pode ser um grande diferencial para uma marca, ainda mais se ela for a primeira na categoria e conseguir, por meio de seus benefícios, tornar-se sinônimo de categoria ou ter uma forte relação com o uso – lembre-se do Gatorade e do tender da Sadia (este acabou se tornando, ao menos no mercado brasileiro, sinônimo de festas de final de ano, em várias residências o encontramos nesse importante momento da cultura nacional).

4.2.4 Associação com o usuário

Steve Jobs, em sua volta à Apple após ser teoricamente expulso da companhia que criou, tinha a difícil tarefa de reerguer a empresa, que, conforme notícias publicadas na imprensa, tinha apenas 90 dias de sobrevida. Para isso, ele pensou em, antes de lançar qualquer produto inovador, "ressuscitar" a marca, que sempre esteve presente no imaginário de seus eternos fãs. Sua missão era criar uma nova identidade para a marca, identidade essa que havia perdido devido aos últimos CEOs que o haviam substituído.

Com esse objetivo em mente, Jobs criou uma das campanhas mais memoráveis da marca, "Pense diferente". Uma campanha que eternizava pessoas que, como a Apple, desafiavam o *status quo*, eram incompreendidas e, ao mesmo tempo, fantásticas com suas inovações ou formas de pensar; verdadeiramente uma poesia, e não uma simples propaganda. Dessa forma, a Apple conseguiu criar uma forte associação de sua marca com a criatividade, além de um vínculo com os usuários – os criativos, os descolados. Essa estratégia auxiliou no posicionamento da marca e nos sucessos que sucederam essa campanha, como iMac, iPod, iPhone e iPad, todos ligados a determinada categoria de consumidores.

Portanto, podemos entender esse tipo de associação citando as marcas que conseguem, por meio de suas estratégias comerciais, de seus produtos e de seu relacionamento com os clientes, estabelecer associações com o tipo de usuário, ou seja, ao identificar essas marcas, conseguimos quase imediatamente imaginar o tipo de pessoa que as usa.

Além de uma marca poder estabelecer uma associação para criar sua identidade em relação a características relacionadas ao estilo de vida ou personalidade do usuário, como no caso da Apple ou das sandálias Havaianas, ela pode se associar a determinados gêneros de consumidores, como os ligados a um estilo de vida saudável, a esportes etc. Como exemplo de produtos, nesse caso, podemos citar isotônicos, tênis, academias, entre outros.

A marca cujo objetivo é associar-se a um grupo de usuários e criar uma identidade ímpar pode se colocar no mercado, por exemplo, como uma marca para homens de personalidade forte (lembre-se das antigas propagandas do cigarro Marlboro e seu destemido *cowboy* forte, imponente e desbravador, ou do desodorante Old Spice, que é "O desodorante do homem Homem"). Também temos produtos que são direcionados para as mulheres, como a loja de roupas Marisa – "De mulher para mulher – Marisa" e a marca Bombril, com sua campanha que ressalta as características das mulheres e seu novo perfil.

Além do estilo de vida, personalidade e gênero, uma marca pode criar uma identidade com o usuário no momento em que oferece o *status* desejado com o uso do produto, por exemplo, um automóvel Ferrari, um terno Armani, um relógio Rolex. Nesse ponto, os consumidores se identificam com a marca e a identidade de *status* é criada (em nosso subconsciente, pessoas que as usam são bem-sucedidas em suas profissões).

Assim, podemos dizer que essas marcas conseguem diferencial ao estabelecer uma identidade associada às características de seus usuários, sejam elas percebidas pela empresa e simplesmente replicadas (como no caso da Apple, que identificou que seus usuários eram pessoas criativas e descoladas e criou um vínculo com eles), sejam aquelas características que os consumidores não possuem, mas gostariam de possuir e com as quais a marca pode contribuir, criando uma imagem ideal para esses clientes.

4.2.5 Associação com o país de origem

Chegando à parte final de nossa abordagem sobre formas estratégicas de criar uma identidade da marca com associações relacionadas ao produto, ou seja, características diferenciadas que o consumidor identifica quando se depara com a oferta das organizações em termos de produto ou serviço, temos as marcas que procuram estabelecer relações diretas ou indiretas do produto com seu país de origem.

Isso ocorre quando a nacionalidade da empresa, e consequentemente de seus produtos, pode trazer benefícios que os distingam da concorrência. Que cada país tem determinadas características associadas à sua cultura ou modo de vida, isso todos nós sabemos. Agora, uma empresa conseguiria estabelecer vínculos com essas culturas e consequentemente usá-los para garantir destaque na mente de seus consumidores? Bem, é o que veremos.

Ficaram famosas no Brasil as campanhas publicitárias da Semp Toshiba, com seu slogan: "Os nossos japoneses são mais criativos que os outros". A marca usou uma ligação direta com o fato de fazer parte de nosso imaginário coletivo a ideia de que os japoneses são *experts* em tecnologia para poder se destacar dos concorrentes. Assim, estabeleceu um vínculo com o Japão para poder estabelecer diferenciais significativos. Temos também nesse quesito o posicionamento global da Volkswagen, usado por muitos anos, com o seu slogan: "Das Auto" (em português, "O carro") – uma relação direta com os alemães, sua engenharia de ponta e consequentemente com as novas tecnologias automotivas que surgem no mercado.

Veja a campanha da Semp Toshiba:

O mercado é rico em exemplos de marcas que se associam a seus países de origem, ainda mais quando o país é conhecido e respeitado em determinado atributo, como um vinho de origem francesa. É interessante que, devido a essa forte relação de um país com alguns atributos, muitas marcas, por mais que não sejam oriundas de determinado país, ainda tentam fazer essa relação em seu próprio nome. O mercado de bebida é repleto de exemplos desse tipo. Notamos isso em várias marcas de vinho, que, mesmo tendo sido produzidos no Brasil, têm marcas que remetem à França; vodcas que não são produzidas na Rússia, mas têm marcas (muitas vezes impronunciáveis) que nos remetem à qualidade da bebida russa.

Essa relação com o país de origem é adequada para muitas marcas, mas, em alguns setores, pode ser uma barreira em termos de uma boa percepção pelos consumidores. Você gostaria de um vinho produzido na Tailândia? Devido ao fato de aparentemente o país não ter um histórico nesse tipo de produto, pode ser pouco provável que consiga fazer sucesso em mercado mundial, devido naturalmente à nossa percepção. Foi o que aconteceu com a vodca Absolut, que teve que convencer o mercado de que uma vodca produzida na Suécia poderia ser tão boa quanto uma produzida na Rússia. Foi um desafio que a marca

Capítulo 4 • Identidade da marca

119

conseguiu superar, como já mencionamos, vinculando-se ao *status* de seus usuários (no início vinculou-se a artistas de vanguarda, criando assim uma certa aura de prestígio).

Enfim, essas são marcas cuja identidade pode ser associada aos atributos de um país, como a engenharia dos alemães, a tecnologia dos japoneses, o gosto refinado dos franceses na gastronomia, a irreverência dos brasileiros, entre outras categorias. São formas de criar vínculos com determinadas categorias ou atributos de uma nação e que podem servir como um atalho em termos de percepção para os consumidores. Isso porque, de forma natural, os consumidores criam relações com determinados produtos ou situações para facilitar sua compra e, havendo o vínculo com um país, esse processo pode ser facilitado.

4.3 MARCA COMO ORGANIZAÇÃO

Quando pensamos em termos de marca e de seu processo de criação de uma identidade única – que consiga torná-la a principal escolha em termos de preferência por parte dos consumidores –, as empresas podem criar associações com os produtos que comercializam mostrando alguns atributos que ajudem os consumidores a identificar a marca frente a tantos estímulos de mercado. Porém, algumas delas se notabilizam por realizar uma administração de marca eficaz, um marketing institucional, aquele no qual a empresa trabalha sua imagem como corporação e não em relação a seus produtos, situação na qual acabamos por praticamente lembrar mais da companhia do que dos produtos que ela desenvolve. Essas são marcas associadas à organização, ou vistas como organização.

> **Não que os produtos ou suas marcas não sejam importantes, claro que são, e são responsáveis pela capacidade da empresa de satisfazer as necessidades e os desejos dos consumidores. Porém, em muitas situações, o que mais lembramos é da marca da companhia. Isso é o que denominamos como marcas associadas ou percebidas pelos consumidores, com uma forte identidade a organização.**

Não que os produtos ou suas marcas não sejam importantes, claro que são, e são responsáveis pela capacidade da empresa de satisfazer as necessidades e os desejos dos consumidores. Porém, em muitas situações, o que mais lembramos é da marca da companhia. Isso é o que denominamos de marcas associadas ou percebidas pelos consumidores, com uma forte identidade a organização.

Veja, por exemplo, a Cisco, que muitos talvez não conheçam, visto que seu mercado principal é o B2B, ou seja, clientes corporativos. Como seus serviços são soluções de tecnologia, acreditamos que, se você não for um especialista na área de tecnologia, não conheça pelo nome os produtos que ela fabrica, conhece? Porém, a marca da organização as pessoas conhecem. E, segundo o Interbrand,[2] é uma das marcas mais valiosas do mundo, ocupando em 2016 a 16ª posição. Portanto, é uma marca forte e muito valiosa, com uma identidade voltada para a sua organização em vez de focada em seus produtos.

Isso quer dizer que nesses casos específicos os atributos da marca estão focados na organização, não nos produtos em si. Assim, as empresas procuram entender quais são seus valores mais importantes, com foco nos consumidores, e transmitem essas percepções a seu público-alvo. Em muitas situações, as marcas da organização servem como uma forma de subsidiar os consumidores na identificação dos verdadeiros diferenciais da empresa, ou seja, esta apresenta um produto e logo em seguida faz uma menção a seu próprio nome, como nos casos de empresas que mencionam: "Mais um produto da marca X", marca essa de conhecimento do mercado. Essa estratégia é muito usada no lançamento de produtos ou inovações. Funciona como um selo de garantia para os consumidores, que podem não conhecer o produto que está sendo lançado, mas, como conhecem a empresa, sabem que existe uma garantia de que ele é adequado.

É interessante também destacar que algumas marcas acabam por se tornar mais importantes que a própria organização. Por isso, em muitas situações, procura-se valorizá-las, uma vez que muitas vezes o mercado não conhece a organização. Foi o que aconteceu com a Unilever no Brasil. Grande parte dos brasileiros conhece as marcas de seus produtos, como Dove, Axe, Hellman's, Omo etc., que estão sempre em nosso cotidiano, mas poucos sabiam que se tratava de produtos da Unilever. Ciente dessa situação, a empresa começou a criar estratégias focadas em sua marca institucional para que os consumidores pudessem conhecer quem era o responsável por fabricar esses produtos de qualidade presentes na residência de todo brasileiro. Com o seu esforço de marketing, essa situação está mudando, e hoje as pessoas conhecem melhor a marca da organização.

---

2. INTERBRAND. *Best global brands 2016 ranking*. Interbrand, 2016. Disponível em: <http://interbrand.com/best-brands/best-global-brands/2016/ranking/>. Acesso em: 24 nov. 2016.

Capítulo 4 • Identidade da marca

Como um dos objetivos de uma marca com associação à organização é transmitir os valores desta e consequentemente ter um aval para seus produtos, podemos destacar que as marcas podem trabalhar as seguintes percepções de valor e branding corporativo:

Inovação – algumas empresas são conhecidas por serem inovadoras e conseguem passar essa percepção aos consumidores, seja em relação a seus produtos, seus colaboradores ou sua missão empresarial. No quesito inovação, podemos contemplar a grande maioria das organizações que se tornaram fortes com o advento das novas tecnologias, como Google, Apple, Facebook. Note que essas empresas simbolizam inovação, e isso pode ser mais fácil de se fixar devido ao setor em que trabalham (tecnologia); caso não conseguissem apresentar esses diferenciais em termos de marca, poderiam, talvez, não estar mais presentes no mercado. Enfim, são empresas nas quais notamos que os preceitos relacionados à inovação estão em seu DNA.

Porém, não são apenas as empresas do setor de tecnologia que se destacam como inovadoras. Como já mencionado, temos o caso da 3M, que direciona todas as suas estratégias, seja em relação a produtos ou a seus colaboradores, a lançamentos. Também é preciso lembrar das empresas que usam a tecnologia a seu favor para criar essa percepção de inovação, como a Tesla Motors, que, com o desenvolvimento de carros elétricos, foi eleita pelo Massachusetts Institute of Technology (MIT) uma das empresas mais inovadoras de 2015.

Qualidade – algumas corporações conseguem melhor que as rivais transmitir qualidade em suas identidades corporativas, seja por meio de seu histórico no mercado ou por sua história como corporação. Independentemente desses fatores, confiamos nelas devido à qualidade que sempre procuram demonstrar em seu relacionamento conosco.

Nessa categoria podemos citar a Nestlé, cujos produtos sempre foram conhecidos por sua qualidade superior. Essa busca por qualidade está intimamente relacionada a seu setor de atuação, alimentos, no qual é preciso ter alto padrão de qualidade para se manter competitiva. Também podemos citar a Toyota, cujo preceito de qualidade está em sua cultura desde a época de seu desenvolvimento como corporação (o famoso sistema Toyota de produção, desenvolvido no pós-Segunda

Guerra Mundial e conhecido mundialmente como sinônimo de qualidade) e a Bayer, com seu famoso slogan "Se é Bayer, é bom".

Sustentabilidade – em resposta às novas demandas surgidas nos últimos tempos, em termos de preservação do meio ambiente e da preocupação com as gerações futuras, algumas empresas são conhecidas pelo apelo sustentável em seu relacionamento com os consumidores, como é o caso da Natura. Essa é uma empresa que consegue transmitir esses preceitos em todas as suas ações, aos seus produtos, e, principalmente, ao seu nome.

Outro exemplo é a Unilever, que procura transmitir preceitos sustentáveis em sua logomarca e em seu slogan corporativo: "Unilever – Futuro melhor", uma forte indicação da preocupação da empresa com a sustentabilidade do planeta.

Credibilidade – há empresas que conseguem transmitir credibilidade ao mercado por meio de sua imagem corporativa. Podemos citar as instituições financeiras, que, pelo perfil de seu negócio, precisam ter credibilidade como um dos pontos fundamentais. Nesse caso, em termos de mercado brasileiro, podemos citar Banco do Brasil, Bradesco, Itaú, Caixa Econômica Federal, entre outros. São organizações que transmitem seriedade.

Marcas de outros setores também podem se encaixar nessa categoria, como a holding Grupo Votorantim, que, pela sua administração e histórico no mercado brasileiro, consegue transmitir esses valores para o mercado. E algumas empresas de comunicação, para as quais credibilidade é um fator primordial de sobrevivência no mercado, como os jornais *Folha de S. Paulo*, *O Estado de S. Paulo* e a Editora Abril. São organizações com um forte apelo à credibilidade.

Como podemos notar, esses atributos relacionados a marcas estão na essência dessas corporações e fazem parte de seus valores e de sua cultura. Estão presentes nos hábitos e costumes de seus colaboradores e em seus relacionamentos com os stakeholders. Principalmente, as empresas conseguem transferir esses valores para todos os produtos que oferecem no mercado.

Quando a marca é associada à imagem da organização, é possível criar vários diferenciais competitivos, a exemplo de uma marca relacionada a uma categoria de produto. Sabemos que o Bradesco está

Capítulo 4 • Identidade da marca

relacionado ao setor bancário, assim, todos os seus produtos têm esse foco de atuação, e muitas vezes isso ajuda a marca a se tornar sinônimo de serviço ou produto da categoria.

Ainda, isso pode ser uma barreira, pois inviabiliza a entrada de outras marcas no mercado – o concorrente pode pensar duas vezes antes de entrar em um mercado no qual já exista uma marca dominante. Caso entre, terá que fazer muitos investimentos para garantir espaço na mente dos consumidores.

É preciso considerar também que uma marca corporativa é mais duradoura que o produto. Um produto pode ficar defasado e sair de mercado, mas com uma marca de empresa essa situação pode ser um pouco mais difícil de ocorrer, porque a organização pode criar outros produtos tendo como base sua marca corporativa para avalizá-los.

Dessa forma, as marcas vinculadas à identidade da organização podem ser uma excelente estratégia de branding. De todo modo, como veremos mais adiante, não é a única forma de se construir uma marca forte.

4.4 MARCA COMO PESSOA

Quer melhor forma de interagir com uma marca do que a ter como seu amigo ou confidente, aquele que irá livrá-lo de um apuro? Ótimo, não é mesmo? Ter uma marca que, além de entregar valor com o objetivo de resolver um problema pontual, ainda pode ser vista como uma pessoa a seu lado representa o máximo em termos de intimidade entre uma marca e seu consumidor.

Isso é o que chamamos de marca como pessoa. Porém, note, não é associada a pessoa, mas como pessoa. Uma marca com personalidade (que veremos mais detalhadamente no Capítulo 5) tem formas de agir e pensar em determinadas situações que lhe ajudam a manter relacionamentos duradouros com os consumidores, que acabam por se tornar seus fãs, torcedores, e com determinadas características que as tornam únicas nesse relacionamento.

Quando falamos em uma marca relacionada a pessoa, trata-se do ato de personificar uma marca. Dar-lhe um sentido humano, mostrar sua personalidade ou como se comporta em determinadas situações. Nesse ponto, apenas usaremos uma classificação para poder entender a identidade da marca e depois afunilaremos nossos estudos em sua personalidade.

Porém, voltando à identidade da marca, quando fazemos uma associação dela como pessoa e consequentemente sua personalidade de marca, podemos entender como uma empresa costuma agir em determinadas situações e como ela é vista pelos outros, sejam eles consumidores, concorrentes ou stakeholders.

Por exemplo, época de crise é um bom momento para se identificar a personalidade das marcas. Algumas recuam e praticamente não notamos sua participação no mercado, simplesmente ficam acuadas e somente quando a crise passa é que voltam "a dar as caras". Outras agem com desenvoltura, tentando driblar a crise. Há também aquelas que são classificadas como otimistas e sabem que a crise irá passar, e as mais agressivas, que criticam o momento e se mostram como a melhor opção em seu segmento para a situação que o país atravessa. Também temos as "coitadinhas", que nessas épocas suplicam pela sua compra.

Essas atitudes em relação a um evento que ocorre no macroambiente nos dão pistas da personalidade da marca. É claro que falamos em relação à crise, mas outros eventos também podem ser usados para entender o comportamento das marcas e consequentemente sua personalidade. Faça o teste você mesmo e note como as empresas se comportam em determinados momentos. Assim, perceberá indícios de como elas podem ser vistas como se fossem pessoas, com sentimentos dos mais variados possíveis.

Essa personalidade que presenciamos nas ações da empresa em determinados momentos é construída no decorrer de sua história. Como um ser humano, que vai construindo sua personalidade em decorrência de suas experiências de vida, de seus relacionamentos e do ambiente onde vive, com as marcas acontece o mesmo.

Não se consegue criar uma personalidade da noite para o dia. Uma marca forte como pessoa requer muito investimento, tempo e atitudes que estejam de acordo com a imagem que a empresa pretende criar. Deve haver certeza, por parte dos gestores, de que a empresa irá tomar decisões coerentes com o que a marca significa para determinados grupos de consumidores, afinal, eles esperam

Não se consegue criar uma personalidade da noite para o dia. Uma marca forte como pessoa requer muito investimento, tempo e atitudes que estejam de acordo com a imagem que a empresa pretende criar. Deve haver certeza, por parte dos gestores, de que a empresa irá tomar decisões coerentes com o que a marca significa para determinados grupos de consumidores, afinal, eles esperam exatamente isso com a imagem criada pela empresa ou que eles criaram dela com o auxílio de sua comunicação.

Capítulo 4 • Identidade da marca

exatamente isso com a imagem criada pela empresa ou que eles criaram dela com o auxílio de sua comunicação. Ou seja, é tempo de criar uma imagem de coerência.

O fato de uma marca ser vista como pessoa pode fortalecê-la, porque, se esse aspecto for bem trabalhado, auxilia os consumidores em termos de autoexpressão, relacionamentos e percepção de atributos.

Autoexpressão – as marcas fortes têm como uma de suas principais características diferenciadas a habilidade de criar associações com os usuários. Muitos deles usam determinados produtos para poder demonstrar sua imagem e, sabendo que uma marca tem personalidade, seu uso pode ajudar os consumidores no momento de transmitir determinadas características de si mesmos.

Em termos de personalidade, algumas marcas são formais, como a rádio CBN; outras têm uma identidade relacionada a uma personalidade intelectual, como o jornal O *Estado de S. Paulo*, e há aquelas que podem transmitir uma imagem de jovialidade, como a revista *Superinteressante*. Assim, se um consumidor quer passar uma imagem de jovialidade ou apenas demonstrar sua autoexpressão, o consumo da revista pode ser uma boa forma de fazê-lo. Isso se deve à ligação entre a personalidade da marca e a do usuário, representada pelo que ele consome.

Relacionamentos – da mesma forma que temos amigos que nos ajudam quando mais precisamos e, por isso, nutrimos por eles um imenso respeito, com as marcas ocorre a mesma percepção. Algumas criam uma identidade junto aos seus consumidores, os quais, de forma natural, estabelecem uma ligação mais íntima com o segmento de mercado ao qual pertencem e conseguem manter um relacionamento duradouro com as marcas.

Veja a propaganda do Bradesco Seguros:

Assim, algumas marcas se propõem a resolver problemas a qualquer momento, seja do dia ou da noite, sete dias por semana, 365 dias ao ano, como as marcas de seguro que em suas campanhas mostram incidentes nos momentos mais improváveis, nos quais elas se prontificam a ajudar. Um exemplo é a campanha da Bradesco Seguros, que exaltava a frase: "Vai que...", deixando implícito que, caso ocorresse algum problema, ela estaria ao seu lado para resolver. Outro caso é a campanha dos calçados Timberland, com a menção "Tenha histórias para contar aos seus bisnetos. Tenha bisnetos para contar as suas histórias", que poderia ser entendida como uma forma de aproveitar a vida e fazer história, com uma marca que é sua companheira e torce pelo seu sucesso. São formas usadas pelas organizações de se criar uma personalidade para a marca e assim manter relacionamentos íntimos com seus consumidores.

Percepção de atributos – neste caso, a empresa procura identificar os atributos que a marca tem de melhor para um grupo de consumidores, aquilo que eles identificam como valor no processo de compra, e estabelece vínculos desses atributos com a personalidade da marca em seu processo de personificação. A Ford, no mercado brasileiro, por muito tempo teve o seguinte slogan quando tratava de suas picapes: "Pense forte. Pense Ford", uma relação entre sua proposta de valor (carros robustos) e a personalidade da marca. Outro exemplo é o personagem Ronald McDonald, que representa a felicidade que os consumidores terão ao visitar as lojas da rede. Ainda em relação ao Ronald, podemos notar que antigamente ele tinha uma barriguinha um pouco saliente, relacionada ao ato de comer muito (hábito anteriormente associado à saúde). Agora, com o "policiamento" contra o fast-food, a barriguinha dele foi aos poucos se reduzindo, uma forma de adaptação da marca aos novos tempos.

Essas são as formas que uma empresa pode utilizar para gerar associações de marca como pessoa, uma maneira de personificar a marca.

4.5 MARCA COMO SÍMBOLO

Em mercados cada dia mais competitivos, nos quais as marcas brigam intensamente por nossa atenção por meio de vários estímulos, sejam eles visuais ou sonoros (ao menos os mais comuns), ter uma marca relacionada a um símbolo pode ser uma grande vantagem em termos de fortalecimento de marca. O *swoosh*, símbolo que identifica a Nike, é uma das imagens mais fortes que enxergamos no mercado quando se trata de uma marca de vestuário esportivo. Conseguimos notá-lo em qualquer local, seja uma loja de calçados, um outdoor em plena Times Square (nesse caso, a marca se destaca em meio a inúmeras marcas que brigam pela nossa atenção) ou quando um ator a usa em um filme em uma estratégia de product placement. É um símbolo que ajuda em toda a comunicação da marca e auxilia os consumidores a diferenciar a empresa de suas concorrentes.

No caso da Nike, podemos notar a importância de um símbolo forte como uma forma de facilitar o reconhecimento da marca em ambientes com intensa poluição visual. Esse símbolo ajuda também na memorização da marca. Sempre que recebemos um estímulo visual de uma marca forte, ela consegue, de forma estratégica, trazer determinados estímulos que nos ajudam a lembrar de certos atributos ou experiências dela.

Quando nos deparamos com o par de orelhas do Mickey, que é usado para representar os produtos da Disney, esse estímulo nos ajuda a lembrar da marca, e em vários momentos nos lembramos da experiência que eventualmente tivemos em seus parques ou assistindo a desenhos e filmes etc. Essa é a força de um símbolo identificador da marca – não apenas da marca, mas da experiência que tivemos no momento de nos relacionarmos com o produto. Em se tratando de experiências, o mesmo ocorre quando identificamos a sereia do Starbucks e nos lembramos dos momentos que tivemos em suas lojas.

Os símbolos são importantes para o fortalecimento de uma marca, dentre outras vantagens, porque somos condicionados com símbolos a identificar e traduzir mensagens. Eles facilitam nossa vida e alguns deles tornam-se universais, como os que indicam perigo, os usados nas placas de trânsito, a cruz vermelha, aqueles que simbolizam a paz, entre tantos outros.

Os símbolos são importantes para o fortalecimento de uma marca, dentre outras vantagens, porque somos condicionados com símbolos a identificar e traduzir mensagens. Eles facilitam nossa vida e alguns deles tornam-se universais, como os que indicam perigo, os usados nas placas de trânsito, a cruz vermelha, aqueles que simbolizam a paz, entre tantos outros. Uma marca bem trabalhada em relação a seu símbolo nos ajuda no sentido de melhor identificá-la.

Marcas com símbolos trabalhados com um forte investimento em marketing e com foco nos consumidores se tornam ícones, como a garrafa da Coca-Cola, os arcos dourados do McDonald's, a maçã da Apple, o cavaleiro da Johnnie Walker, a concha da Shell, entre outros símbolos que conseguem trazer à nossa mente uma companhia e todos os seus atributos.

São marcas que conseguem, melhor que seus concorrentes, criar **metáforas relacionadas às suas imagens visuais**. Trata-se do ato de, por meio de símbolos, conseguir identificar os atributos de uma organização, como o rochedo que representa a Prudential Seguros como uma marca sólida; o coelhinho da Duracell que representa a capacidade de energia que seus produtos oferecem; o *cowboy* do Marlboro, que demonstra a masculinidade de seu produto e um cigarro forte em relação aos demais. São símbolos que conseguem, por meio de sua estrutura de comunicação junto ao seu público-alvo, transmitir os diferenciais tanto em relação aos concorrentes como ao seu processo de entrega de valor aos consumidores. Inconscientemente os clientes da marca, ao se depararem com esses símbolos, já os identificam com determinados atributos que procuram ou gostariam de ter em seu processo de autoexpressão. Sem dúvida alguma é um excelente gatilho para gerar determinados estímulos específicos nos consumidores e despertar necessidades e desejos.

Porém, apesar de sua importância como forma de reconhecimento de uma marca no mercado, não é uma tarefa das mais fáceis criar símbolos que possam representar todos os atributos ou ao menos os mais importantes de uma marca. Os arcos dourados do McDonald's somente se tornaram ícones por meio de um forte investimento de comunicação da marca. Um considerável investimento em marketing, produtos que atendem de forma satisfatória às necessidades e desejos de seus consumidores e constância. Sua marca está constantemente aparecendo em todas as formas de contato que mantém com os consumidores, em suas lojas, propagandas, embalagens, em tudo.

É o mesmo que ocorre com a Nike; em todos os momentos conseguimos visualizar a marca, seja em lojas, propagandas, filmes, sacolas ou produtos. Em se tratando dos produtos, note a força de seu símbolo. Com o passar dos anos e a compreensão de que seu símbolo é importante para que os consumidores possam mostrar que têm um produto da marca, ele está maior a cada dia. Se antigamente o símbolo era apenas coadjuvante nos produtos, hoje é praticamente o produto. Em alguns modelos, o símbolo é quase do mesmo tamanho que o tênis.

E também a garrafa da Coca-Cola, que é vista como algo importante em seu processo de comunicação. Até em momentos em que ela poderia não aparecer os gestores de marca acabam por pensar em uma

Capítulo 4 • Identidade da marca

forma de destacá-la. Note que ela aparece até em suas latinhas, estilizada como uma silhueta.

Ainda tratando de embalagem, não podemos deixar de destacar a Starbucks. Seus copos são tão marcantes e acabaram se tornando algo tão cultural para os norte-americanos que nem existe a necessidade de aparecer a marca da empresa. Basta apenas enxergar o copo branco, seja nas ruas em Nova York ou em algum filme, que já ligamos seu símbolo à marca. Essa é a força de um símbolo para criar determinados gatilhos que nos reportam à marca.

Portanto, quando uma empresa cria um símbolo para que consiga identificar sua marca em relação a uma infinidade de concorrentes, seu objetivo é criar um símbolo memorável, poderoso, que a diferencie das demais. Que possa ser reconhecido em várias situações e que consiga criar metáforas em relação às suas características funcionais. Que consiga trazer à mente dos consumidores a emoção que ele sentiu ao se relacionar com a empresa. Que consiga demonstrar determinadas características que os consumidores tenham ou que gostariam de ter. Tudo isso pode ser representado por meio de um símbolo forte, que represente tudo aquilo que uma marca trabalhou intensamente para seus clientes. Quanto mais forte for o símbolo, maior a probabilidade de ser reconhecido no mercado.

Portanto, neste capítulo trabalhamos a identidade da marca e como as empresas procuram, com foco em seus consumidores, criar uma identidade diferenciada em relação às ofertas de mercado. Porém, não basta apenas pensar em termos de identidade, temos que desenvolver uma personalidade distinta. Como? Veja no capítulo a seguir.

ESTUDO DE CASO

Propósito da marca

Empresas precisam ter valores concretos e comunicá-los ao consumidor. Esta é a nova fronteira do marketing

As marcas têm um novo desafio pela frente: estabelecer os seus propósitos e comunicá-los aos consumidores. A função do propósito vai além dos tradicionais atributos que uma marca carrega. Ele deve inspirar as pessoas a comprarem seus produtos ou a utilizarem os seus serviços não apenas porque são os melhores em qualidade ou oferecem o melhor preço ou valor, mas porque contribuem para uma causa.

A necessidade de um propósito deriva de uma nova postura dos consumidores, que cada vez mais escolhem produtos e serviços por conta de aspectos ligados à empatia com a marca, a identificação com as causas com as quais ela está envolvida e o próprio perfil da empresa. A decisão pela compra baseia-se muito mais na identificação com os propósitos.

O propósito vai diferenciar uma companhia das demais num futuro próximo, muito embora existam organizações que utilizam este conceito e, com isso, estão liderando em suas categorias sem competidores à altura. Por isso, é preciso que as marcas definam o seu propósito antes que percam suas vantagens competitivas. No marketing clássico, o diferencial entre produtos baseava-se em atributos funcionais, mas a partir de agora, o que fará as marcas se destacarem são as causas que estas defendem.

As empresas que entenderam a importância do propósito para as suas marcas estão um passo à frente das demais. Mais do que obter vendas, conquistam seguidores leais que amam suas linhas de produtos. Alguns casos são conhecidos como Apple e Havaianas.

Os clientes querem empresas com as quais possam se relacionar mais profundamente. O foco do marketing deve deixar de ser meramente transacional para se tornar relacional. O consumidor quer estar próximo de companhias nas quais ele possa confiar e buscar identificação. A construção de um propósito tem papel fundamental para ajudar neste desafio do marketing. "É mais do que a missão, a visão e os valores da empresa. O propósito é tangibilizado em ações concretas, percebidas e valorizadas pelos consumidores", ensina Fernando Jucá, Sócio Diretor da Atingire.

COMO CONSTRUIR UM PROPÓSITO?

Na teoria, a Apple pode vender computadores, telefones, tocadores de músicas e tablets, mas na prática, a partir de seu propósito, comercializa design, inovação e criatividade. Já a Havaianas não distribui chinelos de borracha, mas vende a alegria de viver. Seus produtos e sua marca transportam o consumidor, imediatamente, para um ambiente descontraído, despojado, sem estresse e que suscita bons momentos.

Um propósito único e autêntico tem o poder de atrair os consumidores. As pessoas são envolvidas por boas histórias e causas que as mobilizam. O desafio é criar um motivo que as engaje. A marca deve, portanto, inspirar seu público-alvo. Conectar pessoas em torno de uma causa. O grande desafio para as empresas é descobrir o seu propósito e fazer dele uma verdade. Elas devem começar essa descoberta buscando o seu real motivo de existir.

Olhar para a cultura, a essência e os valores da companhia é o primeiro passo. As empresas devem se perguntar sobre o que o mundo perderia se elas deixassem de existir. Outro questionamento a ser feito é: do que o mundo precisa? Como a empresa pode preencher esta necessidade?

É passar da fase de marca funcional e até mesmo aspiracional para uma que tem e promove uma causa. "Em um nível pessoal, propósito é o que dá sentido para nossas vidas e nos move adiante. Propósito é aquilo que nos faz acordar mais motivados para ir trabalhar: não apenas porque estamos sendo bem pagos, mas porque sentimos que fazemos a diferença no mundo. É exatamente este conceito que aplicamos ao branding quando dizemos que propósito é o significado maior que organiza todos os outros relacionados a uma marca, trazendo uma declaração de como ela efetivamente contribui para a humanidade", explica Fernando Jucá.

Ter um propósito vai muito além do que desenvolver ações ligadas a alguma causa, como sustentabilidade e responsabilidade social, por exemplo. "Esse tipo de prática surge como um adendo, como uma das ações que compõem as atividades da marca. Propósito não é um adendo. É algo entranhado em tudo o que a marca faz e diz. Propósito não é uma iniciativa isolada, momentânea ou oportunista. Propósito é uma maneira única para organizar a contribuição da marca para o mundo. Propósito é algo que todos os colaboradores da marca respiram no seu dia a dia", complementa Fernando Jucá, Sócio Diretor da Atingire.

Nem sempre fica claro se a empresa possui ou não um propósito. Por esta razão, existe um check list com três perguntas que ajudam a identificá-lo. A marca tem um propósito, ou seja, ela traz para o mundo algo mais significativo do que produtos e serviços? A marca obtém lucros de um modo consistente com esse propósito? E, por fim, o propósito a distingue de concorrentes, permitindo que obtenha maiores ganhos? As empresas que conseguem responder a estes três questionamentos básicos estão em um bom caminho para a construção do seu propósito.

PESSOAS SE RELACIONAM COM PROPÓSITOS E NÃO COM PRODUTOS

Os consumidores cada vez mais baseiam suas decisões em elementos intangíveis da marca. Por outro lado, as organizações vivem em um contexto que tende à comoditização. "Os clientes não se relacionam com produtos e serviços. Eles se relacionam com marcas. E o que diferencia, na realidade, uma marca? Além de todas as características tangíveis diferenciadoras da oferta, o que realmente diferencia uma marca é sua identidade, seus valores, sua essência, seus propósitos. É isso que o cliente compra de fato", argumenta Sandro Magaldi, Vice-Presidente de Clientes e Negócios do Grupo TV1.

Essa dinâmica está presente em todos os contextos de negócios. São parcerias de valor onde, em muitas situações, a fronteira entre comprador e vendedor quase inexiste. "As características tangíveis estão, na realidade, embarcadas na oferta. O que realmente lhe diferencia e gera identificação com o cliente, são seus elementos intangíveis. A história da sua organização, sua essência, seus propósitos são os elementos mais relevantes de sua identidade corporativa, sua marca", diz Sandro Magaldi.

Pode-se dizer que o propósito é um elemento central para o engajamento e construção de marcas. Este movimento acontece não apenas nos países desenvolvidos, mas também com o consumidor brasileiro. Não contentes em apenas terem a possibilidade de adquirir mais produtos e serviços, eles exigem das empresas um comportamento que transcende o atendimento a requisitos de qualidade e preço. Mais críticos, demandam uma atuação que considere outras questões, como de interesse público, por exemplo.

Por esta razão, as empresas devem agir a partir de um propósito, ou seja, algo que demonstre suas visões de mundo e, ao mesmo tempo, endereçe questões relevantes para os públicos com quem se relacionam. Ao endereçar um propósito relevante para seus stakeholders, uma marca amplia sua confiança, o que gera melhores condições para que se atribua a ela um valor superior. Além disso, ela fortalece seus relacionamentos, compartilha benefícios junto à sociedade, sem deixar de favorecer um incremento em sua performance comercial.

No Brasil, o propósito está no centro de estratégias de marcas vencedoras que conectam suas crenças a um modelo de negócio sustentável. Estas corporações se preocupam em realizar entregas para além de seus portfolios, em um movimento no qual incluem em suas agendas associações a conteúdos sociais, ambientais, esportivos, culturais, entre outros que mantêm nexo com

Capítulo 4 • Identidade da marca

o significado de suas marcas, o desafio de suas operações e, claro, os anseios da sociedade em que se inserem.

Propósitos que engajam

De acordo com os números 2012 de good purpose, o brasileiro considera diversas causas como importantes, principalmente pelas inúmeras necessidades estruturais ainda demandadas no país. Entre as causas centrais figuram a proteção ao meio ambiente, a melhoria dos serviços de saúde e o acesso à educação. A avaliação por parte dos consumidores, no entanto, é crítica quanto ao desempenho das empresas neste sentido: 48% dos entrevistados creem que as corporações não têm endereçado causas de maneira adequada. Enquanto isso, somente 26% consideram a atuação empresarial boa ou excelente neste sentido.

Engajar é mandatório em um cenário de progressivo aumento do poder de indivíduos conectados, que conversam em escala global a respeito de inúmeros interesses. Afinal, a autoridade não está mais centralizada em instituições como a mídia, o governo ou mesmo as empresas. No Brasil, esta afirmação do potencial dos cidadãos comuns tem se elevado rapidamente. Para os respondentes de good purpose no país, 20% creem em sua importância para endereçar propósitos. Todavia, o governo lidera esta responsabilidade com 52% enquanto a expectativa que recai sobre as empresas é de 6%.

Vincular-se a causas gera também condições comerciais favoráveis. O brasileiro mostra-se propenso a pagar mais, recomendar e ser fiel a marcas que colocam o propósito como ponto relevante em seus negócios. O ambiente para mudança é positivo, pois 76% creem ser possível para as companhias realizar lucros e, simultaneamente, cuidar de causas de modo consistente. Em 2007 este índice era de 58%, o que demonstra o amadurecimento do consumidor quanto ao tema.

Tendências que reforçam a importância do propósito

O mais importante para as marcas é entender que o mundo mudou. E o poder social mudou de lado. Diversas tendências mostram que o consumidor do futuro exigirá uma postura cada vez mais comprometida das organizações. A sociedade e as pessoas têm cada vez mais poder sobre as empresas. "Quando falamos das diferentes gerações, percebemos que por conta das mídias sociais, as pessoas possuem poder sobre as marcas. São elas que elegem as marcas, falam sobre as empresas, compartilham com os seus amigos e redes de contato. As empresas precisam entender isso, não há outro caminho", explica Marc Gobé, CEO da Emotional Branding.

As mudanças de comportamento especialmente nos mais jovens dão uma pista de quais serão os requisitos para conquistar mais clientes no futuro. Os consumidores são cada vez mais críticos e afirmam seus próprios potenciais para agir em torno de causas. Estes indivíduos acreditam em seus potenciais para atuar sobre um propósito e vão cobrar das organizações postura semelhante. "É como ir para uma festa. Se você vai a uma festa e conhece pessoas que ficam tentando te vender alguma coisa, naturalmente você se afasta. Quando entramos em uma conversa, não queremos que alguém nos venda algo. Queremos compartilhar informações e valores. As pessoas esperam que as marcas compartilhem produtos, mas esperam também que elas compartilhem valores", complementa Marc Gobé.

Atuar sobre propósitos, portanto, é uma notável oportunidade, mas deve ser respaldado por atitudes que tenham consistência e que sejam contínuas e comunicadas. O Brasil, em especial, possui muitas causas para serem adotadas, sobretudo pelo déficit da atuação pública em muitas áreas. O propósito afirma-se como vetor de construção de lealdade, recomendação e escolha, contribuindo crescentemente na performance comercial das empresas. "As marcas precisam estar próximas do seu público, participando realmente das conversas, engajando e compartilhando. As empresas precisam estar mais focadas em como ajudar as pessoas a terem uma vida melhor e construir um mundo melhor", diz o CEO da Emotional Branding. Veja a seguir como as empresas podem trabalhar os seus propósitos dentro de algumas áreas específicas:

1. Esporte

A crescente proximidade da Copa do Mundo e Jogos Olímpicos faz aumentar a ânsia por investimentos nesta área, o que gera oportunidades e riscos. Do lado positivo, abre espaço para que marcas cujos propósitos alinhem-se ao universo esportivo apropriem-se deste campo de maneira sustentada e sob uma visão de longo prazo, em vez de buscarem apenas maior visibilidade vinculada aos eventos e respectivas ativações. Outro desafio vinculado ao tema esportivo refere-se à busca por posicionamentos únicos. De acordo com Yacoff Sarkovas, CEO da Edelman Significa, "apoiar o esporte contempla não apenas a aquisição de uma cota, mas o planejamento estratégico da iniciativa, a gestão, alocação adequada de recursos e uma comunicação capaz de contar uma história relevante e que sustente o investimento realizado".

2. Cultura e entretenimento

Cresce o número de marcas que se apropriam do universo de shows, festivais e eventos similares. Neste sentido, surgem oportunidades relevantes para que as atitudes sejam qualificadas por meio de experiências capazes de potencializar a presença de empresas, produtos e serviços neste cenário.

Capítulo 4 • Identidade da marca

3. Socioambiental

Nação-sede da conferência Rio+20, o Brasil vive um cenário de desenvolvimento da agenda socioambiental nas prioridades das organizações, que tendem a fortalecer-se a partir do instante em que comunidades e consumidores, sobretudo, passam a demandar ações mais incisivas das organizações sobre este tema. "A busca de um propósito pelos indivíduos e grupos reforça esse direcionamento, fazendo com que as marcas desenvolvam atitudes mais consistentes", afirma Yacoff Sarkovas.

4. Classes emergentes

A ascensão econômica de grande parcela da população brasileira contribui para uma relação mais crítica entre consumidores e marcas. Além de uma classe que representa considerável oportunidade para a geração de novas receitas para as corporações, trata-se de um universo ainda pouco conhecido por parte do setor privado. "Estes indivíduos não querem fugir dos seus padrões de comportamento, mas serem respeitados quanto aos seus valores, simbologias e hábitos. Se as empresas quiserem engajar este público genuinamente, deverão, antes, cumprir a tarefa árdua de conhecê-lo", diz Sarkovas.

5. Ativação e narrativas

O processo de amadurecimento dos investimentos em atitude de marca faz com que as companhias superem o desenvolvimento de propriedades ou a aquisição de cotas para, além disso, direcionarem esforços à ativação de tais iniciativas. Neste sentido, cresce a urgência pela elaboração de estratégias consistentes focadas em mídias sociais e demais plataformas digitais, bem como na estruturação de narrativas transmídia capazes de mobilizar os públicos de maneira unificada e afetiva. As marcas que têm por objetivo engajar a partir de um propósito não podem deixar de conduzir narrativas que comuniquem, justifiquem e qualifiquem as atitudes.

6. Mobilização interna

Se as marcas corporativas tendem a fortalecer-se e contar histórias a partir do propósito que as mobiliza, o público interno figura como um dos mais relevantes vetores para a sustentação de uma cultura forte e capaz de expressar-se materialmente por meio das atitudes. Portanto, um ambiente organizacional que viva a marca e seu significado deve ser prioridade na agenda de empresas que desejam elevar a confiança junto a seus públicos.

Fonte: Propósito da marca. *Mundo do marketing*, dez. 2010. Disponível em: <http://www.mundodomarketing.com.br/inteligencia/estudos/7/proposito-da-marca.html>. Acesso em: nov. 2016.

VAMOS TESTAR SEUS CONHECIMENTOS?

1 Você foi contratado como gestor de marketing de uma grande montadora que atua em nível global. Em seu processo de contratação, você estudou a empresa, o mercado e os concorrentes dela. Nessa análise, percebeu que as rivais têm, em sua grande maioria, poucos diferenciais competitivos. Sendo assim, sua primeira resolução foi realizar um investimento na marca da empresa, e a primeira atividade seria criar a identidade da marca. Porém, como o investimento é alto, você deverá convencer os acionistas da empresa a aprovarem seu plano. Na reunião com eles, quais os argumentos que você usaria para convencê-los a investir na criação de uma identidade da marca? Use argumentos do capítulo para justificar sua resposta.

2 Em sua reunião com os acionistas, uma das alas mais conservadoras ainda não se convenceu da importância da identidade da marca para a empresa, mesmo após sua argumentação de que essa estratégia é necessária para o futuro da organização. Essa ala conservadora acredita que marketing é apenas "perfumaria" e que não agrega valor final à empresa. Como você justificaria para esses acionistas que do investimento na construção de uma identidade única para a marca pode decorrer o fortalecimento do relacionamento com clientes, funcionários e stakeholders? Justifique sua resposta mencionando os benefícios que a identidade da marca pode trazer à empresa.

3 A reunião está ficando mais difícil em termos de argumentação. Um dos acionistas pede a você um exemplo de como a marca poderá se beneficiar. Exemplifique ao grupo quais as possibilidades de associações que podem ser criadas para a montadora e qual você acredita ser a mais eficaz.

4 Ainda em sua argumentação, mostre aos acionistas como a empresa pode se beneficiar ao desenvolver uma identidade da marca. Mostre que as associações podem ser feitas em relação à organização (marca como organização), como pessoa ou como símbolo. Apresente cada uma dessas possibilidades e justifique, segundo sua opinião, qual melhor se encaixaria no caso da montadora.

5 Tendo como base o artigo apresentado e a fictícia reunião de acionistas, qual tipo de propósito melhor se encaixaria para a montadora?

Capítulo 4 • Identidade da marca

5

Personalidade da marca

APRESENTAÇÃO

Quando falamos da personalidade da marca, mais uma vez estamos tratando de personificá-la, de entender que, como uma pessoa, uma marca tem características distintas e únicas. Dessa forma, ela deve ser administrada corretamente para não correr o risco de deixar de existir ou perder sua "personalidade" face às concorrentes. Hoje, em tempos modernos, uma personalidade "forte" é fator de sobrevivência nos mercados globais.

OBJETIVOS

Entender a marca como um organismo vivo, sua importância como ferramenta mercadológica e como sua personalidade pode criar identificação entre empresas e consumidores, gerando relacionamentos duradouros e saudáveis.

5.1 PERSONALIDADE DA MARCA

Como acompanhamos no Capítulo 4, as marcas, como uma entidade organizacional que representa um produto ou uma organização, necessitam – para que se tornem fortes e estrategicamente superiores aos seus concorrentes – ter uma identidade diferenciada, que as tornem únicas em um mercado ou para um grupo de consumidores, e proporcionar vantagens duradouras em relação a seus rivais. Tendo em vista a importância desse gerenciamento mercadológico para que as marcas possam garantir sua perpetuação em um ambiente darwiniano, no qual somente as empresas mais fortes e adaptáveis sobrevivem, não basta apenas uma identidade única. Nesse ambiente cada vez mais predatório também devemos pensar em formas de trabalhar a personalidade da marca.

Quando falamos da personalidade da marca, mais uma vez estamos tratando, em termos estratégicos mercadológicos, de personificar uma marca, seja de uma empresa, produto ou linha de produto. É preciso entender que, como uma pessoa, as marcas possuem características diferentes que as tornam entidades vivas e as diferenciam de seus concorrentes, e que se não forem administradas corretamente correm o risco de morrer, ou no caso das empresas,

> **Quando falamos da personalidade da marca, mais uma vez estamos tratando, em termos estratégicos mercadológicos, de personificar uma marca, seja de uma empresa, produto ou linha de produto. É preciso entender que, como uma pessoa, as marcas possuem características distintas que as tornam entidades vivas e diferentes de seus concorrentes.**

deixar de existir, como presenciamos cada vez mais no mercado, com empresas que muitas vezes não conseguem chegar nem a uma década de vida, ou outras que para a nossa surpresa acabam por sucumbir.

Ainda fazendo uma correlação entre marcas e seres humanos, podemos afirmar que uma pessoa, em seus primeiros anos de vida, precisa de trabalho constante de seu cuidador para que consiga criar uma personalidade forte, que sirva de sustentação para todas as suas ações e seus relacionamentos. Com as marcas ocorre o mesmo. Se não forem trabalhadas adequadamente, muitos erros poderão aparecer no decorrer de sua vida. Quando conseguem desenvolver uma personalidade forte, dificilmente cairão na tentação de se envolver em relacionamentos que possam prejudicar sua imagem, nem uma péssima administração pode destruir tudo o que foi feito e solidificado no decorrer de sua história. Devemos lembrar que os CEOs são passageiros, ou ao menos esperamos que sejam, em uma administração, mas a organização pode durar por muito, mas muito tempo.

Dessa forma, trabalhar a personalidade de uma marca por meio de uma gestão adequada é fundamental para o sucesso da empresa. Mas o que é personalidade da marca? Bom, podemos entender como personalidade da marca o conjunto de características humanas associadas a uma empresa, holding, produto ou linha de produto. É o que já mencionamos no início do capítulo como a busca de personificar os atributos de um produto, sua forma de agir e pensar junto aos interessados.

Essas associações desenvolvidas para personificar determinadas características são representadas por meio de seus produtos, colaboradores, fornecedores, mensagens publicitárias, estratégias de marketing, posicionamento – entre outras formas de uma marca manter relacionamento com o mercado, transmitir seus diferenciais e suas opiniões em relação ao contexto no qual a organização está inserida.

A Marlboro foi conhecida por muito tempo como uma marca com personalidade masculina, personificada por um *cowboy*. Porém, não era apenas esse personagem símbolo que servia como forma de personificar o que a empresa desejava passar ao mercado, suas campanhas publicitárias mostravam o personagem em ação, o típico homem viril dominando sempre uma manada de cavalos selvagens. Isso se reforçava até na cor vermelha em destaque na embalagem, que, pensando em termos de psicologia das cores, remete a força. E o próprio cigarro era mais forte que os demais da categoria. Assim, a empresa procurava demonstrar a personalidade de sua marca com uma adequada sinergia entre todos os seus processos mercadológicos. Pode-se dizer que existia um adequado alinhamento mercadológico.

É isso que entendemos como trabalhar mercadologicamente a personalidade da marca, que pode ser desenvolvida tendo como objetivo personificar determinados atributos, sejam eles do produto (como no caso da marca de cigarros Marlboro) ou da própria organização (nesse caso conhecido como marca institucional). Quando pensamos em uma marca institucional, ligada à organização, sua personalidade é construída por meio de sua visão, missão e valores, desenvolvidos por seus fundadores. Essa personalidade pode ou não ser transferida diretamente aos produtos. Veja o caso da Philip Morris, dona da marca Marlboro. A personalidade da companhia pode ser relacionada a vários fatores, como seriedade e confiabilidade, mas jamais à masculinidade de um de seus produtos carro-chefe. Note que temos um excelente exemplo de gestão de marca: uma estratégia para gerenciar a marca do produto e outra para a organização.

Então podemos notar que o processo de criação da personalidade de uma marca pode, dependendo do tamanho da organização, ser direcionado à empresa como um todo ou a um produto, linha de produto ou marca. Quando pensamos no processo de criação de personalidade em termos do produto, essas características humanas que ajudam na diferenciação em relação aos concorrentes e que permitem um melhor entendimento deles são criadas e desenvolvidas com foco no produto, de acordo com aquilo que os consumidores esperam no momento da compra ou da identificação que desejam.

> Quando pensamos em uma marca institucional, ligada à organização, sua personalidade é construída por meio de sua visão, missão e valores, desenvolvidos por seus fundadores. Essa personalidade pode ou não ser transferida diretamente aos produtos.

Ainda tendo como base o mercado de cigarros, podemos lembrar que no Brasil, quando as propagandas eram liberadas nos meios de comunicação de massa, tínhamos a marca Free com o seu slogan: "Uma questão de bom senso". Assim, a marca criou uma personalidade independente, tendo como base o público jovem, portanto direcionava-se a pessoas que eram ou desejavam ser ou passar uma imagem de independência e opinião formada. Já a marca Hollywood tinha como foco os esportes, com propagandas que sempre mostravam pessoas praticando esportes dos mais variados e terminavam com a frase: "Hollywood, o sucesso!". Já o cigarro Vila Rica pretendia demonstrar a habilidade dos brasileiros em se adaptar a várias situações e a personalidade vencedora que o futebol brasileiro tinha, com o slogan propagado pelo jogador da seleção brasileira Gérson: "Vila Rica, para quem gosta de levar vantagem em tudo". É uma pena que, devido a essa frase, o craque tenha ficado com sua imagem vinculada a falcatruas conhecidas no Brasil como "lei de Gérson".

Com os exemplos descritos, podemos entender que uma das formas mais usuais de se criar, no sentido de explicar aos consumidores, a personalidade de uma marca de produto, é o uso intensivo de mídia de massa, que ajuda a criar no imaginário dos consumidores as características humanas que a empresa gostaria de transmitir a seus clientes. Porém, note, falamos que é a mais usual e que pode facilitar o processo, mas é claro que não é apenas por meio de mensagens publicitárias que isso pode ser feito. Há outras possibilidades de comunicação e relacionamento com seu público-alvo, por exemplo, o já citado atendimento via SAC com a personalidade da empresa Zappos, com foco em ser uma marca amiga e ótima ouvinte, e a Victoria's Secret, com suas lojas repletas de sensualidade, música clássica de fundo e decoração refinada, nas quais predominam as cores preto e rosa.

Ainda é importante destacar que essas características citadas nos exemplos são duradouras e fruto de investimento constante das empresas para que consigam manter-se atuais e pontuais na mente dos consumidores, afinal, se uma marca mudar sua personalidade a todo o momento, pode passar uma imagem negativa ao mercado, de insegurança ou falta de foco em seu negócio principal.

As características presentes no produto ou na organização, que ajudam a construir a personalidade da marca, podem ser relacionadas a gênero, idade, classe econômica, nacionalidade, entre outros aspectos.

Características demográficas – são atribuídas à marca características físicas das pessoas de determinada região geográfica, por exemplo, considerando o gênero. Algumas marcas são mais masculinas que outras, como Marlboro e Old Spice, já mencionadas,

Veja propagandas do conhaque Dreher:

e a do conhaque Dreher, com seu slogan "Desce macio e reanima" e suas propagandas com homens másculos realizando esforços braçais. Já as lojas Marisa apresentam características femininas com seu slogan: "De mulher para mulher, Marisa".

Outras marcas podem ter características relacionadas à idade. Umas podem ser mais joviais, como a Apple, outras associadas a um público adulto, como a IBM ou o banco Wells Fargo.

Há ainda marcas cuja identificação remete a condições financeiras, sendo voltadas a pessoas de alto poder aquisitivo, como a Montblanc, ou ao mercado mais popular, como a loja de eletrodomésticos Marabraz.

Características psicográficas – a busca por parte das marcas em transmitir certas características que possam ser identificadas como sinais de sua personalidade também envolve atributos relacionados à forma de pensar da organização, o que conhecemos em marketing estratégico como traços psicográficos. Nesse caso, temos o estilo de vida da marca e sua personalidade em consonância com a forma como seus consumidores pensam, agem e com seu estilo de vida e personalidade.

Assim, temos marcas atléticas, como a Nike e a Adidas, que tendem a demonstrar que seu estilo de vida, e consequentemente o de seus usuários, está relacionado a saúde e bem-estar. Outras possuem um apelo sustentável em sua forma de agir e encarar a vida, como a Ypê, tanto em seus produtos como no relacionamento com seus stakeholders, ou ainda são mais extrovertidas, como a Go Daddy, que administra domínios da internet.

Dessa forma podemos entender que a personalidade das marcas pode, de forma geral, apresentar as mesmas características que enxergamos em uma pessoa, fruto de combinações que notamos em termos de atributos físicos e da forma como ela pensa e age em determinadas situações. No entanto, com base nesses pressupostos, quais os tipos de personalidade que uma marca pode ter?

5.1.1 Tipos de personalidade de uma marca

Ampliando um pouco mais nosso escopo em termos de personalidade da marca, tendo como base suas características psicográficas e demográficas, os autores que pesquisam o tema elencam as seguintes formas de as empresas adotarem o vocabulário adequado no momento de administrar estrategicamente uma marca.

Sinceridade – dentre os tipos de personalidade que podemos identificar no mercado temos a sinceridade. São marcas que procuram transmitir a seus consumidores características verdadeiras, que podem apresentar as seguintes formas de relacionamento com o mercado e consequentemente com seus consumidores: uma marca **prática**, como aquelas que facilitam a vida dos consumidores por serem de fácil uso ou consumo em determinada ocasião ou pelo modo como se relacionam com eles. Pensando em termos de praticidade dessas marcas, temos como exemplo a Visa, que em todas as suas campanhas publicitárias destaca que o cartão é de fácil utilização e aceito em vários estabelecimentos, e marcas de produtos de limpeza cujas propagandas sempre destacam a facilidade de uso, ou seja, a praticidade com que eliminam a sujeira.

Uma personalidade de marca também pode ser representada como **honesta**. São as marcas reconhecidas pela honestidade em seu relacionamento com o mercado, os consumidores e os colaboradores, como esperamos de instituições financeiras ou empresas de medicamentos. Note que nesses casos a personalidade é quase um componente indispensável para o ramo de negócio em que a empresa atua, haja vista que a ausência dessa característica em suas ações provavelmente dificultará uma posição de destaque no mercado.

Ainda em termos de sinceridade, temos as marcas **íntegras**, cuja conduta correta percebemos em todas as suas ações no mercado. Podemos citar como exemplos algumas empresas da imprensa independente, como os jornais *O Estado de S. Paulo* e *Folha de S.Paulo*. Seus materiais de comunicação estão relacionados à integridade com que tratam as matérias jornalísticas, ou seja, sua imparcialidade.

Também temos a personalidade da marca voltada à **alegria**. São aquelas marcas que, por meio de suas campanhas publicitárias, transmitem irreverência ou alegria em seus produtos ou marcas, como as sandálias Havaianas e os canais infantis Cartoon Network e Nickelodeon. São empresas que têm uma sinceridade latente no momento de transmitir momentos felizes aos seus consumidores.

Emoção – este é o segundo tipo de personalidade que podemos destacar no mercado. Assim, podemos dizer que algumas marcas têm personalidade **ousada**, por serem arrojadas e corajosas em suas ações de mercado. Muitas delas acabam por, em determinas situações, chocar seus consumidores, como as propagandas ousadas do desodorante Axe, com um forte apelo sexual que transmite emoções fortes, sempre com muita ousadia para tratar de assuntos que, em determinados momentos, podem constranger algumas pessoas. Ou as famosas propagandas da Benetton, que usavam imagens fortes e impactantes (uma campanha que ficou famosa mostrava um paciente terminal de aids, não de forma pejorativa, mas como um modo de chamar atenção para esse problema de saúde pública). São marcas conhecidas por sua ousadia em relação a seus consumidores e ao mercado e, consequentemente, transmitem fortes emoções e acabam por incorporar essas atitudes em sua personalidade.

Outras marcas podem passar a percepção de **coragem**. São aquelas que procuram mostrar firmeza no enfrentamento de certos desafios, com características pessoais que demonstram ser possível encará-los. Como exemplo desse tipo de estratégia mercadológica citamos a marca de bebidas Johnnie Walker, que com o seu "Keep walking" procura demonstrar a coragem de seus consumidores em enfrentar desafios e continuar caminhando e se superando. São também exemplos algumas marcas esportivas que apresentam seus consumidores vencendo desafios em determinadas situações. Veja os slogans "Just do it", da Nike, e o "Impossible is nothing", da Adidas. Note que essas marcas esportivas costumam, com muita frequência, apresentar pessoas com coragem para superar desafios e continuar sua caminhada de superação.

Veja a propaganda da Johnnie Walker:

Ainda dentro dessa categoria também temos marcas que demonstram uma personalidade **criativa**, sendo capaz de gerar novas ideias e produtos com frequência maior que seus concorrentes. Nesse ponto podemos destacar a Apple, já citada em inúmeros momentos no livro, que tem em seu DNA os preceitos da criatividade, sempre lembrada por campanhas como a "Think different"; a Amazon, com sua habilidade de desenvolver inúmeros serviços tendo como base seu produto principal, o comércio eletrônico (típico caso de como uma empresa consegue ser criativa ao desmembrar vários serviços que agregam valor aos consumidores tendo como base uma única plataforma). Atualmente também podemos destacar a Netflix e a criatividade com que soube, melhor que os concorrentes, entender as novas demandas do mercado de locação de vídeos, conseguindo oferecer um serviço de *stream* totalmente diferente dos que já existiam, criando uma nova categoria de mercado.

Capítulo 5 • Personalidade da marca

E temos aquelas marcas que são **atualizadas**, ou aquelas que sempre estão com produtos inovadores e que acompanham ou ditam as normas de mercado. Nesse sentido, as marcas de roupas mais modernas são destaque pelo fato de sempre criarem tendências, como a Ralph Lauren e a Louis Vuitton. Note que são marcas que conseguem entender as tendências de mercado e atualizar seu portfólio de produtos com muito mais agilidade que suas concorrentes. Também, nesse quesito podemos citar algumas empresas de software, com a ressalva de que nesse caso a atualização é uma necessidade, porque, se não o fizerem, estarão fora do mercado.

Competência – refere-se à personalidade das marcas cujo objetivo é identificar características como confiabilidade e competência que possam ser associadas a seus consumidores. Quando pensamos em **confiabilidade**, consideramos as marcas ou empresas em que os consumidores podem confiar em qualquer situação. São aquelas que entregam, conforme o combinado, tudo o que foi prometido em suas ações, como o produto Sedex, dos Correios, que garante que sua entrega será feita de acordo com o combinado, ou os pneus Pirelli, que pregam que com o uso de seus produtos os consumidores poderão ter um maior desempenho. Essas empresas são aquelas que propagam que você pode confiar nelas, pois os produtos irão cumprir tudo o que foi prometido em sua proposta única de venda.

Também temos aquelas marcas que procuram destacar-se por ter uma personalidade **inteligente**, o que pode levá-las a serem identificadas como superiores a seus pares. No mercado de revistas ou semanários podemos notar algumas marcas que se destacam pelo conteúdo intelectual, como a *Superinteressante*, da Editora Abril, que se destaca pelo conteúdo de suas matérias. Algumas universidades também mostram essa personalidade, como a Harvard, nos Estados Unidos, e a FGV, no Brasil.

Sofisticação – outro tipo de personalidade que podemos perceber no mercado está relacionada à sofisticação. Fazem parte desse grupo as marcas que tentam demonstrar essa característica ao mercado em termos de serem superiores às demais, as quais os consumidores enxergam como **elitistas**. São exemplos algumas marcas de roupas ou acessórios, como a poderosa Chanel, que representa toda a sofisticação de sua fundadora, Coco Chanel. Nesse caso, notamos que todos os seus produtos têm uma sofisticação única, transmitida ao mercado e a seus consumidores.

Robustez – por último, tendo como base as principais características que podem ser usadas para se construir a personalidade de uma marca, falaremos sobre robustez. Neste caso, as marcas têm uma personalidade marcante, como as caminhonetes Ford com seu famoso slogan: "Pense forte. Pense Ford". Ainda pensando no mercado automobilístico, temos a irreverente campanha dos pôneis malditos, da Nissan, para o modelo Frontier. Foi uma campanha que gerou um grande viral, por criticar seus concorrentes que, em vez de ter cavalos de potência, teriam apenas pequenos pôneis. É uma forma de demonstrar a força de seus automóveis frente aos de seus concorrentes.

Veja a famosa propaganda dos Pôneis Malditos:

Assim, podemos entender que a personalidade da marca são as características humanas associadas a ela, e a cada dia torna-se mais importante trabalhá-las para que possa haver uma melhor identificação com os consumidores. Mas como podemos criar a personalidade da marca?

5.1.2 Criando a personalidade da marca

Devido à importância que a personalidade tem na criação de uma marca forte para as organizações, laços sólidos com os consumidores e conseguir personificar determinadas características que eles consideram vitais no momento de escolher com qual organização ele irá manter relacionamentos duradouros de fidelidade, necessitamos pensar nas formas de construir essa personalidade que consiga agregar valor à organização, porém, cabe um pequeno questionamento: como se faz isso?

Para responder a essa pergunta, podemos dizer que, como já mencionamos em várias oportunidades, uma marca é um organismo vivo e deve ser trabalhado como tal. Podemos até mesmo fazer um paralelo com uma pessoa. Como criamos nossa personalidade? Podemos de forma geral entender que ela é moldada conforme todas as influências que recebemos no ambiente, que vão construindo a forma pela qual desenvolvemos nossos relacionamentos e formas de agir e pensar em um grupo de pessoas com o qual mantemos relacionamentos ou gostaríamos de fazê-lo. Assim, nossa personalidade é influenciada pela localidade em que vivemos, pelo relacionamento com nossos familiares e amigos, pelas atividades que desempenhamos, por nossas condições econômicas e uma infinidade de outros estímulos que ajudam nessa construção. E com as marcas, podemos afirmar que ocorre a mesma situação?

Bem, nas devidas proporções, sim. A personalidade de uma marca é construída de acordo com as influências que ela sofre no decorrer de sua existência ou, se preferir, no decorrer de seu ciclo de vida. Essas características surgem da mesma forma que ocorre com as pessoas físicas: por meio dos relacionamentos mantidos e vivenciados. No caso das marcas, podemos dizer que são fruto dos relacionamentos que a empresa mantém no ambiente em que está inserida. Sendo assim, podemos dizer que uma marca pode ter uma personalidade de acordo com a **localidade** onde está inserida. Como exemplo, citamos a irreverência do povo brasileiro destacada nas campanhas da Havaianas, traço que é um grande influenciador não apenas de suas campanhas publicitárias mas também de seus produtos e lojas.

> A personalidade de uma marca é construída de acordo com as influências que ela sofre no decorrer de sua existência ou, se preferir, no decorrer de seu ciclo de vida. Essas características surgem da mesma forma que ocorre com as pessoas físicas: por meio dos relacionamentos mantidos e vivenciados. No caso das marcas, podemos dizer que são fruto dos relacionamentos que a empresa mantém no ambiente em que está inserida.

Ainda pensando na localidade ou na origem de uma empresa como influenciador de sua personalidade, temos a tecnologia dos alemães vinculada à Volkswagen e seu antigo slogan, "Das Auto", a sofisticação da cozinha francesa em seus pratos e o estilo vencedor dos americanos nas campanhas da cerveja Budweiser. Assim, podemos dizer que a personalidade da marca estará, em muitas situações, relacionada ao seu país de origem ou à sua localidade.

Nossa personalidade é influenciada pelas amizades que criamos no decorrer da vida, porque após teoricamente sairmos da influência de nossas famílias, ao amadurecermos, os fatores que irão influenciar nossa personalidade são os relacionamentos que mantemos com nossos amigos. Isso também pode ser percebido com as marcas, tomando como base os relacionamentos que uma empresa mantém em seu ambiente. Podemos destacar as organizações que investem em responsabilidade social e que, dessa forma, deixam explícita sua preocupação com todos aqueles com quem mantêm um relacionamento direto ou indireto.

Algumas empresas podem ser influenciadas por seus parceiros comerciais, como no caso da rede de supermercados Walmart, que, com a sua política de sustentabilidade, exigiu que todos os seus fornecedores diminuíssem o tamanho das embalagens para que houvesse menos lixo. Assim, todas as empresas que mantêm relacionamentos comerciais com a marca foram influenciadas por sua visão sustentável, um fator que modificou a personalidade de muitas delas.

Nossa personalidade também é moldada de acordo com nossas condições econômicas, ou as restrições monetárias que enfrentamos. Assim, se passamos por restrições no decorrer do desenvolvimento de nossa personalidade, nosso relacionamento com o dinheiro será diferente. Com as marcas podemos notar a mesma situação, pelo fato de que há empresas dos mais variados tamanhos e consequentemente esse tamanho ou porte irá determinar sua personalidade.

Você já notou que em muitas situações as empresas mudam a forma de pensar à medida que crescem? Que acabam, muitas vezes, por perder a agilidade que tinham quando eram menores ou que, quando não tinham dinheiro suficiente, eram mais criativas em suas ações? São mudanças em termos de personalidade da marca, ou a personificação de determinados atributos ou formas de relacionamentos que uma marca cultiva em seu relacionamento com o mercado.

Como vimos, a personalidade de uma marca pode ser formada de forma natural no decorrer da existência da empresa. No entanto, existem formas de impulsionar essas características e não ficar apenas à mercê do contexto no qual as empresas estão inseridas? Bem, é isso que veremos como uma forma de fugir da espontaneidade da personalidade da marca e criar uma estratégia direcionada a tal situação.

5.1.3 Impulsionando a personalidade da marca

Para que possamos impulsionar a personalidade da marca, ou seja, para que um estrategista de marketing consiga, por meio de suas ações, desenvolver de forma estratégica a forma pela qual sua personificação será representada, devemos primeiramente pensar nos parâmetros basais para a marca, entre os quais destacamos aqueles relacionados aos atributos ou não atributos dela. Cabe também considerar que, para que uma organização consiga impulsionar e, dessa forma, criar sua personalidade é preciso considerar as ações da empresa, seus relacionamentos e o planejamento mercadológico.

Ações da empresa – temos que ter em mente como uma organização age em determinadas situações. De nada adianta tentar passar uma personalidade de preocupação com os consumidores se suas ações buscarem formas de enganá-los no momento da compra. Em mercados em desenvolvimento como o Brasil, essa conduta é muito normal, porque temos várias organizações que pregam em seus slogans ou em sua missão uma preocupação com seus consumidores, mas na primeira oportunidade sonegam impostos, tratam de forma inconveniente seus colaboradores, entre outras ações que não convergem com o que propõem ao mercado.

Isso quer dizer que as ações da empresa devem estar de acordo com a personalidade que ela deseja passar a seus consumidores. Uma organização que faz promessas deve cumpri-las à risca. Se essas promessas não forem condizentes com suas ações, haverá uma dissonância na cabeça dos consumidores, que naturalmente levará à frustração e à dificuldade de identificar a personalidade da empresa. Ou pior, esta ficará com uma imagem negativa no mercado.

Ficaram famosas no Brasil as estratégias usadas por empresas de higiene e limpeza que, por mais que mostrassem uma personalidade confiável e amiga de seus consumidores nas campanhas publicitárias, enganavam na venda de papel higiênico. Elas vendiam uma metragem menor do que estava especificado na embalagem do produto. Naturalmente, suas ações não condiziam com a personalidade que pregavam ao mercado. Ou casos de montadoras de automóvel que sonegavam informações de mercado em relação a problemas conhecidos em seus produtos, como o problema de embreagem em automóveis da Toyota e a emissão de poluentes por carros da Volkswagen.

Relacionamentos – neste caso nos referimos às formas pelas quais uma empresa mantém seus principais relacionamentos. Eles estão intimamente ligados às ações que ela empreende, porque, se elas forem adequadas ao que a empresa propaga, consequentemente seus relacionamentos serão muito mais harmoniosos. É o que notamos com muita frequência no mercado com as organizações que mantêm políticas com o objetivo de fortalecer os relacionamentos com seus clientes, tentando ao máximo cumprir o que foi prometido, conhecendo os consumidores e procurando, a todo o momento, ajudá-los. São aquelas empresas que sabem o que seus consumidores esperam no relacionamento comercial e buscam formas de entregar esses valores. Ou seja, são empresas que buscam a todo momento um tratamento honesto com seus clientes, como a Zappos e sua política de SAC, que é uma das mais conhecidas no mercado. Elas não se importam em ficar ao telefone por horas com os clientes para resolver problemas. E, caso algum produto apresente defeito, não fazem questionamento algum, providenciam a devolução com frete grátis, com a troca do item ou a devolução do dinheiro.

Planejamento – Para que se consiga criar uma identidade forte e de acordo com os anseios de seu público-alvo, uma empresa deve pensar adequadamente no que chamamos de modelo SCCDP, que significa, segmentação de mercado, estudo do comportamento do consumidor, processo de diferenciação e posicionamento. Esse processo está intimamente ligado à criação de uma personalidade para a marca, visto que primeiro uma empresa precisa identificar seu público-alvo, que é a segmentação de mercado, depois precisa entender o comportamento dele para saber o que espera de valor em um processo comercial, ou seja, o que leva esses consumidores a comprar determinados produtos ou serviços.

De posse dessas informações, o gestor de marketing precisa identificar seu modelo de diferenciação ou o que a empresa possui de superior em relação à concorrência e com foco nos consumidores. Esse modelo deve estar de acordo com o que a empresa identificou de valor no estudo do comportamento do consumidor. Por fim, estabelece seu posicionamento estratégico ou como tentará garantir um espaço de destaque na mente dos consumidores, o que é o fechamento do ciclo, porque esse espaço na mente do consumidor é como a empresa será lembrada e como será criada sua identidade, sempre com foco no diferencial, que foi obtido por meio do estudo do comportamento do consumidor, consumidor este identificado no processo de segmentação de mercado.

Sendo assim, com base nesses processos, a empresa pode começar a pensar em direcionar ou impulsionar sua marca, lembrando que pode ter ou não o produto como foco.

Personalidade construída com foco no produto – quando a empresa tem foco no produto entende-se que o processo de criação de personalidade se baseará nas características marcantes do produto. Algumas são tão marcantes que acabam por se tornar impulsionadoras primárias da personalidade do produto. Como exemplos temos o aspecto conservador de um banco, a robustez de uma marca de roupas para pessoas que praticam esportes radicais, a ideia de leveza da marca de água Bonafont. Note que, logo que pensamos nesta última marca, imaginamos uma pessoa esguia, atlética e em boa forma, é uma característica tão forte para a marca que nos ajuda a personificar suas características. Outras marcas associadas à robustez são: café Pilão (que já em seu nome nos lembra de algo forte, que nada mais é do que esperamos em um café, que seja forte para que nos sirva de estimulante) e as marcas de automóvel do tipo 4x4, que procuram, por meio de sua personalidade, reforçar determinados atributos do produto.

Dessa forma, podemos entender que as características relacionadas ao produto funcionam em mão dupla: os atributos do produto podem ajudar no processo de comunicação da marca aos consumidores e serem usados para impulsionar a personalidade da marca. Tudo isso sempre, como já destacado, de acordo com um planejamento de marketing.

Personalidade construída com características não relacionadas ao produto – quando pensamos em características determinantes da personalidade da marca, aquelas características não relacionadas ao produto, podemos lembrar das seguintes situações: estilo da publicidade, país de origem, identificação com o CEO (é um endossante célebre).

Em relação ao **estilo da publicidade**, podemos entender a personalidade da marca quando analisamos padrões de forma e formato. Em termos de forma, destacamos a maneira pela qual a empresa procura comunicar-se com seus consumidores ou, resumidamente, a maneira pela qual a mensagem é transmitida. Algumas empresas se destacam pelo bom humor, como a Fiat e suas propagandas, desde aquela em que aparece o jogador Ronaldo Fenômeno com um corpo esbelto até outras que brincam com situações inusitadas com os consumidores em uma concessionária. Ainda falando em humor, destacamos as campanhas do Posto Ipiranga com a mensagem de que tudo pode ser encontrado em seus postos, sendo uma das mais engraçadas a que tem o personagem Cebolinha, da Turma da Mônica. Outras empresas têm tom mais sério, por exemplo, a *Folha de S.Paulo*, que já realizou uma campanha em que destacava que

Veja a famosa propaganda da *Folha de S. Paulo*:

poderíamos escrever verdades com várias mentiras, ilustrada pelos feitos de Hitler, que para alguns poderiam justificar ou encobrir suas atrocidades. São formas usadas pelas empresas para transmitir e impulsionar sua personalidade sem um vínculo com o produto.

Agora, em relação ao formato, podemos notar que algumas marcas se destacam por seus conteúdos on-line e off-line. Muitas delas estão migrando para o digital como uma forma de melhor se relacionar com as gerações mais novas e, dessa forma, demonstrar uma imagem mais moderna, ou seja, impulsionar sua personalidade. Uma das marcas que melhor consegue construir uma imagem nos meios digitais, apesar de seu produto ser inteiramente off-line, é a Coca-Cola. Em todas as suas ações percebemos um equilíbrio perfeito entre os dois ambientes, uma forma de se destacar no mercado e mostrar a personalidade da empresa, afinal, é uma marca para os jovens e, dessa forma, deve manter estilos de comunicação condizentes com esse público.

Outra forma de impulsionar a marca sem ter relacionamento com o produto pode ser o recurso ao **país de origem**. Nesse caso, como já mencionamos, a empresa procura impulsionar a personalidade da marca destacando seu país de origem e assim transmitir diferenciais que consigam um espaço de destaque na mente dos consumidores, como a irreverência dos brasileiros em suas propagandas de cerveja ou o elitismo francês nas propagandas do automóvel Citroën.

Mais um modo interessante de impulsionar a personalidade da marca, ou seja, de criar determinados gatilhos na mente do consumidor para que consigam identificar determinadas características que possam personificá-la, é estabelecer relações (intencionais ou não) com a **identidade do CEO**. Isso é interessante, porque muitas vezes existe uma forte percepção da associação entre o principal executivo da marca ou seu fundador e o produto ou empresa. É o caso da Disney. Observe que não conseguimos desvincular da marca a imagem de seu fundador, o artista Walt Disney, com toda sua criatividade e foco nas crianças. A mesma associação vale para Steve Jobs e toda a inovação proposta para a Apple; a irreverência de Richard Branson com o grupo Virgin; o SBT com a imagem de Silvio Santos.

Nesses casos temos os fundadores das empresas, mas os principais executivos também têm lugar de destaque, como Lee Iacoca, que ficou conhecido como o principal executivo e responsável pelo ressurgimento da Chrysler nos anos 1980. Ele aparecia nas campanhas publicitárias garantindo a qualidade da marca, que tentava se reerguer em meio à turbulência da economia norte-americana. Ainda podemos citar Jack Welch, da General Eletric, eleito o melhor executivo do século XX, como símbolo de eficiência administrativa, e o brasileiro Carlos Gosh, CEO da Nissan-Renault, que ficou conhecido no Japão como um verdadeiro samurai, capaz de romper com as amarras de uma cultura engessada em termos de administração e gestão de pessoas. São pessoas importantes, que ajudaram a impulsionar a personalidade das marcas e praticamente se tornaram sinônimo de determinados atributos das respectivas organizações.

E podemos citar ainda os casos de empresas que usam um **endossante célebre**, figuras conhecidas do público, para trazer características de personalidade para sua marca. Talvez um dos ícones mais famosos nesse quesito tenha sido Michael Jordan e sua parceria vencedora com a Nike. Essa parceria foi responsável por elevar a empresa de mediana e regionalizada a uma das maiores do mundo. O astro do basquete conseguiu transmitir, melhor que ninguém, os conceitos de vitória para a marca. Também temos o glamour de Gisele Bündchen, que transmite sofisticação a todas as marcas que representa, desde a famosa Victoria's Secret até empresas de TV a cabo. Ou então a irreverência, e também o senso de vitória, que notamos nas campanhas capitaneadas pelo craque Neymar. Enfim, é dessa forma que as organizações podem usar de personalidades fortes em determinada categoria para impulsionar a personalidade da marca.

Agora que falamos sobre os impulsionadores de personalidade da marca, devemos nos concentrar nas vantagens que essas estratégias proporcionam para as empresas.

5.1.4 Vantagens de construir a personalidade da marca

Em vários momentos você percebeu o valor de construir a personalidade da marca e o investimento nessa construção. Porém, como nosso objetivo é fornecer ferramentas e reflexões estratégicas para sua tomada de decisão, faremos um apanhado, ou um *review*, das vantagens existentes em construir a personalidade da marca. Vamos a elas.

Melhora a percepção da marca – quando pensamos nesse aspecto, podemos dizer que se trata da forma pela qual os consumidores identificam os diferenciais de uma organização durante a compra. De forma simplificada, é como percebem as mensagens e estímulos que uma marca lhes oferece para que possam criar uma imagem idealizada dos diferenciais dela ou, como já mencionamos, é a personificação da marca. Para que você possa entender um pouco melhor essa percepção, citamos a estratégia interessante de determinada empresa, que usa aromas específicos em seu ponto de venda para criar uma percepção favorável dos consumidores em relação a determinados atributos da marca. Ao fazê-lo, ela está deixando pistas ou estímulos para atingir tal objetivo.

Pensando nessa criação de percepções que ajudam as marcas a se diferenciarem de seus concorrentes, quando uma marca possui uma personalidade ímpar no mercado, auxilia em todo o processo mercadológico, nas decisões dos consumidores e na comunicação da empresa. Uma personalidade forte ajuda na criação de metáforas adequadas para que os consumidores consigam entender o que a marca pode representar para eles, como a leveza de uma cerveja Bud Light ou a robustez de uma moto Harley-Davidson. Note que, pelo fato de terem uma identidade forte no mercado, essas marcas conseguem com mais facilidade criar uma percepção positiva em seu mercado-alvo. Talvez marcas que não tenham essa personalidade adequada encontrem maiores dificuldades em estabelecer relações com seus consumidores e criar percepções favoráveis no mercado. Assim, percepções fortes servem como um gatilho no sentido de fazer vir à mente dos consumidores os atributos da empresa.

Ainda tendo como base as percepções, não podemos deixar de mencionar que uma personalidade bem construída estrategicamente permite a uma marca explorar a possibilidade de transmitir sentimentos diferenciados aos consumidores. Como já mencionamos, marcas são organismos vivos e, consequentemente, com sentimentos. E quando conseguem expressar seus sentimentos em campanhas publicitárias, isso faz com que elas se "humanizem", o que gera a empatia tão buscada pelas empresas atualmente.

Assim, quando a empresa tem personalidade forte ou investe no desenvolvimento de formas de personificar uma marca, ela consegue aumentar a percepção dos consumidores em relação aos sentimentos que pretende transmitir em suas campanhas. Um dos maiores virais que presenciamos foi a campanha "Retratos da real beleza", do sabonete Dove, que mostrou em vários momentos que as mulheres devem se valorizar mais e até abordou a questão da baixa autoestima de algumas delas. O sucesso desse viral somente foi possível pelo fato de seu

Capítulo 5 • Personalidade da marca

conteúdo ser carregado de emoção. Pesquisadores que estudam por que algumas mensagens viralizam mais que outras constataram que as carregadas de emoção têm maior potencial de proliferar nas redes sociais.

Mas será que essa campanha conseguiria tanto sucesso se a empresa não tivesse anteriormente desenvolvido a estratégia de criar uma personalidade para a marca Dove? Será que os consumidores conseguiriam relacionar a campanha à marca se sua percepção não tivesse sido desenvolvida com esse objetivo? Talvez a empatia que a marca transmite não obtivesse tamanho sucesso se a personalidade do Dove não estivesse fortemente sedimentada na mente dos consumidores.

Portanto, um dos primeiros motivos de criar, investir e desenvolver a personalidade da marca está relacionado ao aumento potencial que essa estratégia permite na percepção dos consumidores. Em mercados cada vez mais competitivos como o nosso, no qual em muitas situações a empresa tem apenas alguns segundos para chamar a atenção dos consumidores, ter um estímulo à percepção dos consumidores pode ser uma excelente ferramenta de marketing.

E também se pensarmos que, segundo estudos de economia comportamental, cerca de 95% das compras são tomadas no subconsciente, ou seja, no piloto automático, uma percepção forte dos consumidores, trabalhada por meio de uma personalidade bem delimitada, pode favorecer e muito as empresas, isso porque basta um pequeno estímulo para que a marca seja lembrada. É a força da percepção.

Diferenciação – talvez este seja o argumento mais lógico ao pensar em investir na personalidade da marca, haja vista que a diferenciação é aquilo que a maioria das empresas busca no momento de desenvolver produtos, não é mesmo? É isso mesmo. Note que a maioria dos produtos atualmente tendem à "comoditização", isto é, tendem a se tornar *commodities*: produtos fabricados em grandes quantidades sem muita diferenciação de um para o outro. Isso ocorre, entre tantos outros motivos, devido aos avanços tecnológicos, que permitem que pequenas marcas possam criar produtos quase tão bons quanto os de marcas líderes. No entanto, por que, apesar de em termos técnicos os produtos serem praticamente os mesmos, preferimos as marcas fortes?

Preferimos as marcas fortes porque elas ajudam a nos diferenciar das demais pessoas da sociedade, mostram nossa imagem, seja aquela que temos ou a que gostaríamos de ter. Assim, quando uma marca tem uma identidade forte, clara e de fácil entendimento por parte dos consumidores, esse papel diferenciador fica mais evidente. Além disso, auxilia a marca a se diferenciar de seus concorrentes e a fixar um espaço em determinada categoria de produto. Ela consegue demonstrar ao mercado que não é apenas mais uma marca, mas... a marca.

É interessante destacar esse papel diferenciador em determinados mercados. Em algumas categorias, os produtos são tão parecidos que dificilmente os consumidores conseguem notar diferença entre eles. É nesse ponto que entram as marcas e sua personalidade. Veja o caso das palhas de aço. Qual a diferença de uma para outra? Pode ser que alguém note, mas eu sinceramente não vejo diferencial algum. Então por que, independentemente dessa identificação, muitos preferem Bombril? Pelo fato de que sua personalidade está muito ligada aos consumidores no mercado brasileiro. Sua campanha inicial – "Bombril: 1001 utilidades" – tinha uma personalidade cativante e companheira, ou seja, "em qualquer situação que precisar de nós (a empresa), estaremos disponíveis para ajudar". E usava um personagem símbolo para personificar a marca – o ator Carlos Moreno –, que conseguia passar sua simplicidade e doçura para a marca e a ajudou não apenas a se diferenciar no mercado como a tornar-se sinônimo de categoria de produto.

Comunicação – ter personalidade pode ajudar na comunicação da marca, do produto ou da empresa? Sem dúvida alguma, pois, se pensarmos que o investimento em personalidade ajuda os consumidores a entender os aspectos tangíveis e intangíveis de um produto e possibilita a habilidade de personificar determinados atributos, o simples fato de entendermos com mais clareza a que uma marca se destina é, sem dúvida, um facilitador desse processo, ainda mais se pensarmos que com a fragmentação da mídia está cada dia mais difícil ter a atenção dos consumidores.

Podemos rapidamente entender como um processo de mão dupla a relação entre a personalidade da marca e sua comunicação. Como? Simples, note que o objetivo de criar a personalidade da marca é mostrar aos consumidores como ela pensa e age em determinadas situações, conseguindo demonstrar esses atributos por meio da comunicação da empresa. E reiterando: quando a marca tem uma personalidade sólida no mercado, seu processo de comunicação é facilitado.

Capítulo 5 • Personalidade da marca

PREFERIMOS AS MARCAS FORTES PORQUE ELAS AJUDAM A NOS DIFERENCIAR DAS DEMAIS PESSOAS DA SOCIEDADE, MOSTRAM NOSSA IMAGEM, SEJA AQUELA QUE TEMOS OU A QUE GOSTARÍAMOS DE TER. ASSIM, QUANDO UMA MARCA TEM UMA IDENTIDADE FORTE, CLARA E DE FÁCIL ENTENDIMENTO POR PARTE DOS CONSUMIDORES, ESSE PAPEL DIFERENCIADOR FICA MAIS EVIDENTE.

A imagem de jovialidade da Pepsi, com seu slogan "O sabor na nova geração", só foi consolidada por meio de um intenso programa de comunicação, que remonta à década de 1980. Após esse entendimento por parte do mercado, fruto de um intenso trabalho de comunicação, ficou mais fácil as pessoas perceberem essa personalidade, ou seja, hoje a empresa não precisa explicar aos consumidores o motivo de seu posicionamento, eles entendem isso de forma mais fácil, o que ajuda no processo de comunicação.

Veja a propaganda da Pepsi:

Pensando dessa forma e tendo em vista o contexto em que as empresas atuam, no qual existem muitos meios de comunicação brigando pela atenção do consumidor, as marcas que tiverem uma personalidade forte e sólida mercadologicamente terão maior chance de vencer no mercado e de os consumidores entenderem seus diferenciais em relação à concorrência, motivos que poderão levá-los a adquirir seus produtos.

Autoexpressão – consumimos produtos que demonstrem certas características que temos ou gostaríamos de ter. Quando uma empresa investe na criação de uma personalidade para sua marca, ajuda seus consumidores a se identificar com ela, usando determinados produtos para se expressar junto a seus pares.

Tudo isso é pensar estrategicamente no gerenciamento da marca. Se sabemos que todo dia a marca necessita "brigar" para ter espaço na mente dos consumidores, que esses mesmos consumidores buscam determinadas marcas que possam demonstrar suas características e, mais ainda, que a personalidade da marca consegue transmitir ou personificar seus atributos – esses três parâmetros acabam por convergir de forma eficiente para o fortalecimento da marca.

Veja a propaganda Open your world – Heineken:

Veja o caso da cerveja Heineken. Seu slogan – "Open your world" – remete a uma cerveja para pessoas de mente aberta, globalizadas e modernas. Com esse posicionamento estratégico, a cervejaria busca em todas as campanhas publicitárias destacar esses atributos de sua personalidade e, com esse investimento que identifica seus consumidores,

Capítulo 5 • Personalidade da marca

acaba por ser uma das marcas preferidas pelos jovens, que procuram demonstrar como se expressam por meio do consumo do produto. Assim, toda vez que presenciamos um consumidor com a famosa garrafa verde, diferente da dos concorrentes, já imaginamos que se trata de uma pessoa moderna, que busca sabor, inovação e estilo. É o que podemos entender como a forma que os consumidores usam para, por meio de marcas, mostrarem de que grupo fazem parte e quais são suas características como membros desse grupo. Assim, a Puma, que tem entre suas características de personalidade de marca o estilo "esporte moderno", transmite essas características a seus usuários, e quanto mais as pessoas usam a marca, maior é o fortalecimento do posicionamento da empresa. Consequentemente, sua personalidade vai ficando mais forte no mercado.

É o que podemos afirmar como o círculo virtuoso da marca: as pessoas usam determinados produtos para se expressar, demonstrando sua personalidade em sinergia com a marca.

Relacionamentos – a cada dia que passa as empresas começam a entender a importância dos relacionamentos para seu fortalecimento e consequentemente o de uma marca. Não existe a possibilidade de uma empresa ser tratada como um organismo único, sem interdependência com seus principais agentes, pois é um organismo dentro de um sistema maior, no qual todos estão se relacionando, influenciando-se e sendo influenciados. Quando pensamos nesses agentes que influenciam uma empresa, estamos nos referindo aos stakeholders, ou seja, todos aqueles que têm interesse nela, e é preciso considerar que a organização também tem seus próprios interesses – fornecedores, distribuidores, órgãos da imprensa, funcionários, acionistas, governo, agências de publicidade e propaganda, transportadora –, entre tantos outros agentes com os quais se relaciona, diretos ou não.

Quando uma empresa mantém fortes relacionamentos com esses agentes, consegue potencializar esses relacionamentos e, assim, manter uma vantagem competitiva no mercado, porque todos esses agentes "darão um pouco mais de si" para ajudar a empresa que se preocupa com eles.

Tendo em vista a importância desses agentes para agregar valor para uma empresa e consequentemente garantir maior vantagem competitiva, deve-se observar que a personalidade da marca dará fortes indícios de como ela se relaciona com esses agentes. É o que conhecemos como marcas que são parceiras de seus agentes, empresas que se preocupam com seus colaboradores ou até aquelas que se preocupam com a qualidade de seus produtos. A Toyota ficou conhecida como a empresa com os melhores padrões de qualidade do mercado, portanto tinha uma personalidade voltada à seriedade em seus padrões de fabricação e à preocupação com seus stakeholders em relação aos seus preceitos. Essa preocupação, ou seu norte, estava clara em todos os seus relacionamentos, fosse com fornecedores, distribuidores ou acionistas. É sua personalidade direcionando suas ações de mercado – claro que essa personalidade, como já dissemos, é fruto dos preceitos da empresa, de como ela pensa, de sua cultura e valores.

No Brasil também há várias empresas que se preocupam com qualidade, não apenas dos produtos, mas do relacionamento com seus parceiros. Cada vez mais encontramos empresas que procuram treinar seus fornecedores para que possam ter os melhores padrões de qualidade, como no caso da Bosch, que tem como um de seus preceitos realizar treinamento de fornecedores, dentro da própria empresa. É uma preocupação da empresa que seus parceiros possam crescer junto com ela. Nesse relacionamento podemos perceber seriedade em termos de personalidade de marca.

Outras empresas também se destacam devido à preocupação com seus colaboradores e com a sociedade em que estão inseridas. Como exemplo podemos citar a Unilever, com seus vários programas sociais financiados em mercado brasileiro, como o Vôlei Social Unilever, destinado ao incentivo da prática de esportes para jovens carentes no Rio de Janeiro e no Paraná; o programa Kibon no Morro do Alemão, que visa ao desenvolvimento de projetos comunitários nessa comunidade, do Rio de Janeiro; e o Ame o Coração, que contempla atividades presenciais e virtuais focadas na prevenção de doenças cardiovasculares. Essas ações da Unilever conseguem fortalecer a imagem da empresa, e consequentemente sua personalidade, como uma organização preocupada com a sociedade na qual está inserida.

Empresas que investem nessas características de sua personalidade de marca conseguem importantes vantagens competitivas. Se pensarmos que as empresas estão a cada dia mais "parecidas" umas com as outras, ou seja, que os diferencias são pouco percebidos, cabe às empresas dar um passo além. Melhorar sua imagem por meio de projetos que, além de satisfazer as necessidades básicas dos consumidores, consigam beneficiar a sociedade. É isso que os consumidores começam a procurar, e quando uma empresa consegue se vincular a esses diferenciais, ajuda a personificar esses relacionamentos, contribui com a personalidade da marca e cria uma marca forte no mercado.

Símbolos – que os símbolos são uma forma estratégica no sentido de criar gatilhos que façam com que os consumidores possam identificar uma marca em determinado contexto, não resta dúvida alguma. Eles servem como forma de criar associações sólidas para uma marca, ou seja, ajuda os consumidores a, em certo sentido, tornar tangíveis os atributos de uma marca e consequentemente seu relacionamento com o mercado, em nosso caso, sua personalidade.

Assim como aconteceu nos itens anteriores, temos uma sinergia entre a vantagem de criar símbolos fortes para uma marca e o investimento em sua personalidade, visto que uma personalidade forte serve para melhorar as imagens visuais que uma marca deseja passar aos consumidores, e os símbolos conseguem criar gatilhos para que eles possam entender a personalidade da marca. Ambos devem estar em constante sinergia para que a empresa possa se destacar no mercado e demonstrar como é seu relacionamento com interessados na empresa.

Um exemplo que nos possibilita entender como um símbolo pode representar a personalidade da marca e consequentemente potencializar sua personalidade é a Unilever. O "U" estilizado com símbolos que aparece em cada uma das imagens da marca significa uma linha de produtos e os relacionamentos que a empresa possui. O símbolo da tigela indica refeições prontas; a flor, cremes; a mão, sensibilidade; a abelha, a criação, a polinização, o trabalho árduo e a biodiversidade; corações, amor, cuidado e saúde, entre outros.

Outra empresa que podemos destacar nesse processo é a Nestlé, representada pelo ninho com um passarinho sendo alimentado pela mãe. Isso ocorre porque Nestlé, em alemão, significa pequeno ninho. E, como personalidade de marca, é uma forma de demonstrar os valores da empresa, como segurança, maternidade e afeição, o que é perfeito quando pensamos em uma marca de produtos alimentícios.

Também, nesse caso, podemos pensar em símbolos que podem transmitir a personalidade da marca, como as orelhas do Mickey Mouse, que estão presentes em todas as mensagens da Disney, uma forma de criar um símbolo marcante e de fácil identificação por parte dos consumidores da personalidade da marca, o famoso mundo da fantasia.

Como podemos notar, os símbolos são importantes para criar gatilhos para que os consumidores possam identificar uma marca com maior facilidade e, se forem bem trabalhados, em um processo de sinergia, ajuda-os a entender a personalidade da marca, sejam os símbolos demarcados por meio de logotipo (como a concha da Shell), grafia (como a Coca-Cola) ou personagens símbolos (garoto da Bombril). Todos eles ajudam as organizações a demonstrar seus diferenciais e sua personalidade.

Extensões de linha e marca – em mercados cada vez mais competitivos, uma das estratégias mais usuais é a das extensões de linha e de marca. Quando tratamos de extensão de linha, podemos considerar as estratégias nas quais as empresas usam a força de um produto no mercado e lançam variações dele para atender a outros segmentos de mercado. É o caso da Coca-Cola e sua infinidade de tamanhos de embalagens; as linhas de automóvel com modelos que vão dos mais simples aos mais luxuosos; as variações de modelos de celulares, entre tantos outros exemplos.

Já quando falamos das extensões de marca, referimo-nos às estratégias nas quais uma empresa usa uma marca vencedora em produtos de linhas diferentes, como a marca de chocolate Chokito com todas as suas variações em termos da marca, que vão desde o tradicional chocolate até sorvetes e bolachas. Ou os grandes conglomerados orientais, como a Mitsubishi, que serve de guarda-chuva para uma infinidade de unidades estratégicas de negócio da organização, como automóveis e aparelhos eletroeletrônicos.

> Como a personalidade da marca pode ajudar nesse processo? Bem, é claro que não é apenas a personalidade da marca que pode auxiliar. Para ter sucesso nessa abordagem é importante que a empresa mantenha o mesmo padrão de qualidade em todos os produtos da marca, porque é isso que os consumidores esperam.

Como a personalidade da marca pode ajudar nesse processo? Bem, é claro que não é apenas a personalidade da marca que pode auxiliar. Para ter sucesso nessa abordagem é importante que a empresa mantenha o mesmo padrão de qualidade em todos os produtos da marca, porque é isso que os consumidores esperam. Caso o produto "filhote" desse processo não atenda àquilo que o consumidor espera, poderá contaminar todos os demais produtos da empresa.

Em relação à contribuição da personalidade da marca, podemos dizer que quando ela é marcante e os consumidores se identificam com ela, isso ajuda em todo o processo de comunicação, pois pode facilitar o entendimento do que a marca está disposta a oferecer e do fato de que ela deseja manter um relacionamento com seus consumidores. Assim, com a criatividade marcante de uma Apple, fica mais fácil para os consumidores entenderem que todos os produtos lançados pela marca terão uma identidade criativa e inovadora. Quando somos abordados por uma estratégia de comunicação da Nike referente à extensão de produto ou de marca, consideramos sua personalidade central – saúde e vitória – automaticamente.

Portanto, se a marca desenvolve uma estratégia adequada em torno de sua personalidade, podemos compreender que, desde que esteja bem delimitada no mercado, ela pode ser uma forma de "cortar caminho" para estabelecer conexões na mente do consumidor.

Conexões – talvez esta seja uma das maiores vantagens em pensar em estratégias de personalidade da marca: conexão com os consumidores. Muitas empresas investem grande parte de seus recursos com esse objetivo, ou seja, desejam estabelecer vínculos emocionais com seu público-alvo.

Se uma empresa tem personalidade marcante, ela consegue um compromisso pessoal com os consumidores. Quando eles enxergam características pessoais nela, como se realmente fosse uma pessoa, a chance de empatia é maior. E, se isso acontecer, eles acabam se tornando verdadeiros torcedores da marca. São aqueles que, além de serem clientes fiéis, ainda procuram convencer os outros de que a marca é a mais adequada.

Quando as conexões com os consumidores se tornam fortes, podemos dizer que é criada certa intimidade entre as partes. Não existem aquelas marcas que consideramos parte de nossa vida? Não existem marcas para as quais criamos marcadores somáticos que nos trazem à mente determinados momentos de nossa vida, principalmente quando essas marcas estavam presentes em situações marcantes, como uma festa de aniversário, o primeiro beijo no cinema, a formatura na faculdade? Isso é o que compreendemos como criação de vínculos emocionais duradouros. Porém, a empresa precisa criar e manter esses vínculos, seja por meio de suas campanhas publicitárias ou dos relacionamentos digitais que mantém com os consumidores.

Essas marcas que criam fortes conexões com seus consumidores, ou, como falamos exaustivamente no decorrer desse capítulo, conseguem personificar seus atributos, são aquelas com as quais eles serão mais compreensíveis nos momentos de erro. Quando uma marca que consegue personificar suas qualidades e sua cultura ao mercado de maneira adequada eventualmente cometer um erro, os clientes ficarão mais propensos a relevar a falha, desde que ela o reconheça e faça todo o esforço para que nada similar volte a ocorrer.

Note que essa humildade é um traço de personalidade que está presente em algumas marcas. Para estas, desde que o erro possa ser corrigido em tempo hábil, que a empresa se esforce para tal e tome todas as providências para evitar recorrência, os consumidores sentirão empatia pela marca e compreenderão que todo mundo pode errar em algum momento, inclusive as marcas.

Assim terminamos este capítulo sobre personalidade da marca, e nesse ponto devemos frisar que independentemente do porte ou do segmento de sua organização, toda marca tem uma personalidade, afinal as corporações são feitas por pessoas e para as pessoas e, assim, essas características ou a forma de relacionamento com o mercado serão demonstradas em todas as suas ações, quer você queira ou não. Portanto, cuide muito bem da personalidade de sua marca, gerencie-a de forma estratégica, pois assim a empresa terá somente ganhos para garantir sua perpetuação no mercado.

ESTUDO  DE CASO

Como criar uma atmosfera de marca envolvente?

Pontos de venda, vitrines e produtos devem ser flexíveis e acompanhar mudanças. Empresas buscam compreender as demandas dos seus consumidores para criar seus manifestos

Com a enxurrada de lojas vendendo produtos semelhantes no varejo, um dos pontos determinantes na conquista do consumidor passa a ser a experiência ofertada pela marca. Para se aproximar de forma relevante de um público que busca identificação, as empresas investem em pesquisas para entender o que os clientes esperam especificamente de cada marca. O que é comercializado, seja roupa, cosmético, calçado, sanduíche ou iogurte, torna-se cada vez mais commodity. O diferencial fica a critério da personalidade adotada por cada empresa, que vai ao encontro dos ideais pessoais do seu target, fazendo com que se aproprie do manifesto da companhia.

A construção da atmosfera gerada entre a empresa e o consumidor acontece desde a escolha das cores utilizadas na loja, a configuração da vitrine, o posicionamento nos canais online, até a reformulação dos produtos propriamente ditos. O caminho para se estruturar como ícone no segmento, cada vez mais, passa pela personalização adequada ao DNA da marca.

O McDonald's já faz isso há anos, personalizando seu cardápio e restaurantes de acordo com os diferentes mercados em que atua. Na Índia, por exemplo, a rede não vende carne bovina; em alguns países da Europa, inclui bebidas alcóolicas no cardápio; e, no Brasil, tem o sabor banana como opção de torta. Dependendo da localidade, as lojas podem assumir aparência de bistrôs, cafés ou salões mais informais.

A tendência é que a pasteurização de layouts, embalagens, apresentações e pontos de venda dê cada vez mais lugar a projetos feitos sob medida. "Passamos pela moda das lojas brancas, depois, das lojas com pontos de cor, mas a melhor moda é olhar para dentro e fazer aquilo que funciona para o seu negócio, sem seguir receitas pré-elaboradas", diz Marcela Martins, sócia da Quiero Atmosfera de Marca, em entrevista à TV Mundo do Marketing.

Reformulação para sobreviver

A febre dos frozen yogurts chegou ao Brasil há quase uma década e acabou se espalhando pelas praças de alimentação, e a gama de marcas especializadas na venda do doce se multiplicou no modelo de franquias. Quase com a mesma rapidez que estas empresas surgiram, fecharam as portas por falta de rentabilização do negócio. A identidade visual das redes era bem semelhante: visual clean para o ambiente, que servia iogurte natural branco e gelado, acompanhado por complementos como frutas, confeitos e caldas.

Para fugir da obsolescência, a marca Yoggi investiu em atmosfera de marca, com mudanças na decoração das lojas e também adaptação do portfólio de produtos da empresa. O iogurte, carro-chefe, ganhou máquinas de autosserviço e passou a ser vendido por peso. O produto conta agora com sabores que vão além do tradicional, como jabuticaba, paçoca, graviola, chocolate belga e limão. "Resgatamos o que havia de mais importante no DNA da marca, pois não queríamos colocar um conceito que não fizesse sentido goela abaixo do consumidor. Apostamos com o Yoggy no antibege, resgatando cartelas de cores que têm a ver com a empresa, como o roxo na identidade visual e os produtos também coloridos", conta Carolina Fernandes, Sócia da Quiero Atmosfera de Marca, em entrevista à TV Mundo do Marketing.

A empresa abriu ainda uma nova bandeira, a Yoggi Desigual, que expandiu o mix de produtos com cookies, bolos e lanches produzidos à base de ingredientes naturais, como óleo de palma, açúcar mascavo e trigo integral. A primeira unidade com o conceito está em funcionamento no Shopping da Gávea, na Zona Sul do Rio de Janeiro. "A nova proposta de valor é um reposicionamento da marca como um todo, que deixa de ser um local de venda de frozen yogurt para ser o paraíso das comidinhas e do prazer sem culpa", diz Carolina Fernandes.

Falar com o consumidor nos seus diferentes momentos

Uma das principais características que as marcas precisam desenvolver é a capacidade de se reinventarem. Para conseguir essa flexibilidade, é necessário ter uma visão clara de como são percebidas pelos clientes e qual o comportamento de consumo deles.

A partir da imagem que já está construída, é possível definir a direção das mudanças a serem tomadas. "É o consumidor quem libera as suas demandas de ordem tangível e também intangível com relação à marca. É algo genérico, subjetivo e ao mesmo tempo profundo, porque passa pela compreensão do que o cliente quer da sua vida. A partir daí, definimos uma causa para a companhia", comenta Marcela Martins.

A grande preocupação do varejo é oferecer a maior gama possível de produtos para suprir as mais variadas necessidades dos clientes. A meta é adaptar não somente o ponto de venda, mas também a comunicação para dialogar

Capítulo 5 • Personalidade da marca

com o consumidor nas mais diversas situações do seu dia a dia. "Nós mudamos de humor várias vezes. Acordamos românticas, ao longo do dia somos práticas e à noite ficamos rock'n'roll. Uma marca que atenda apenas pessoas sexys não se sustentará, porque, se o posicionamento for esse, a empresa vai conseguir atender apenas a um aspecto da vida do cliente", diz Carolina Fernandes.

INVESTIMENTOS NO PDV APESAR DO ON-LINE

Mesmo com a popularização do e-commerce, a loja física mantém a sua importância na construção da marca, sendo um agente na difusão dos seus propósitos. Para que esta tarefa seja desempenhada com sucesso, todos os elementos da loja física precisam estar em sintonia. "O ponto de venda mudo e antiquado, esse sim morreu. Vemos cada vez mais uma loja com interação", diz Marcela Martins.

O caminho é estabelecer uma relação de troca com o cliente durante sua jornada de compras. Para atrair a atenção do público-alvo, a Via Mia investe em estímulos sensoriais, em parte proporcionados pela cenografia dos seus pontos de venda. A intenção é construir um ambiente que transmita o universo da marca desde a vitrine, passando pelos produtos até o mobiliário. "Desenvolvemos o visual merchandising para o cliente ser atraído porque a comunicação o está chamando. Ao entrar na loja, o produto conversa com o consumidor por estar disponível ao toque e à experimentação", avalia Carolina Fernandes.

Se a loja for trabalhada para a construção da marca, ela pode inclusive trazer para o ambiente físico clientes que têm o hábito de comprar na internet. Uma tendência é a hibridização entre as tecnologias online e o ponto de venda. "A fusão entre o online e o físico torna a marca ainda mais atual. O virtual não vai substituir o real. Temos lojas cada vez mais incríveis, onde é possível usar o digital para produzir experiências presenciais, por meio de aplicativos que interagem com gôndolas e provadores", aponta Carolina Fernandes.

Fonte: MEDEIROS, L. Como criar uma atmosfera de marca envolvente? *Mundo do marketing*, set. 2014. Disponível em: <http://www.mundodomarketing.com.br/reportagens/marca/31592/como-criar-uma-atmosfera-de-marca-envolvente.html>. Acesso em: nov. 2016.

VAMOS TESTAR SEUS CONHECIMENTOS?

1 Como acompanhamos, uma marca é um organismo vivo e, como tal, tem características distintas que a tornam diferente das demais. Esse conjunto de características foram nomeadas de personalidade da marca. Pensando em termos das decisões que um gestor mercadológico deve tomar, qual a importância de entender a personalidade da marca para uma adequada gestão de marca de uma empresa? Como você justificaria o investimento de uma organização para desenvolver a personalidade de uma marca?

2 Pensando em termos do processo sinérgico que o departamento de marketing realiza e em sua relação com as demais estratégias mercadológicas de uma empresa, estabeleça o relacionamento da segmentação de mercado, comportamento do consumidor e posicionamento mercadológico com o processo de personalidade da marca. Imagine uma empresa que você conheça, delimite sua personalidade e estabeleça as relações propostas.

3 Como podemos acompanhar neste capítulo, existem vários tipos de personalidade de uma marca, cada uma com características distintas. Conceitue cada um deles. Em seguida, use exemplos de mercado para ilustrar cada tipo de personalidade.

4 Imagine que você foi contratado como gestor de uma marca de refrigerante de alcance nacional. Com base no processo que explicamos no capítulo para desenvolver uma personalidade da marca, elabore um semelhante para a fictícia empresa de refrigerante.

5 Com base no texto usado para ilustrar este capítulo, faça um texto argumentativo e estabeleça as relações entre as estratégias citadas no artigo e o processo de identidade da marca.

6

Brand equity

APRESENTAÇÃO

Brand equity é o conjunto de recursos e atributos relacionados a uma marca. Não se trata apenas do faturamento da empresa mas de todo seu valor de mercado. Quando falamos em brand equity, devemos levar em conta atributos como faturamento, lealdade dos clientes, capacidade de uma marca ser reconhecida pelo público-alvo, qualidade de produtos e todas as demais associações que a marca carrega e que remetem ao público e aos stakeholders.

OBJETIVOS

Explicar o conceito de brand equity e sua importância para as organizações no sentido de poderem contabilizar e entender qual seu valor de mercado. Veremos ainda quais componentes devem ser analisados para compormos o valor de uma marca.

6.1 BRAND EQUITY

Nos capítulos anteriores vimos o que é marca e sua importância para as organizações. Analisamos o composto de marca, ou seja, todos os atributos que podemos trabalhar para que ela consiga transmitir, de forma efetiva, os diferenciais competitivos da empresa. Apresentamos o papel das marcas no composto mercadológico de uma empresa e como devem ser harmoniosamente relacionadas com os demais componentes do marketing mix e do pensamento mercadológico de uma organização. Ainda discutimos como uma empresa pode, e deve, pensar em formas de criar uma identidade distinta para sua marca, no sentido de se diferenciar de seus concorrentes de mercado. Por último, explicamos por que uma empresa deve, estrategicamente falando, personificar os atributos de uma marca para transmitir seus valores e diferenciais de forma mais eficaz ao seu público-alvo.

Após todo esse processo, que compõe aproximadamente a metade do livro, podemos notar que ele deve ser estrategicamente pensado, em termos da organização como um todo, e pensado de forma holística com relação aos componentes de marca a fim de que todo esse esforço mercadológico possa contribuir para que uma empresa consiga estabelecer diferenciais competitivos. Também devemos ter em mente que todo esse processo faz com que uma marca tenha um valor maior de mercado. Assim, concluímos que todo esse processo acaba por tornar uma marca forte, ou valiosa. Mas quanto vale uma marca? Como podemos entender o valor de uma marca no mercado depois de trabalharmos todo o processo descrito? Bem, é isso que veremos neste capítulo. Discutiremos o que é valor da marca, que no mercado é o que conhecemos como brand equity.

Podemos conceituar o valor da marca (brand equity) como o conjunto de recursos e atributos relacionados a uma marca. Não é apenas faturamento da empresa, como já dissemos na Apresentação, mas o valor de uma marca no mercado. Por exemplo, qual valor da marca Apple no mercado? Qual o valor de suas ações? O quanto ela fatura em determinado exercício? Sim, esses quesitos deverão ser levados em consideração, mas não apenas eles. É preciso considerar outros fatores que podem levar a um crescimento sustentável da empresa. Trata-se de atributos relacionados ao faturamento, como também já mencionamos, além de lealdade dos clientes, capacidade de uma marca ser reconhecida pelo público-alvo, a qualidade dos produtos, as associações que uma marca pode trazer consigo. Com base no somatório de tudo isso é que podemos chegar ao valor de uma marca no mercado. É considerando todos esses fatores que chegamos ao valor da marca Apple, que consiste em 180,1 bilhões de dólares, segundo o ranking da Interbrand.[1]

Portanto, expandindo o conceito, brand equity é o valor atribuído a uma marca referente a todos os recursos, ou um conjunto de ativos e passivos de uma empresa, que podem ser atribuídos aos bens e serviços de uma organização. É tudo aquilo que a marca possui de tangível e intangível, que proporciona um valor diferenciado ao mercado e contribui para o crescimento sustentável de uma empresa. Esses ativos e passivos de uma marca podem, de forma estratégica, refletir no modo como os consumidores pensam, sentem e agem em relação a ela. Sem dúvida alguma, esses fatores que agregam valor a uma marca são determinantes no sentido de influenciar o comportamento do consumidor no momento da compra e consequentemente todos os esforços de marketing da empresa.

---

1. INTERBRAND. Best global brands 2016 ranking. *Interbrand*, 2016. Disponível em: <http://interbrand.com/best-brands/best-global-brands/2016/ranking/>. Acesso em: 24 nov. 2016.

E, como um forte determinante de compra em termos das estratégias de marketing, o brand equity proporciona enormes benefícios a uma empresa, como a possibilidade de preços *premium*, afinal, as empresas que têm marca forte podem e devem cobrar preços diferenciados. Isso influencia sua participação de mercado e, consequentemente, sua lucratividade. Marcas com um valor de mercado superior são aquelas que conseguem transmitir, melhor que seus concorrentes, o verdadeiro valor que uma marca tem. E quando pensamos em valor da marca, podemos entender, de forma similar, a diferença entre o valor pago pelos consumidores em relação ao valor percebido.

Nas marcas fortes, o valor percebido é muito maior que o valor pago, visto que junto ao valor percebido temos muitos outros atributos intangíveis que os consumidores enxergam em uma marca.

Nas marcas fortes, o valor percebido é muito maior que o valor pago, visto que junto ao valor percebido temos muitos outros atributos intangíveis que os consumidores enxergam em uma marca. Os atributos intangíveis são todos os fatores que estudamos até o momento, como sua identidade, personalidade, relação com os consumidores, entre outros fatores que uma empresa espera entregar de valor aos seus consumidores-alvo. É o brand equity que irá determinar o valor que, com base nas estratégias exteriores, pode ser monetizado no mercado.

Bem, já que estamos tratando de brand equity, qual seria o valor das marcas no Brasil? Em 2015, a empresa Interbrand, com uma metodologia que inclui duas dimensões de análise – os consumidores e os dados financeiros – na busca de dados em relação à performance financeira da empresa, influência da marca na decisão de compra e força da marca em relação aos competidores, chegou aos valores indicados na tabela a seguir.

Tabela 6.1 Valor das marcas no Brasil

Posição	Empresa	Valor em bilhões de reais
1	Itaú	25.544
2	Bradesco	16.240
3	Skol	15.595
4	Brahma	10.268

Capítulo 6 • Brand equity

Posição	Empresa	Valor em bilhões de reais
5	Banco do Brasil	9.788
6	Natura	6.862
7	Petrobras	4.128
8	Antarctica	3.856
9	Vivo	2.630
10	BTG – Pactual	1.839
11	Cielo	1.630
12	Lojas Americanas	985
13	Renner	959
14	Ipiranga	915
15	Casas Bahia	811
16	Porto Seguro	619
17	Extra	587
18	Hering	584
19	Caixa	557
20	Havaianas	518

Fonte: As marcas brasileiras mais valiosas de 2015. *Época Negócios*, on-line, dez. 2015. Disponível em: <http://epocanegocios.globo.com/Empresa/noticia/2015/12/marcas-brasileiras-mais-valiosas-de-2015.html>. Acesso em: nov. 2016.

Essas são as marcas mais valiosas do mercado brasileiro, tendo o banco Itaú superado a marca de 25 bilhões de reais, quase 10 bilhões acima do segundo colocado, outro banco, o Bradesco. Também é interessante destacar que entre as 20 marcas, o setor bancário lidera, com cinco marcas entre as mais valiosas, talvez fruto da solidificação do setor, que passou por várias fusões e aquisições nos últimos anos, e também devido à solidez financeira que essas empresas têm, pois estão entre as mais rentáveis do mercado.

Outro ponto que devemos destacar é a força da Ambev, com suas três principais marcas entre as oito mais valiosas. Ao que tudo indica, podemos entender essas posições como resultado, além do fator financeiro, dos fatores mais importantes que conduziram essas marcas ao mercado – a influência na decisão de compra. Nesse ponto, não podemos deixar de considerar que essas marcas são as que mais investem em estratégias de marketing, têm foco nos consumidores, um posicionamento sólido em relação aos seus concorrentes e consequentemente um valor de marca superior ao deles.

Tendo como base os índices da Interbrand, quais seriam as marcas mais valiosas do mundo? Veja na tabela a seguir.

Tabela 6.2 Valor das marcas no mundo

Posição	Empresa	Valor em bilhões de dólares
1	Apple	178.119
2	Google	133.252
3	Coca-Cola	73.102
4	Microsoft	72.795
5	Toyota	53.580
6	IBM	52.580
7	Samsung	51.508
8	Amazon	50.338
9	Mercedes-Benz	43.490
10	G&E	43.130
11	BMW	41.535
12	McDonald's	39.391
13	Disney	38.790
14	Intel	36.952
15	Facebook	32.593
16	Cisco	30.948
17	Oracle	26.552
18	Nike	25.034
19	Louis Vuitton	23.998
20	H&M	22.681

Fonte: INTERBRAND, 2016.

Diferentemente do que ocorre no mercado brasileiro, no qual as instituições financeiras estão no topo das marcas mais valiosas, quando passamos ao nível global, a liderança está nas mãos de empresas de tecnologia, esteja esta empregada em produtos ou serviços, ou seja o próprio produto final. Ainda é interessante destacar – além da esmagadora

Capítulo 6 • Brand equity

vantagem da Apple em relação ao segundo colocado e, principalmente, ao terceiro, a Coca-Cola (que esteve na liderança desse ranking até dois anos atrás) –, que das 20 empresas mais valiosas do mundo, 11, ou seja, mais da metade está ligada à tecnologia. Se no Brasil temos três empresas de bebida entre as 20 mais valiosas, no mundo há apenas uma marca no ranking, mas... que marca! Também temos quatro montadoras, uma do ramo de fast-food, duas de moda e uma de entretenimento. Realmente uma lista bem mais concentrada do que notamos no mercado brasileiro, o que pode indicar, em uma análise simplificada, que esse ranking do valor das marcas apresenta algumas tendências de mercado, talvez um bom indício dos setores em que deveríamos investir e, nesse quesito, estamos um pouco atrasados.

Bem, como estamos falando do valor das marcas, vamos aprofundar um pouco mais nossos estudos.

6.2 ATIVOS DA MARCA

Para entender o valor das marcas, precisamos compreender o processo de gestão delas, o que chamamos de branding. Em tempo: brand é o conceito de marca; branding é a gestão da marca. Isso nos leva ao entendimento de que a gestão adequada de uma marca, o processo de criar, desenvolver e manter uma marca no mercado, resultará no brand equity, ou valor da marca. Essa é a relação, um branding melhor conduzirá a um valor superior da marca no mercado. Vamos a um exemplo para facilitar o entendimento desse processo: o Google.

Como acompanhamos na tabela anterior, segundo o Interbrand, o valor da marca Google no ano de 2016 foi de 133,5 bilhões de dólares. Um desempenho muito bom para uma empresa que foi criada em 1997 e que abriu suas ações no mercado em 2004. Esse desempenho superior da empresa é fruto de suas estratégias de branding, por meio das quais a empresa procura, em um processo sinérgico, criar, desenvolver e manter valor para sua marca e assim desenvolver fortes diferenciais competitivos de mercado.

Para entender o valor das marcas, precisamos compreender o processo de gestão delas, o que chamamos de branding. Em tempo: brand é o conceito de marca; branding é a gestão da marca.

Com essa estratégia, a empresa consegue ter um desempenho superior nos três quesitos basais da Interbrand: performance financeira, valor de mercado (nesse caso, em relação às suas ações, chegou ao valor de US$ 403,7 bilhões em julho de 2015), forma pela qual a marca é desenvolvida para influenciar a decisão de compra de seus consumidores e, consequentemente, ter vantagem competitiva em relação aos concorrentes. É interessante notar como o valor da marca Google cresce de forma exponencial, fruto dos quesitos já mencionados, como podemos acompanhar nos estudos da Interbrand.

Tabela 6.3 Crescimento da marca Google

Ano	Posição	Valor em bilhões de dólares
2000	-	-
2001	-	-
2002	-	-
2003	-	-
2004	-	-
2005	38	8.461
2006	24	12.376
2007	20	17.837
2008	10	25.590
2009	07	31.980
2010	04	43.557
2011	04	55.317
2012	04	69.726
2013	02	93.291
2014	02	107.439
2015	02	133.252
2016	02	133.150

Fonte: INTERBRAND, 2016.

Sem dúvida nenhuma temos um crescimento exponencial da marca. A empresa abriu seu capital apenas em 2004 e, em 2005, iniciou na 38ª posição da lista. Em apenas três anos já estava entre as 10 empresas mais valiosas do mundo, e depois, além de não sair mais do Top 10, mantendo-se por três anos consecutivos na 4ª posição, ainda chegou ao 2º lugar, atrás apenas da Apple e superando a Coca-Cola, que desde que esse ranking foi criado era a líder absoluta.

Capítulo 6 • Brand equity

Uma conjunção perfeita de valor de mercado e força da marca em relação a consumidores e mercado, um trabalho estratégico que acabou por tornar a empresa e consequentemente seu serviço sinônimo de categoria. Em vez de pedirmos a uma pessoa que faça determinada pesquisa, é mais fácil pedir para "dar um Google na internet". Nesse caso temos até mais do que um sinônimo da categoria, temos o ato de transformar uma marca em ação, uma ação das mais cotidianas no momento, o que transforma o Google em um verdadeiro ícone da internet.

A força dessa marca pode ser percebida pela sua página limpa e clara, na qual vemos apenas o nome da empresa e o espaço para seu mecanismo de busca. Essa simplicidade foi inovadora, porque na época de seu surgimento todos os buscadores da internet tinham sua página inicial muito poluída, com todos os serviços ou links que a empresa poderia oferecer. O Google foi contra a tendência, simplificou o acesso ao serviço a que se propunha: ser "apenas" um buscador de internet. Quanto mais a empresa simplificava seus serviços, maior acabava sendo seu número de clientes.

Com um pensamento estratégico de seu branding, sabe que todos os envolvidos em seus serviços são fundamentais para a construção de uma marca forte, assim, gerencia melhor que os concorrentes seus funcionários, com uma gestão moderna, que os valoriza, sendo por isso uma das empresas mais procuradas pelos jovens para se trabalhar. Todos querem fazer parte do Google.

É uma empresa que sempre procura se aperfeiçoar e pensa em novas possibilidades para o futuro. Seus buscadores oferecem cada vez mais melhorias para ajudar seus clientes e, ainda, a empresa investe constantemente em novos produtos. Assim, aumenta suas possibilidades de mercado. Além de ser hábil em entender as mudanças tecnológicas, como o mobile, ainda investe em outros tipos de produtos e tecnologia, como os automóveis que se locomovem sem motorista, que é sua nova investida.

Sem dúvida alguma é uma empresa que enxerga e aproveita as oportunidades de mercado que surgiram com as novas tecnologias e sabe, como os números demonstram, trabalhar estrategicamente seus ativos, tornando-se a segunda marca mais valiosa do mundo.

Todo esse valor de mercado que nomeamos de brand equity, como já destacamos, é o conjunto de ativos e passivos que é transformado em valor para a marca. Entendemos como ativos todos os bens e direitos de uma empresa. Já o passivo são todas as obrigações que ela tem em um determinado exercício. Nesse ponto iremos nos concentrar nos ativos, porque a gestão deles é que será responsável por determinar o valor da marca. Podemos classificá-los como ativos tangíveis e intangíveis.

6.2.1 Ativos tangíveis

São os bens físicos que uma empresa possui e que são necessários para que ela consiga entregar valor a seus consumidores, o que em determinados mercados pode ser considerada uma vantagem competitiva. Engloba máquinas, equipamentos, prédios, estoque, fábricas, entre outros aspectos tangíveis que auxiliam seus processos produtivos. É um determinante de vantagem competitiva porque, em alguns mercados, se uma organização não tiver ativos tangíveis superiores, não conseguirá sobreviver, como uma montadora ou outras empresas de produtos tangíveis. Porém, isso vale não apenas para produtos tangíveis, mas também para serviços, como no caso do Google. A empresa necessita de potentes servidores para garantir a eficiência de seus serviços. Assim, podemos dizer que os ativos tangíveis podem ser considerados o corpo da organização.

6.2.2 Ativos intangíveis

Se os ativos tangíveis podem ser considerados o corpo de uma empresa, os intangíveis são a alma. Assim, pode-se entender que se trata das propriedades da empresa com características intangíveis, ou seja, aquelas que não podem ser tocadas, cheiradas, armazenadas, como marca registrada, patentes, qualidade dos produtos, estilo de gestão, entre outros fatores que contribuem para aumentar as percepções dos consumidores e agregar valor aos produtos, serviços e empresa. Por ser algo intangível, é mais difícil de ser copiado pelos concorrentes. Uma marca pode, com muito investimento, ter os ativos tangíveis de um gigante como o Google, mas dificilmente conseguirá replicar seu modelo de negócio. Seu modelo, sua marca, seu estilo de gestão, entre outros ativos intangíveis, são únicos e, portanto, constituem-se como um dos mais importantes fatores de sucesso da empresa.

Daremos maior ênfase aos seguintes ativos intangíveis no processo de criação ou análise estratégica no brand equity: lealdade à marca, consciência da marca, qualidade percebida, associações da marca, entre outros. São esses ativos que, ligados a uma marca, poderão proporcionar um valor maior a uma empresa no mercado. Por isso, o gestor mercadológico deverá analisá-los no momento de pensar na estratégia de branding para conseguir criar, desenvolver e gerir o brand de sua corporação.

6.2.2.1 Lealdade à marca

Neste ponto começaremos a analisar os ativos da marca que podem, de forma estratégica, isso é, se forem adequadamente trabalhados, possibilitar que uma marca consiga um valor de mercado superior ao de seus concorrentes e, consequentemente, gere retornos substanciais para a organização como um todo. Assim, começamos com a lealdade à marca. Podemos dizer categoricamente que, sendo um ativo valioso para uma organização, deve ser gerenciado? Sem dúvida nenhuma. Quanto maior for a lealdade à marca, menores serão as chances de um cliente trocar a empresa por um concorrente. E ter consumidores que em nenhum momento sequer pensariam em mudar de marca, em um mercado como o nosso, de intensa concorrência, é um dos ativos mais valiosos para uma organização.

Antes de mais nada temos que entender que lealdade é algo que se vai construindo ao longo do relacionamento com os clientes. Não é algo que nasce da noite para o dia. Não temos cliente fiéis em relacionamentos de longo prazo quando existe apenas uma opção de mercado, pois nesse caso há uma fidelidade imposta (em países em desenvolvimento, isso ocorre com muita frequência); esse tipo de lealdade é de curto prazo, pois basta aparecerem novos concorrentes para que os consumidores, até para ter novas experiências, acabem por usar os novos produtos que entram no mercado.

Veja uma inteligente ação da Harley Davidson:

Ainda pensando em termos de um ativo valioso que a empresa deve gerenciar em todos os seus processos mercadológicos, reiteramos que quanto maior for a lealdade de um consumidor à marca, menor a vulnerabilidade em relação à concorrência. Isto é, se um cliente é leal a um produto, dificilmente mudará sua compra. Note que quando temos uma marca forte, que consegue criar laços íntimos com os clientes, essa lealdade dificilmente é colocada em xeque e os clientes acabam por se tornar verdadeiros torcedores da marca. Veja o caso da Harley-Davidson. Os amantes da potente motocicleta são tão leais à marca que chegam ao ponto de tatuar em seu corpo a logomarca da empresa. São capazes de criar eventos, com ou sem o auxílio da marca, para que possam se encontrar e falar de suas Harleys. Em qualquer situação em que se reúnem postam fotos em suas redes sociais, demonstrando sua paixão pela empresa; criam clubes de fidelidade de clientes; as lojas conceito nas grandes capitais são alvo de peregrinação dos admiradores da marca (clientes ou não), seja para comprar uma lembrança ou apenas para mostrar a seus pares que esteve em uma loja da marca.

Tendo como base a Harley-Davidson, qual é a probabilidade de esse cliente pensar em trocar de marca? Pouca, não é mesmo? A não ser que a empresa cometa um erro estratégico ou venha a falir – se eventualmente falisse, isso aumentaria sua aura mitológica da mesma forma que ocorre com grandes astros do cinema, que por alguma fatalidade morrem e esse fato aumenta o número de fãs que cultuam sua imagem.

Agora, como uma empresa pode construir um *status* de lealdade como o que presenciamos no caso da Harley? Em que estratégias mercadológicas você, gestor de marketing, pensaria para garantir que sua marca consiga a lealdade de seus consumidores, reduzindo a vulnerabilidade de seu produto ou serviço em relação aos ofertados pelos concorrentes? Pensando em marketing.

Estratégias de marketing para desenvolver lealdade à marca

Como ter clientes leais a sua marca, aqueles que realmente torcem pela companhia, comentam com seus pares sobre os benefícios da marca, tentam convencê-los de que a marca é a melhor opção de mercado e, com frequência, entram em calorosas discussões para defendê-la das críticas de outros consumidores (este último fator está se tornando cada vez mais corriqueiro em fóruns de discussão nas mídias sociais)? Bom, como já mencionamos, é pensando em marketing, mas de que forma se dá estrategicamente esse pensamento? Em nossa coleção Marketing em Tempos Modernos, nos livros *Marketing estratégico*[2] e *Marketing: novas tendências*,[3] tratamos de algumas abordagens que podem ajudá-lo nessa missão e a gerenciar esse importante ativo da marca.

---

2. ROCHA, M. (Org.). *Marketing estratégico*. São Paulo: Saraiva, 2015.
3. ROCHA, M. (Org.). *Marketing:* novas tendências. São Paulo: Saraiva, 2015.

Conhecer o consumidor – você deve achar essa estratégia naturalmente lógica, porém, não se engane. A maioria das empresas menciona que conhece seus consumidores, diz que sabe seu nome e que, com o advento das novas tecnologias, é capaz de dizer quando é feita a compra, o que eles compram e o volume gasto em qualquer transação. Desculpe, mas isso todo mundo faz. Conhecer o consumidor vai além.

Conhecer o consumidor é ir além de dados estatísticos e pesquisas de mercado. É, com base em um procedimento mercadológico, criar uma adequada segmentação de mercado – o ato de dividir o mercado em partes menores para que assim possa, com um "pedaço" menor dele, entender o que gera valor para esses consumidores. É realizar uma segmentação geográfica e demográfica (levando em conta as características físicas das pessoas de uma região geográfica), a psicográfica (considerando o que se passa na cabeça dos consumidores) e, por fim, a comportamental (verificando como o consumidor se relaciona com o produto no momento de compra). Parece fácil, mas é um trabalho árduo, ainda mais quando os gestores percebem que terão que dizer não a determinados mercados. Trata-se de dividir para multiplicar – dividir o mercado em partes menores para que, com base nas informações obtidas, possa multiplicar suas vendas com produtos personalizados para cada segmento de mercado.

> **Conhecer o consumidor é ir além de dados estatísticos e pesquisas de mercado. É, com base em um procedimento mercadológico, criar uma adequada segmentação de mercado – o ato de dividir o mercado em partes menores para que assim possa, com um "pedaço" menor dele, entender o que gera valor para esses consumidores.**

Após a segmentação de mercado, é hora de partir para o estudo do comportamento do consumidor, que não se resume apenas a saber os locais onde eles normalmente realizam suas compras, mas também quais os fatores que as influenciam: fatores culturais, hábitos e costumes fortemente enraizados em um mercado (mercado este delimitado anteriormente em uma segmentação geográfica e demográfica); fatores sociais, como a influência dos grupos sociais nas decisões de compra, ou seja, como os consumidores modificam seus comportamentos de compra para que possam se adequar a determinados grupos sociais; fatores pessoais, ou a fase da vida em que a pessoa se encontra, que irá determinar os produtos que compra e os formatos em que realiza tais compras; fatores psicológicos, que entendemos como as motivações que influenciarão os consumidores a ter determinados padrões de comportamento ou desencadearão o desequilíbrio interno, que irá gerar necessidades e desejos latentes em seu segmento de mercado.

Esse processo de entendimento do comportamento dos consumidores permite ao gestor mercadológico identificar o que eles enxergam de valor em um processo de compra. É esse valor que os leva a escolher entre uma organização e outra. Com base nisso, cabe à organização estabelecer seu posicionamento mercadológico. Entendemos como posicionamento o espaço que uma marca ocupa na mente do consumidor, espaço esse que será delimitado tendo como base todos os fatores já demarcados.

Isso é o que entendemos como conhecer os consumidores para gerar lealdade à marca. Empresas que entendem adequadamente os consumidores conseguem um grau de fidelidade maior. Quando falamos da Harley-Davidson no início desta seção, pudemos notar claramente seu processo mercadológico. A empresa tem um alto grau de lealdade em relação aos seus concorrentes. Nota-se que sua segmentação de mercado é bem direcionada, sendo que cada um de seus modelos atende a determinada faixa de mercado, ou seja, ela divide seu mercado em termos de gênero, classe social e estilo de vida. É também interessante notar que a empresa não vende para todo mundo, simplesmente pelo valor de seus produtos ela diz "não" para determinados mercados. Ainda, realizou um estudo adequado do comportamento de seu cliente, oferecendo-lhe produtos que mexem com o imaginário dele, com seus hábitos e costumes (como o hábito que muitos têm de dirigir sua Harley nos fins de semana para fugir da rotina). É com base em todas essas informações que estabelece seu posicionamento, demonstrando a potência de suas motos, a liberdade em dirigi-las e, o que todos esperam, a virilidade de seus produtos. Isso é conhecer o consumidor. É isso que gera a lealdade. Empresas como essa procuram a todo momento entender os seus consumidores e está em seu DNA o foco neles.

Um produto excelente – se você quer lealdade de seus consumidores não adianta oferecer produtos de qualidade duvidosa. O produto tem que ter foco neles, ou seja, estar de acordo com o que eles esperam encontrar de valor e, principalmente de acordo com a percepção deles, tem que ser o melhor. Porém, o que é um produto melhor para os consumidores? Bem, como a superioridade é relativa, deve-se pensar em um complemento ao que mencionamos como pensar em termos de marketing na seção anterior. E, também, segundo especialistas, em marketing viral,

Capítulo 6 • Brand equity

afinal, para que uma ideia se propague de forma consistente, o produto realmente bom deve ter as características descritas a seguir.

Um produto que entrega valor aos consumidores deve ser **simples** em seu processo como um todo. A simplicidade ajuda as pessoas a entender a que o produto se destina, e é assim que se consegue, melhor que os seus rivais, a verdadeira lealdade delas. O sucesso estrondoso que a Apple faz no mercado está relacionado à simplicidade de seus produtos. Desde a simplicidade em termos de linha (há um número reduzido de modelos para não prejudicar o entendimento do consumidor e facilitar o posicionamento no mercado) até a forma pela qual sua interface é projetada (possibilita manuseio fácil e a obtenção do máximo de desempenho em sua utilização). Isso começou desde o seu iPod, com um simples botão para gerenciar todas as músicas no dispositivo, passando pela interface amigável de um iPhone ou um iPad. O sucesso de seus produtos se deve ao processo de antecipar as tendências dos consumidores, ao foco neles e, principalmente, à facilidade com que conseguimos manusear seus produtos. Isso nos leva à.... lealdade. É impressionante o número de clientes que são verdadeiros defensores da marca em todas as situações de mercado e que fazem questão de mostrar seus produtos a outros clientes.

> **Um produto que entrega valor aos consumidores deve ser simples em seu processo como um todo. A simplicidade ajuda as pessoas a entender a que o produto se destina, e é assim que se consegue, melhor que os seus rivais, a verdadeira lealdade delas.**

Um produto excelente é aquele que entrega **valor** aos clientes. Por que escolhemos determinado produto em detrimento de outros no momento da compra? Porque enxergamos valor nele. Em termos mercadológicos, valor é a diferença entre os custos envolvidos em uma compra e os benefícios que enxergamos no processo. O que leva uma pessoa a comprar um tênis Nike mesmo sabendo que seu valor é superior ao da concorrência? Simples, a empresa identifica, em todo o seu processo mercadológico, quais os benefícios que seus consumidores enxergam no produto e valoriza-os em detrimento de seu custo. Na mente dos consumidores, os benefícios em usar essa marca são superiores aos custos envolvidos na compra. E, quanto maior forem os benefícios e a segurança no ato da compra (claro, devido a esses benefícios), maior a possibilidade, na percepção dos consumidores, de se ter a lealdade deles. E, note, como a empresa sabe dessas percepções, continua insistentemente investindo em mensagens publicitárias e no desenvolvimento de produtos que possam entregar valor a seus consumidores, aumentando ainda mais essa lealdade.

Outro fator que torna um produto melhor que os de seus concorrentes e faz com que a lealdade à marca aumente refere-se ao fato de ele **melhorar a vida dos consumidores**. Quando pensamos nesse quesito, é preciso ter em mente que as marcas que mais se destacam no mercado são as que buscam melhorar nossa vida, afinal de contas, é para isso que compramos o produto, não é mesmo? Essa melhora pode se dar em termos de características físicas (como a compra de uma Mercedes-Benz para melhorar nosso *status*, um produto de beleza da L'Oréal para melhorar nossa autoestima e até aqueles produtos que defendem uma sociedade mais igualitária).

Em relação a este último item, as empresas atualmente direcionam suas ações com o objetivo de, além de melhorar a vida de seus consumidores, permitir que eles possam contribuir para uma sociedade melhor. Os consumidores cada vez mais procuram marcas que, além de satisfazer à sua necessidade pontual, ainda sejam capazes de ajudar a sociedade com produtos sustentáveis ou com auxílio aos menos favorecidos. Quanto maior for a possibilidade de uma marca ajudar a sociedade, maior será a lealdade a ela por parte dos consumidores.

Um produto excelente também pode ser entendido como uma possibilidade de transmitir **emoção**. Como já mencionamos em outra parte do livro, uma das campanhas que mais emocionaram os consumidores foi Retratos da Real Beleza, de Dove. Com milhares de compartilhamentos nas redes sociais, a marca ficou conhecida não apenas pelo fato de emocionar as pessoas, mas, acima de tudo, por conhecer suas consumidoras, os anseios e inseguranças delas. Acabou por tornar-se uma marca que conhece bem suas clientes, garantindo, assim, sua lealdade, pois elas, de forma automática, associaram a sensibilidade da marca ao produto, tornando-o superior a seus concorrentes de mercado. Isso ocorre pelo fato de, como sabemos, um produto não valer apenas por seus atributos físicos, mas também por todas as percepções que consegue transmitir a seu público-alvo – o que a marca conseguiu com primazia.

E, por último, temos a **satisfação dos consumidores**. Para garantir isso uma empresa deve ser capaz de não apenas cumprir o que prometeu, mas de superar as expectativas dos consumidores. Veja o caso dos parques da Disney. O objetivo da empresa é vender fantasia, o mundo da fantasia está em seu slogan, e a empresa não mede esforços

Capítulo 6 • Brand equity

para tanto. Com uma estratégia de marketing holístico, em que todas as suas ações convergem para entregar valor aos clientes, busca superar as expectativas deles: seus colaboradores procuram tratá-los de forma mais acalorada para que possam sentir-se em casa; as atrações se renovam constantemente e todos os processos são exaustivamente treinados para que nada saia errado.

Como mencionamos anteriormente – mas vale a lembrança devido à sua importância estratégica –, sua busca por satisfazer os clientes é tão enraizada em sua cultura que chegou ao ponto de desenvolver um sistema para abrir carros para situações nas quais os clientes esqueçam a chave no carro trancado. Ou a preocupação com os detalhes, porque os cavalos de seus carrosséis são pintados com tinta à base de ouro e, todo santo dia, após o fim das atrações, funcionários inspecionam cada um dos cavalinhos para verificar se a tinta está descascando. Isso é pensar na satisfação dos consumidores. Note que a empresa não precisa fazer propaganda de seus parques (quem faz são as agências de turismo), mas os parques estão sempre lotados, fruto do boca a boca de seus clientes leais.

Bem, essas são algumas prerrogativas que tornam um produto superior. Note que essas estratégias devem ser pensadas em termos de criar, desenvolver e manter esses ativos tão valiosos. Agora, além de trabalhar estrategicamente para ter um produto excelente, o gestor deve pensar em segmentar o mercado em relação aos níveis de lealdade da marca.

Conhecer os níveis de lealdade – o último ponto em que devemos nos pautar nesse quesito para que possamos compreender a lealdade da marca é compreender os níveis de lealdade que uma empresa tem em seu mercado. Essa identificação é feita por meio de uma segmentação desse mercado, ou seja, é a estratégia usada para identificar seu mercado. David Aaker, em seu livro *Como construir marcas líderes*,[4] lista os tipos de segmentação de acordo com a lealdade dos consumidores: os não clientes, os pesquisadores de preço, clientes passivelmente leais, clientes "em cima do muro" e clientes comprometidos.

O nível mais baixo de sua hierarquia são **os não clientes**, que podemos entender como aquelas pessoas que compram os produtos da concorrência. É importante essa segmentação no sentido de identificar os clientes da concorrência para assim pensar se vale a pena tentar

---

4. AAKER, D. A.; JOACHIMSTHALER, E. *Como construir marcas líderes*. Porto Alegre: Bookman, 2007.

"roubá-los". E é preciso destacar o processo de sinergia existente no mercado, porque, se o grau de lealdade dos clientes da concorrência for alto, dificilmente eles mudarão de produto. Isso quer dizer que na análise dos não clientes da Samsung podem-se identificar, entre outros, os clientes da Apple e, como sabemos do alto grau de lealdade dos "applemaníacos", dificilmente eles mudarão de marca.

Agora, caso o nível de lealdade não seja muito alto, valeria a pena um investimento para tentar roubar os clientes da concorrência. Outro ponto que deve ser levado em consideração é o envolvimento do consumidor, pois muitos consumidores não têm como hábito a fidelidade a algumas categorias de produto, isto é, dependerá do nível de envolvimento que um consumidor tem com a empresa e com o produto. Para produtos com um alto valor agregado, o nível de envolvimento é alto, já que o consumidor irá se envolver na busca de mais informações a respeito das ofertas de mercado antes de decidir suas compras. Para os produtos de preço menor, por outro lado, o envolvimento dos consumidores é menor. Assim, a empresa deve analisar o grau de envolvimento em relação à categoria do produto e ao comportamento do consumidor para pensar em suas estratégias mercadológicas. Essa categoria, se pensarmos em termos hierárquicos, seria o nível mais baixo da classificação.

Em um nível acima estão os **pesquisadores de preço**. Nesse caso também temos um grau de fidelidade muito baixo, porque os consumidores, como o próprio nome diz, estão apenas interessados nos preços ofertados. Se uma empresa faz uma redução de preço, o consumidor compra dela. Caso a concorrência, em uma estratégia de contra-ataque, reduza os preços, os clientes de forma natural mudarão suas compras. Esse tipo consumidor tem recursos escassos, não existe um envolvimento muito grande dele com os produtos no momento da compra, mas isso também pode ocorrer devido até mesmo a seu estilo de vida ou personalidade.

Essa situação pode ser notada no mercado brasileiro no setor de supermercados. Como os grandes players desse segmento sabem que os consumidores são sensíveis ao preço, uma vez que não existe um alto grau de envolvimento com os produtos, ou, se houver um envolvimento com as marcas do produto, elas poderão ser compradas nas redes disponíveis no mercado, as grandes redes brigam dia a dia pela preferência dos consumidores em incontáveis guerras de preço. As estratégias dessas companhias é verificar qual o preço praticado pela

Capítulo 6 • Brand equity   191 concorrência e oferecer uma oferta melhor. Apesar de ser uma estratégia muito usual para esse tipo de mercado, o problema dessa estratégia é que não gera a fidelidade dos consumidores, porque eles sabem que se não existir uma oferta adequada na rede na qual compra, basta esperar um pouco mais que os preços irão baixar.

O terceiro nível de lealdade que acompanhamos são os **clientes passivelmente leais**, que compreendemos como aqueles que são leais a uma marca, produto ou categoria de produto por questão de hábito. Eles não compram por uma razão específica, mas apenas por estarem acostumados a determinados comportamentos. Muitos consumidores têm hábitos tão enraizados que normalmente não pensamos muito no momento da compra, acabamos por comprar no piloto automático sem analisar as demais ofertas de mercado.

Assim, temos muitos consumidores que estão acostumados com determinada marca de cerveja e, por hábito, acabam por torna-se leais a ela. Outros podem estar tão acostumados a comprar determinada marca de refrigerante, desodorante, sabão em pó e uma infinidade de produtos que nem aos menos se preocupam em experimentar outras marcas ou questionar o motivo de sua fidelidade ou comportamento de compra. Em casos como esse a empresa precisa fazer um esforço adicional em suas estratégias mercadológicas para conseguir mudar os hábitos dos consumidores.

Agora, quando os consumidores têm um benefício adicional por manterem um hábito, somente um benefício superior ao que estão acostumados poderá fazê-los trocar de marca. Será preciso analisar se o esforço valerá a pena ou não. Se a empresa é beneficiada pelo comportamento do consumidor, ou seja, se sua marca é aquela que ele compra sem pensar, a estratégia para manter a lealdade é fortalecer os benefícios que ele recebe por manter o padrão de compra a que está acostumado. Nesses casos, a empresa deve manter seus padrões de qualidade, entender cada vez mais os consumidores e reconhecer essa fidelidade.

Subindo um pouco mais em nossa hierarquia, temos os clientes **em cima do muro**. Esse é o tipo de cliente que compra de duas marcas disponíveis no mercado. É um tipo "fiel duvidoso", aquele que é sim fiel a uma marca, mas se no local em que ele se encontra não tiver o produto, não hesitará em comprar da concorrência. Esse tipo de comportamento ocorre com produtos com baixo envolvimento de compra. Por exemplo, se você está com seus amigos em um barzinho, pede uma Coca-Cola, mas o garçom informa que não tem e pergunta se pode ser... Pepsi, provavelmente você não deixará de beber um refrigerante, muito menos irá embora pela falta de seu produto preferido, você apenas, nessa situação, consumirá um produto de outra marca.

Veja a campanha Pode ser Pepsi, só se for agora:

Isso também ocorre quando você vai ao supermercado e não encontra sua marca preferida de sabão em pó. Nesse caso, muitas vezes você compra outra marca porque não vale a pena desistir da compra ou se locomover a outro estabelecimento somente pela marca de sua preferência. Essa mesma situação pode ocorrer quando temos consumidores mais propensos à experimentação, principalmente quando falamos com os jovens que são mais abertos a experimentar novidades. Assim, um consumidor pode, em uma situação, comprar um celular da Samsung e, em outra, da Apple. Isso por uma questão de experimentação.

Quando temos consumidores que se encaixam nessa categoria, a empresa necessita a todo momento reforçar suas estratégias para que não haja falta do produto no ponto de venda. E, no caso dos jovens ou experimentadores, é preciso estar atenta às mudanças dos concorrentes e sempre à frente dos movimentos deles.

No último nível temos os clientes **comprometidos**, aqueles que são fiéis convictos de uma marca. Compram apenas dessa empresa e, caso não encontrem o produto que buscam no ponto de venda, vão a outro local que o comercialize. São aqueles consumidores que, além serem leais à marca, ainda tentam convencer outras pessoas das vantagens de comprá-la.

Consumidores comprometidos, como demarcamos no início desta seção, são os melhores que uma empresa pode ter, e ela deve mantê-los e recompensá-los. Em um mercado no qual as empresas necessitam brigar palmo a palmo com os concorrentes, ter clientes comprometidos é uma grande vantagem estratégica, porque, além de fidelidade incondicional, eles são os próprios veículos de comunicação da empresa.

Vantagens da lealdade à marca
Administrar adequadamente esse importante ativo pode trazer várias vantagens para uma organização, razão pela qual esse é um dos

pontos que devemos considerar no momento de monetizar uma marca. Quando os clientes são leais, os **custos de marketing são reduzidos**. Porém, note que mencionamos a palavra **reduzidos**, e não **inexistentes**. Marcas fortes estão constantemente investindo em marketing para manter a lealdade de seus clientes. Lembre-se sempre disso.

Voltando aos custos reduzidos, podemos entender que marcas que têm clientes leais levam vantagem no sentido de que eles próprios farão propaganda da empresa. Além de ser preciso investir menos para manter clientes que já estão satisfeitos e são leais, de forma espontânea eles acabam por fazer a propaganda da empresa usando uma das ferramentas mais importantes quando pensamos em nossa sociedade moderna e interconectada: o boca a boca ou marketing viral. Clientes leais compartilham em suas redes de contato as vantagens de transacionar com a empresa e, talvez o mais importante, defendem a empresa de contra-ataques de clientes insatisfeitos ou dos "terroristas" de marca.

Outro ponto que podemos mencionar é a **alavancagem comercial**, que pode ser entendida como o aumento dos retornos financeiros da empresa por meio da melhoria das vendas. Clientes leais são mais rentáveis, por vários motivos. Pelo fato de que compartilham com a empresa suas necessidades e desejos para que ela possa oferecer produtos direcionados, são mais abertos a novos produtos da empresa e, como já mencionamos, fazem propaganda gratuita para ela. Isso sem citar a possibilidade de vendas cruzadas.

Também há o fato de a lealdade **atrair novos clientes** devido à consciência que os consumidores fiéis têm da marca. Eles servem, em muitas situações, como parâmetro/espelho para outros consumidores que a empresa não atende. Marcas que trazem consigo uma imagem de *status* ou uma personalidade distinta para seus usuários podem fazer com que outros grupos de consumidores queiram ter essas mesmas características, conseguindo assim atraí-los.

Ficou muito famoso o lançamento dos primeiros iPhones no mercado brasileiro. Como os fãs da marca ainda não tinham a possibilidade de comprá-los aqui, traziam esses itens dos Estados Unidos e, na primeira oportunidade, deixavam que ficassem visíveis em mesas de restaurante. Bastava alguém perguntar sobre o aparelho para esses clientes demonstrarem todos os atributos do produto. Como se tratava de um grupo diferenciado e, muitas vezes, formador de opinião, acabava por tornar-se parâmetro para novos comportamentos de compra.

Por último, podemos citar como vantagem o **tempo para reação à ameaça dos concorrentes**. Quando os clientes são leais a uma marca, eles podem, em algumas situações, esperar que ela revide a uma investida do concorrente. Se este, em uma estratégia ofensiva, baixar o preço, os clientes leais podem esperar um pouco mais antes de pensar em trocar de marca, dando tempo para que aquela de sua preferência possa se adequar e pensar em estratégias defensivas.

Em épocas nas quais a tecnologia evolui rapidamente, a lealdade pode ser um fator determinante para a empresa. Determinada marca pode lançar um novo produto e causar uma revolução no mercado. Os clientes leais aguardam que sua marca de preferência possa se antecipar às novas mudanças antes de migrar para a marca que lançou a novidade.

Dessa forma, temos a vantagem de gerir esse importante ativo das marcas: a lealdade. Uma importante fonte de recursos que a empresa tem e que deve ser administrada. Mas essa administração não se restringe à lealdade, estende-se a outros ativos, que iremos acompanhar a seguir.

6.2.2.2 Consciência da marca

O segundo ativo que devemos avaliar para entender o processo de criar valor para a marca é a consciência que os consumidores têm em relação à marca de uma organização. Se a lealdade é importante, ter uma marca de destaque na mente dos consumidores também pode ser um forte fator que irá influenciar o brand equity de uma organização.

> **Quando pensamos em consciência da marca, estamos nos referindo à possibilidade que algumas marcas têm de serem lembradas com maior frequência do que outras no momento que os consumidores recebem determinado estímulo.**

Quando pensamos em consciência da marca, estamos nos referindo à possibilidade que algumas marcas têm de serem lembradas com maior frequência do que outras no momento que os consumidores recebem determinado estímulo. Por exemplo, se dissermos "máquina de lavar", o que vem à sua mente? Provavelmente, Brastemp. Sabão em pó? Omo. Refrigerante? Coca-Cola. Dizemos "provavelmente" porque a grande maioria dos brasileiros lembrará dessas marcas; é claro que teremos exceções, mas serão mínimas.

Essas marcas conseguem essa vitória no campo de batalha que é nossa mente, porque já fazem parte de nosso cotidiano há muito tempo, são aquelas que investem pesadamente em marketing, têm foco "doentio" nos consumidores e um adequado posicionamento mercadológico. Em tempo, lembramos que posicionamento mercadológico é o conceito criado por Al Ries e Jack Trout[5] que significa o espaço que uma marca ocupa na mente dos consumidores. Assim, quanto melhor for o posicionamento da marca em nossa mente, maior será a conscientização a respeito dela e, consequentemente, maior seu valor de mercado.

A batalha pela mente do consumidor a cada dia que passa se torna mais complexa para os gestores de marca. Isso devido ao aumento do número de produtos no mercado, à fragmentação dos meios de comunicação e, talvez o pior de todos os aspectos, à quantidade de estímulos de marketing que recebemos.

Quanto mais estímulos de marketing, menor a possibilidade de guardarmos uma marca no subconsciente, ou seja, maiores são as chances de criarmos barreiras para esses estímulos para que não exista uma sobrecarga de informação. Como somos programados, em termos evolutivos, para economizar energia, iremos, de forma natural, "peneirar" os estímulos que recebemos para que não exista a necessidade de processar muitas informações, assim economizamos energia. Por isso dizemos que está cada vez mais difícil para uma marca se destacar.

Ainda falando em termos dos estímulos de marketing, você já notou a quantidade de informações de mercado que recebemos diariamente? Desde o momento em que acordamos, passando por nossas tarefas diárias até o término do dia, somos inundados pelas abordagens das empresas, que procuram a todo momento demarcar espaço em nossa mente. Assim, aquelas que conseguem "furar" esse bloqueio têm importante vantagem competitiva, pois conseguem uma melhor conscientização por parte de seu público-alvo, o que garante valor diferenciado para a marca.

O processo de conscientização da marca parte do pressuposto de que quando recebemos determinado estímulo mercadológico temos a habilidade de lembrar de uma marca específica. É o que entendemos como gatilhos, que, ao serem acionados, trazem à mente uma marca ou produto. Foi o que ocorreu quando perguntamos sobre categorias de

---

5. RIES, A.; TROUT, J. *Posicionamento*: a batalha pela sua mente. São Paulo: Pioneira Thomson, 2003.

produto em um parágrafo anterior. Demos um estímulo – categoria do produto – e, de forma natural, a marca veio à nossa mente.

Dessa forma, quanto maior a possibilidade de as marcas serem lembradas (quando falamos lembradas, é a marca em si ou as percepções que temos de uma empresa, como o já citado caso da Disney), maior a força da marca. Agora, para que possamos criar fortes gatilhos, que aumentem a conscientização da marca, temos estratégias interessantes, que não se limitam à menção do nome da categoria. Podemos usar outros elementos do marketing para criar gatilhos poderosos.

No livro *Marketing: novas tendências*,[6] da coleção Marketing em Tempos Modernos, abordamos um tema emergente que pode ser usado pelas empresas para criar fortes gatilhos, o branding sensorial, que consiste em trabalhar ou potencializar os sentidos dos consumidores para criar determinados gatilhos que possam potencializar as emoções deles, ou desenvolvê-las, em relação a uma marca ou produto. Parte do pressuposto de que o marketing tradicional trabalha, em grande parte de suas estratégias, apenas dois sentidos do ser humano: a visão e a audição. No entanto, existem outros sentidos que, se trabalhados de forma estratégica, podem ser usados como importante gatilho para fazer com que os consumidores lembrem as marcas e, em nosso caso em particular, melhorem a conscientização da marca.

Pensando em termos dos estímulos que uma empresa pode usar, temos os **componentes visuais**. Esse estímulo é o mais comum para uma empresa criar gatilhos que possam trazer determinadas características dos produtos e melhorar a percepção da marca. Ou, se preferir, criar gatilhos que façam com que os clientes venham a lembrar da empresa, marca ou produto.

Como mencionamos, é o mais usual, assim podemos verificar essas estratégias ao enxergar o logo de uma empresa, como os arcos dourados do McDonald's, em locais com intensa poluição visual, como a Times Square, em Nova York. Nesse local temos uma imensidão de marcas que brigam pela nossa atenção, mas note que apenas aquelas bem posicionadas em nossa mente conseguem se destacar. Temos as próprias propagandas das empresas que trabalham com nossa visão, principalmente aquelas marcantes, como os já citados comerciais de fim de ano da Coca-Cola ou as propagandas bem-humoradas do Posto

---

6. ROCHA, M. (Org.). *Marketing*: novas tendências. São Paulo: Saraiva, 2015.

Veja a propaganda do posto Ipiranga:

Ipiranga. Um recurso para obter esse destaque são as cores usadas na logomarca ou em determinados ambientes, que transmitem sentimentos positivos aos clientes.

Temos também os **componentes táteis**. Isso significa usar o tato como forma de estimular determinadas percepções dos consumidores. É usar nossa habilidade natural ou evolutiva de tocar para buscar informações sobre algo, como o ato de colocarmos as costas da mão em um recipiente para medir a temperatura de um produto ou apalparmos uma fruta para saber se está madura. Partindo dessa nossa habilidade natural de buscar indícios sobre determinadas características de um produto para que possamos criar nossa percepção, as marcas também podem usá-la para criar estímulos que remetam a emoções e nos façam lembrar de uma marca, como acionar a manopla de uma motocicleta; abrir a porta, segurar o volante ou trocar a marcha de um carro no test drive que fazemos no momento da compra, situações em que o objetivo é literalmente "sentir" o veículo usando os componentes táteis. Ou o simples ato de segurar a garrafa de uma Coca-Cola: mesmo que estejamos no escuro, saberemos de qual produto se trata. É o ato de trabalhar os componentes táteis para criar percepções em relação a uma marca.

Os **componentes gustativos** são acionados quando a empresa trabalha o paladar para potencializar a percepção que temos de uma marca. Esse é um dos sentidos mais difíceis de se trabalhar, porque se associa, em sua maioria, a alimentos e bebidas. Nesse caso, as empresas trabalham sabores diferentes, ou exóticos, para poderem se diferenciar das concorrentes, marcar uma posição de destaque no mercado e melhorar a conscientização da marca, como os sabores diferenciados de Fanta que encontramos ao redor do mundo, o sabor diferenciado do Red Bull ou os apimentados Doritos.

Ainda pensando em termos de componentes do produto que uma empresa pode usar para potencializar o entendimento de uma marca há os **componentes sonoros**. A audição também é um sentido comumente usado pelas marcas para delimitar seu espaço no mercado. Assim, algumas conseguem se destacar na mente dos consumidores com jingles que literalmente ficam gravados no subconsciente ou com o som característico de seu produto no momento de utilização, como o motor de uma Harley-Davidson ou o sinal de chamada dos telefones da Nextel. São fortes gatilhos e nos fazem lembrar automaticamente da marca.

Por último, temos os **componentes olfativos**. O olfato é o único de nossos sentidos que não podemos desligar e, para os teóricos comportamentais, é o mais forte na capacidade de trazer recordações aos consumidores. Assim, lembramos do cheiro do bolo feito por nossas avós ou do aroma de determinado perfume ou de ambientes como um consultório médico. As empresas procuram ligar determinados aromas a suas marcas para que possam se diferenciar dos concorrentes e garantir maiores percepções por parte de seus consumidores. São exemplos o cheiro de carro novo criado em laboratório, o aroma das cafeterias da Starbucks e de uma lanchonete como o Burger King.

Dessa forma, as empresas podem e devem literalmente desconstruir seus produtos e analisar quais componentes podem usar para criar gatilhos no subconsciente dos consumidores e, assim, aumentar a conscientização a respeito de sua marca.

Bem, como nosso objetivo é entender o processo de conscientização de marca, podemos dizer que algumas marcas têm habilidade ímpar, claro que com base em suas estratégias de branding, de se fazerem lembradas pelos consumidores. Essa recordação pode ser classificada em três estágios: reconhecimento, lembrança e top of mind. O reconhecimento ocorre nos casos em que as pessoas já estiveram, em algum momento, expostas à marca, mas que não necessariamente se lembrarão dela. A lembrança é o caso no qual os consumidores lembram da marca em uma categoria de produto, mas na sequência também acabam por se lembrar de outras. E, o que toda marca busca em suas estratégias, é ser top of mind, a primeira a ser lembrada em uma categoria específica. Essas últimas são as marcas dominantes, aquelas que, no momento da compra, são as primeiras a serem lembradas pelos consumidores.

No Brasil, a pesquisa Top of Mind é realizada pelo jornal *Folha de S.Paulo*.[7] Na edição de 2015 foram pesquisadas 8.142 pessoas, distribuídas em todas as regiões do Brasil, sendo 8% na região Norte, 27% no Nordeste, 7% no Centro-oeste, 43% no Sudeste e 15% no Sul. A idade

---

7. PULS, M. Top of mind 2015. *Folha de S. Paulo*, out. 2015. Disponível em: <http://www1.folha.uol.com.br/especial/2015/top-of-mind/>. Acesso em: 24 nov. 2016.

média dos respondentes foi de 39,5 anos, sendo 52% homens e 48% mulheres. Os entrevistados foram abordados com o seguinte questionamento: Qual a primeira marca que lhe vem à cabeça? O resultado foram as marcas Top of Mind no mercado brasileiro.

Tabela 6.4 Categoria Alimento

Produto	Marca	Percentual
Leite	Ninho	14%
Requeijão	Nestlé – Vigor	7%
Margarina	Qualy	32%
Adoçante	Zero Cal	33%
Sorvete	Kibon	66%
Pratos congelados	Sadia	35%

Tabela 6.5 Categoria Bebida

Produto	Marca	Percentual
Cerveja	Skol	41%

Tabela 6.6 Categoria Compras

Produto	Marca	Percentual
Talheres	Tramontina	58%
Amaciante de roupas	Comfort	25%
Sabão em pó	Omo	83%
Tinta de parede	Suvinil	35%
Supermercado	Extra	8%
Loja de móveis e eletrodomésticos	Casas Bahia	29%

Tabela 6.7 Categoria Comunicação

Produto	Marca	Percentual
Operadora de telefone celular	Vivo	30%
Smartphone e tablet	Samsung	37%
Operadora de TV por assinatura	Sky	43%
Operadora de banda larga de internet	Oi	13%

Tabela 6.8 Categoria Eletrodoméstico

Produto	Marca	Percentual
Fogão	Brastemp	23%
Aparelho de TV	Samsung	27%
Geladeira	Consul	37%
Máquina de café	Walita	9%
Máquina de lavar roupas	Brastemp	40%

Tabela 6.9 Categoria Finanças

Produto	Marca	Percentual
Banco	Banco do Brasil	31%
Poupança	Caixa Econômica Federal	54%
Cartão de crédito	Visa	35%
Seguro	Bradesco	10%
Plano de saúde	Unimed	36%

Tabela 6.10 Categoria Higiene e Beleza

Produto	Marca	Percentual
Pasta de dente	Colgate	59%
Absorvente feminino	Sempre Livre	20%
Camisinha	Jontex	21%
Fralda descartável	Pampers	40%
Antisséptico bucal	Colgate	28%
Esmalte de unha	Risqué	35%

Tabela 6.11 Categoria Transporte

Produto	Marca	Percentual
Carro	Fiat – Volkswagen	25%
Moto	Honda	65%
Combustível	Petrobras	24%
Pneu	Pirelli	45%
Serviços de entregas e encomendas	Correios	28%

Capítulo 6 • Brand equity

Tabela 6.12 Categoria Turismo

Produto	Marca	Percentual
Companhia aérea	TAM	39%
Agência de viagem	CVC	19%

Tabela 6.13 Categorias Especiais

Categoria	Marca
Top Performance	Caixa Econômica Federal
Top Masculino	Pirelli
Top Feminino	Risqué
Top Higiene	Colgate
Top Tecnologia	Samsung
Top Meio Ambiente	Natura e Ypê
Top Alimentação	Sadia
Top Rede Social	Facebook
Destaque região Nordeste	Primor (margarina)
Destaque região Norte	Vivo (operadora de celular)
Destaque região Centro-oeste	Ypê (amaciante de roupa)
Destaque região Sudeste	Casas Bahia (loja de móveis e eletrodomésticos)
Destaque região Sul	Renner (tinta de parede), Tirol (leite)
Top do Top	Coca-Cola, Nike, Omo, Nestlé e Samsung

Fonte: PULS, M., 2015.

Assim, com a apresentação das marcas Top of Mind no mercado brasileiro, terminamos esta parte do capítulo. Pudemos perceber que muitas marcas brasileiras têm uma forte presença na memória dos consumidores, marcas essas que possuem um adequado posicionamento mercadológico que lhes permite criar e desenvolver adequadas associações na percepção dos consumidores e, assim, apresentam um excelente ativo para monetizar em seu brand equity.

6.2.2.3 Qualidade percebida

Que a qualidade da marca é um ativo valioso para uma organização, não resta dúvida, afinal, produtos que conseguem ser superiores em seus atributos, em comparação com os concorrentes, podem ter uma vantagem competitiva sustentável de mercado. Mas como podemos entender esse processo no sentido de agregar valor a uma marca e fortalecer seu brand equity?

Bem, quando pensamos em brand equity e em sua relação com os ativos que são responsáveis por garantir um valor superior à marca no mercado, mais precisamente em termos de qualidade, devemos basicamente considerar dois eixos intimamente ligados: os consumidores e a parte financeira. Falamos intimamente ligados porque a empresa deve ter foco nos consumidores para estabelecer padrões e parâmetros de qualidade e, assim, consequentemente seus retornos financeiros serão maiores e mais sustentáveis. Isso quer dizer que quanto maior a qualidade de um produto, maiores as chances de aceitação ou procura por parte dos consumidores. Isso resultará em um retorno financeiro maior e no fortalecimento da marca. Lembra-se de quando mencionamos os parâmetros usados pela Interbrand para medir o valor da marca? Esses fatores são importantes; assim, a qualidade está ligada a eles.

A Volkswagen usou por muito tempo no Brasil o slogan "Você conhece. Você confia" como uma forma de explicar aos consumidores que, por ser uma marca sempre presente no mercado brasileiro, era familiar. E, também, de qualidade superior. A ideia era: você pode confiar na empresa porque, além de sua longevidade no mercado brasileiro, é uma marca confiável em termos de qualidade. Sua busca por qualidade também ficou marcada em várias campanhas publicitárias, sempre realçando esse aspecto de seus produtos. O investimento da empresa para reforçar seu posicionamento foi responsável por sua liderança durante muitos anos no setor e, consequentemente, fortaleceu a marca e trouxe retorno financeiro superior ao de seus concorrentes de mercado. Como mencionamos, qualidade ligada ao comportamento do consumidor (ou àquilo que ele deseja no momento da compra) aumenta a participação de mercado e o retorno financeiro.

Na década de 1970 tivemos a entrada da Fiat no mercado brasileiro. Um dos casos mais emblemáticos da montadora foi o modelo 147, que na percepção dos consumidores tinha qualidade inferior, o que levou a empresa a amargar a posição de coadjuvante entre as montadoras. Consciente da necessidade de investir em qualidade se quisesse sobreviver no mercado, a marca passou por uma metamorfose. Com

Capítulo 6 • Brand equity

203

investimento em novos modelos para buscar um público mais jovem (porque os consumidores mais antigos ainda tinham uma percepção negativa da marca), um pesado investimento em publicidade, com famosas campanhas como: "Está na hora de você rever os seus conceitos" (conceitos esses relacionados à qualidade inferior da marca) e foco em melhorar a qualidade de seus produtos, a Fiat conseguiu, no início da década de 2000, roubar a liderança de mercado da Volkswagen. Hoje é uma marca respeitada por seus modelos de automóvel sempre modernos, com um público cativo e... com qualidade superior.

Assim, a Fiat pode ser considerada um exemplo de que os investimentos em qualidade, principalmente quando pensamos em um bem com um alto valor agregado, pode ser fundamental para o fortalecimento da marca e consequentemente para contribuir com o seu valor.

Dessa forma, uma das iniciativas de uma empresa que deseja manter um ativo adequado no mercado, mais precisamente em termos de qualidade, deve ser aumentar a percepção dos consumidores. Isso porque uma coisa é a empresa ter qualidade em seus produtos, outra é os consumidores enxergarem essa qualidade. O desafio é conseguir entender o que eles esperam em termos de qualidade e aumentar essa percepção. Mas como fazer isso e, consequentemente, aumentar o valor da marca? Mais uma vez, pensando em termos de posicionamento.

O processo de posicionamento refere-se a entender a razão de compra dos consumidores e, caso a qualidade seja o fator principal, a empresa deve garantir esse diferencial como forma de buscar espaço na mente dos consumidores. Trata-se de compreender o que se passa na mente dos consumidores para poder encontrar um espaço de destaque. Quando pensamos nesse aspecto, temos que ter em vista que os consumidores, no momento de compra, identificam os benefícios emocionais em relação aos funcionais de um produto ao escolher e decidir entras as ofertas de mercado. Os benefícios emocionais são aqueles ligados aos atributos intangíveis do produto, ou tudo aquilo que o consumidor recebe ao comprá-lo. Já os benefícios funcionais são aqueles atributos tangíveis do produto, e é isso que podemos entender como a qualidade percebida na compra.

> **O processo de posicionamento refere-se a entender a razão de compra dos consumidores e, caso a qualidade seja o fator principal, a empresa deve garantir esse diferencial como forma de buscar espaço na mente dos consumidores. Trata-se de compreender o que se passa na mente dos consumidores para poder encontrar um espaço de destaque.**

Dessa forma, as empresas precisam entender com precisão o que os consumidores esperam em relação à compra, se benefícios emocionais ou funcionais, e valorizar esses fatores. Quando elas buscam um fornecedor de peças para máquinas em seu processo produtivo, sabemos que procuram os benefícios funcionais, e a qualidade é fundamental nesse processo. Nesses casos, por exemplo na compra de um medicamento, de um pneu, na instalação de um aparelho eletroeletrônico, entre outros casos, um consumidor pode ser levado a preferir um produto em detrimento de outro quando analisa a escolha da oferta do produto.

Porém, devemos ter em mente que todos os consumidores procuram qualidade no momento da compra. A diferença, em termos de percepção, é que a qualidade pode não ser o primeiro atributo procurado por eles, ou seja, eles buscam sim a qualidade, mas pode ser que outros benefícios estejam em primeiro plano no momento da compra. Quando alguém procura um perfume Chanel, obviamente terá os benefícios emocionais como primeiro fator de escolha, mas, sem dúvida, a qualidade também estará presente no momento da compra. A mesma percepção ocorre na compra de uma Ferrari, entre outros produtos de luxo, situações em que fica um pouco mais claro para nós a busca por parte dos consumidores pelos benefícios emocionais.

Obviamente, produtos em cujos benefícios emocionais temos foco maior somente chegaram a esse patamar por priorizar a qualidade. Isso porque se o produto não tem um desempenho superior em alguns quesitos em relação aos seus concorrentes, dificilmente terá sucesso no mercado e se tornará uma marca forte. Portanto, essa é a importância da qualidade como um ativo para gerar uma marca forte.

Além disso, entre tantas vantagens, o fator qualidade permite à empresa **criar barreiras de entrada** sustentáveis. Quando em um mercado temos empresas muito bem estabelecidas em termos de qualidade, os concorrentes podem ter que pensar se vale a pena entrar no mercado dessa marca dominante. Isso porque o desafiante sabe que terá que fazer um investimento muito alto para tentar conseguir um "pedaço" do mercado. Veja o caso do curativo Band-aid. Sua qualidade superior dificulta muito a entrada de outras marcas no mercado, pois é aparentemente impossível concorrer com ela em termos de qualidade (lembrando que é até mesmo sinônimo de categoria), assim, as que tentam usam a estratégia de preço.

Capítulo 6 • Brand equity

Como dissemos, ter qualidade permite que as empresas construam uma **diferenciação** sustentável no mercado. Entendemos como diferenciação os atributos de uma marca que a tornam superior a seus concorrentes e com foco no que os consumidores desejam. Assim, empresas que têm qualidade superior, desde que seja isso que os consumidores esperam, conseguem uma diferenciação e, assim, vendas e estabelecimento de marca superiores. Quando lembramos de uma marca como a Brastemp, já pensamos em sua qualidade superior; são produtos que superam as expectativas dos consumidores. Empresas com essa percepção do mercado se destacam entre as demais e são as preferidas pelos clientes, o que aumenta suas vendas e lhes garante maior rentabilidade.

Veja as estratégias inteligentes da Brastemp:

Além disso, marcas com qualidade superior conseguem **preços** superiores de mercado. Por que muitos consumidores se predispõem a pagar um preço superior ao frequentar uma churrascaria como a Fogão de Chão? Simples, por causa de sua qualidade superior em relação aos concorrentes. Isso quer dizer que marcas com padrão de qualidade superior conseguem cobrar preços maiores e, assim, aumentar a rentabilidade da empresa, devido ao fato de que os consumidores estão dispostos a um maior desembolso se o produto realmente for superior. Claro, desde que essa qualidade seja percebida.

Ainda, produtos com qualidade superior têm melhor relacionamento com seus **canais de distribuição**, pois estes são mais propensos a trabalhar com produtos de qualidade, uma vez que comercializá-los indica para o consumidor que a qualidade também faz parte da filosofia do distribuidor. Por exemplo, um varejista que comercializa produtos da Unilever também será conhecido como um estabelecimento de qualidade. A qualidade, nesse caso, pode ser transferida ao parceiro de distribuição, e este fará todo o esforço para continuar o trabalho com essa empresa, facilitando assim seu processo comercial.

Uma marca forte como a do sabão em pó Omo tem facilidade de trabalho muito maior que seus rivais junto aos varejistas. Isso ocorre porque o varejista vai querer ter a marca disponível para seus clientes, não apenas porque sabe que os consumidores irão procurar a marca, mas também porque quer ser reconhecido como um estabelecimento que vende produtos de qualidade. Outro ponto de vantagem da qualidade percebida é que o distribuidor não irá retirar o sabão em pó Omo da prateleira para abrir espaço para uma marca não conhecida por seus consumidores. Assim, uma marca forte, com qualidade superior, tem maior possibilidade de encontrar e garantir espaço de destaque nas gôndolas de um supermercado.

A qualidade facilita as estratégias de **extensão de marca e linha**. Quando se tem uma marca forte, sinônimo de qualidade, as estratégias de extensão de linha (outras variáveis do mesmo produto) ou de marca (outros produtos com a mesma marca) têm possibilidade maior de sucesso, porque a percepção dos consumidores já está construída, a marca já conseguiu um espaço de destaque na mente deles, por isso o processo de convencimento é mais fácil. Isso pode ser notado em vários casos em que uma empresa usa uma marca consolidada para o lançamento de outros produtos, como podemos perceber nas extensões de linha de tênis e de marca da Adidas (além dos tênis, seu produto-chave, comercializa roupas, relógios e outros acessórios ligados à moda esportiva) e de alimentos, área em que presenciamos uma variedade de extensão de marcas fortes, como Nescau, Moça etc.

Bom, essas são algumas das vantagens que notamos nesse valioso ativo que se chama qualidade. É claro que poderíamos citar outras – aumento da participação de mercado, aumento das vendas, proteção quanto à investida dos concorrentes, problemas ocasionados em linha de produção, entre outras –, mas todos esses, sem dúvida, seriam consequência das vantagens já mencionadas. Dessa forma, resolvemos citar aqueles que acreditamos ser os mais importantes no processo.

Portanto, podemos afirmar que as estratégias de criar, desenvolver e manter estratégias de fortalecimento desse importante ativo são primordiais para as organizações, porque, como descrevemos, quanto maior a qualidade do produto, maiores as chances de o consumidor escolher a empresa entre as opções de mercado. Quanto maior a probabilidade de os consumidores escolherem a marca, maiores serão as vendas, aumentando assim a rentabilidade da empresa e contribuindo com uma marca forte.

6.2.2.4 Associações da marca

Outro ativo que devemos considerar no momento de pensar nos ativos que ajudam uma marca em seu brand equity são as associações que a marca desenvolve para assim conseguir transmitir seus diferenciais ao mercado. Nesse sentido, uma marca deve desenvolver uma **identidade** única para que o consumidor possa, de forma simples, compreender o que pode esperar da empresa e o que ela entregará de valor no processo mercadológico – estratégias essas que acompanhamos no Capítulo 4. Precisa também ter uma **personalidade** adequada às características de seu público-alvo, ou seja, pensar em formas pontuais de identificar a maneira mais eficiente de personificar os atributos da marca junto a seus consumidores, como acompanhamos no Capítulo 5.

Compreendemos as associações da marca como um ativo que deve ser administrado pela empresa, pois sua adequada gestão facilita o entendimento por parte dos consumidores quanto à unicidade de uma marca no mercado, como uma linguagem adequada, os atributos e a forma de entregar valor para a empresa. Quanto melhores forem essas associações, maiores serão as chances de os consumidores entenderem em que a empresa está disposta a ajudá-los, tornando-a assim uma marca com diferenciais sustentáveis no mercado.

6.2.2.5 Outros recursos patenteados da marca

O último dos ativos que ajudam no processo de gerenciamento do brand equity são as patentes que uma marca possui, por exemplo, a proteção da própria marca, de produto, de processos gerenciais ou outros processos, entre outras proteções legais necessárias para evitar cópias do mercado.

Em mercados cada vez mais globais, a proteção de marcas ou processos é essencial para se garantir maior vantagem competitiva no mercado. Essa proteção, sem dúvida, gera valor para a empresa e consequentemente para a marca.

Como acompanhamos neste capítulo, gerenciar o brand equity de uma empresa é uma das tarefas primordiais do gestor de marca. Sua adequada administração permite diferenciais competitivos sustentáveis no mercado, aperfeiçoamento e eficiência dos programas de marketing, manutenção da lealdade dos consumidores, entre tantas outras vantagens. E para os consumidores também é muito importante uma marca forte, porque, no fundo, o que eles desejam são marcas que consigam demonstrar suas qualidades, seu estilo de vida e sua personalidade. E uma marca forte consegue entregar esses diferenciais.

ESTUDO DE CASO

20 ações que fazem da Skol a marca mais valiosa do país

Cerveja investe em ações inusitadas, que vão da Roda Gigante Skol até o ovo de Páscoa de cerveja para criar engajamento

A Skol é uma das marcas mais populares e vendidas do Brasil. Esta posição é assegurada por uma estratégia de marketing eficiente e ações inovadoras para cativar o público, mesmo entre aqueles que não bebem cerveja. Ideias inusitadas como sorvete Skol, ovo de páscoa da cerveja, 0800 para churrasco e uma fan store com produtos exclusivos são apenas algumas das iniciativas que garantem a construção de uma marca muito bem recebida pelos consumidores e com alto valor de mercado.

O resultado se reflete na avaliação da marca: a cerveja da Ambev ficou à frente da Petrobras e do Bradesco e Itaú no top 10 da Brand Analytics, tendo sido considerada a mais valiosa. Com 30% de participação no mercado nacional, a Skol é avaliada em US$ 6,5 bilhões, de acordo com o ranking 2013 da Brand Analytics/Millward Brown.

UMA MARCA REDONDA

A Skol procura desenvolver diversas ações para criar verdadeiros fãs. Ao desenvolver produtos diferenciados, uma comunicação inovadora e apoiar eventos, a cerveja cria laços emocionais com os jovens e reforça características e valores que estão no seu DNA. Um exemplo é o e-commerce lançado com itens que remetem ao universo de festas e celebração trabalhado na comunicação da cerveja. Na loja virtual, é possível comprar itens como churrasqueiras, baldes de gelo, cadeiras e outros produtos com a assinatura da Skol.

Após perceber que os próprios consumidores customizavam outros itens envolvendo a cerveja, a companhia começou a olhar com mais atenção este movimento e resolveu investir na ideia. "As pessoas criavam churrasqueiras a partir do barril de cerveja que lançamos e davam inúmeras utilidades para as latinhas. Com isso, identificamos a oportunidade de demonstrar nossa capacidade de inovação. Começamos envelopando produtos como cadeira e guarda-sol e hoje chegamos a um ponto em que precisamos ter apenas artigos 'fora da caixa', inovadores", conta Mariana Senna, Gerente de Trade da Skol.

A receptividade foi tão boa que a empresa planeja montar uma agência exclusiva para a sua fan store com o objetivo de identificar ideias para lançamentos inusitados. O investimento em itens voltados para os fãs se baseia na predileção do consumidor e pretende prolongar e aprofundar a experiência com a marca. O portfólio não possui limites, dependendo unicamente da criatividade da empresa. Mas para gerar relevância e disponibilizar objetos de desejo, tudo deve remeter diretamente à marca e seu universo: design, cor e posicionamento devem estar conectados. "Para um produto ser válido, não deve ser genérico. É comum ver os mesmos artigos em diferentes lojas, mudando apenas o logo. A marca se torna menos proprietária a partir do momento que adota elementos que não têm a sua cara", comenta Ana Moura, Diretora Executiva de Estratégia da Future Brand.

O catálogo da E-Skol também possui itens de decoração confeccionados com garrafas de alumínio da marca. Entre os cuidados a serem tomados na produção deste tipo de artigo, está o ajuste entre todas as ferramentas de comunicação da marca com os ícones da sua linguagem, que precisam estar presentes. Isso favorece a percepção do valor que conquista ainda mais espaço na memória do consumidor.

Análise científica para a construção de uma marca
Desde a criação do conceito "desce redondo", este lema vem norteando as ações de marketing e comunicação da Skol. Uma das plataformas que reforçam este posicionamento é a Skoland, um site que possui uma série de serviços, como SAC (Serviço de Atendimento ao Churrasqueiro) que ajuda no convite aos amigos, na elaboração da lista de compras, entre outras tarefas, sempre com muito bom humor. Outro serviço é o GPS Skol, que funciona localizando e comparando o preço da cerveja em estabelecimentos como supermercados e bares localizados próximos ao usuário.

No PitStop Skol, a companhia disponibiliza um serviço de compra online e retirada da bebida gelada em alguns pontos de diversas cidades do país. A marca também criou recentemente o Skol Profissa, com aulas online que trazem dicas sobre como gelar a cerveja e a maneira mais eficiente de servi-la aos convidados. A plataforma conta ainda com a Rádio Skol, que traz um repertório musical que remete ao universo da marca. A Skoland funciona também como uma rede social onde os fãs da cerveja podem acumular pontos, acompanhar vídeos e outros conteúdos produzidos, como vídeos, aplicativos e jogos. A plataforma permite total integração com outras redes sociais.

Todas estas iniciativas seguem o conceito do "desce redondo", que remeta à jovialidade e ao dinamismo da marca. Como conteúdo adicional, o Skoland oferece papéis de parede, temas para personalizar o computador, emoticons customizados pela marca e APPs para smartphones e tablets. Entre eles está o aplicativo da própria Rádio Skol e o serviço de pedido de táxi, uma parceria com a empresa Easy Taxi. Compatível com dispositivos iOS e Android, o programa confirma a localização do usuário e permite que ele acompanhe o percurso do taxista graças a um GPS interligado ao veículo. A iniciativa fez parte da campanha "Se beber, vá de táxi".

EVENTOS PARA SE CONECTAR AO PÚBLICO JOVEM

A construção das bases para a marca Skol se tornar o que é hoje começou nos anos 1990, quando o investimento em marketing passou a ser mais agressivo. O mote "desce redondo" nasceu em 1997 e desde então vem direcionando toda a estratégia de comunicação da marca, campanha, materiais de merchandising, logomarca e embalagens. No comando deste trabalho estava Alberto Cerqueira Lima, então Diretor de Marketing da Brahma. Juntamente com a consultoria Copernicus, foi desenvolvido um amplo estudo sobre o mercado de cerveja nacional onde foram utilizadas 450 variáveis. "No caso da Skol, utilizamos 450 variáveis. Analisamos hábitos, atitudes, percepção de marca, intenção de compra, entre outros, e atribuímos um valor econômico para cada pessoa, que a faz diferente mesmo sendo da mesma classe social, uma vez que há impacto em todas as variáveis", relata o executivo, que fundou a operação brasileira da consultoria e hoje é conselheiro da Copernicus.

O trabalho de pesquisa deu origem ao posicionamento da Skol, que desde então vem trabalhando para consolidar ainda mais a sua marca. Na época, as pesquisas indicavam que a marca era uma cerveja leve e este foi um dos motes utilizados pela propaganda para dizer que Skol "desce redondo". "O consumidor de Skol não era fanático por cerveja. Quem gostava realmente bebia Brahma ou Antarctica. O bebedor de Skol era, em geral, jovem, que gostava de sair e ir a show. E, neste show, seria muito careta ter um refrigerante na mão", conta Cerqueira.

Também a partir dessas conclusões, a cervejaria lançou a garrafa long neck e passou a dar nome ao Skol Beats. O poder de computação de dados foi um dos grandes aliados para a assertividade da estratégia adotada. "Hoje você trabalha com uma infinidade de variáveis que eram impossíveis há 10 anos. Isso permite que utilizemos modelos que já existiam, mas que não eram práticos de usar. Cálculos que demorariam dois anos agora estão prontos em cinco minutos", explica Cerqueira.

ATUAÇÃO FORTE TAMBÉM NAS REDES SOCIAIS

Uma das decisões que se mostrou acertada foi criar uma plataforma de eventos da marca. Skol Beats e Skol Sensation são exemplos que ajudaram a reforçar o posicionamento da cerveja frente ao seu público-alvo. As atrações unem o universo da marca com a música. Em 2013, o Skol Sensation chegou a sua quinta edição, combinando música e experiência. A companhia recebeu cerca de 40 mil pessoas para olhar as atrações. O evento também serviu de plataforma para o lançamento da nova versão da Skol Beats, cerveja com teor alcoólico de 6,9%.

Outra ação que marcou a atuação da cerveja em eventos é a famosa Roda Gigante Skol, que aproveitou o mote da marca "desce redondo" para virar uma atração para os cariocas durante os períodos de verão. O brinquedo foi montado diversas vezes no Rio de Janeiro e fez sucesso. Durante a candidatura da cidade para sediar as Olimpíadas 2016, o visual da roda foi alterado para a Roda Rio 2016, ajudando na campanha para concorrer à realização dos jogos.

A Roda Skol se transformou em ponto turístico durante o carnaval no Rio de Janeiro – chegando à quarta posição no ranking dos mais visitados durante o período. O espaço era aberto, como um local público, justamente para gerar relacionamento entre os visitantes e a marca. Toda a estrutura do evento seguiu o conceito redondo da marca. A Roda Skol seguiu uma tendência mundial e foi conceituada como "A maior roda de amigos já vista", seguindo a linha de posicionamento da marca.

O relacionamento com o consumidor carioca também é um ponto forte da cerveja, que sempre esteve engajada em movimentos de apoio à cidade, como no caso das Olimpíadas. Em 2012, a Skol lançou uma lata exclusiva fruto de uma parceria com o movimento Rio Eu Amo Eu Cuido.

A marca também convidou os cariocas a opinarem sobre obras na orla. As pessoas puderam participar da iniciativa dando sugestões no site da Skol e na fan page da marca no Facebook. "Ao invés de propormos os projetos de melhoria, vamos deixar que o próprio carioca escolha. A ideia é unir forças e juntamente com o povo carioca deixar um legado para a cidade", afirma o Diretor da Marca, Pedro Earp.

A cerveja também preparou uma série de ações para o período de verão, com diversas ativações que começarão na orla do Rio e que serão levadas às principais praias do país. "A marca Skol tem uma relação direta com o verão. Por isso criamos o conceito Praia Skol. Queremos estimular o nosso consumidor a praticar uma vida ativa e saudável. Estamos começando aqui porque o Rio é a alma da Skol. A orla do Rio representa tudo que a marca Skol é. Mas nosso objetivo é expandir este conceito por todo o Brasil", avisa Pedro Earp.

Seguindo o conceito de criar experiências positivas com a marca, a Skol investe em diversas ações durante o carnaval. Festas são promovidas nas principais cidades do país e concursos como o "Operação Skol Folia" que leva consumidores para passar cinco dias nos carnavais de Salvador (BA), Recife e Olinda (PE), Rio de Janeiro (RJ) e Ouro Preto (MG). Além do prêmio final, os participantes ganharam "kits de guerra" com mochila, cantil, capacete com porta cerveja, walkie-talkie e sinalizador, além de minigeladeiras de Skol.

Em cada região, a Skol promove diferentes festas e eventos. Na Bahia, a cerveja patrocinou os principais blocos da cidade e festas temáticas. A marca também já promoveu o Trio Skol Folia, o Skolta Skol e o Skenta Skol na região baiana. Em Pernambuco, a empresa patrocina o carnaval de Recife há quase uma década e o de Olinda há cinco anos consecutivos. A marca também traz para os foliões a Casa Skol no Recife Antigo, um quartel general em Olinda, o Camarote Skol no Galo da Madrugada e o patrocínio do tradicional Bloco Homem da Meia Noite. Em Minas Gerais, a cerveja é parceira tradicional do carnaval das cidades históricas e espera manter viva a tradição da festa, marcada pelas marchinhas e blocos tradicionais. Ela também levará o seu famoso camarote para os principais circuitos de Ouro Preto.

AÇÕES DE MARKETING DIFERENCIADAS

Conheça 20 ações de marketing da Skol que ganharam destaque pela criatividade, inovação e caráter inusitado nos últimos anos.

1) Sorvete de cerveja – A Skol lançou um sorvete de cerveja da marca em edição limitada para o verão de 2012/2013. O produto foi vendido com exclusividade em bares do Rio de Janeiro e São Paulo, com embalagens de 150 ml. O preço sugerido para a sobremesa foi de R$ 5,00 e a venda foi permitida apenas para maiores de 18 anos. A agência Bullet Promo é responsável pela criação e desenvolvimento do projeto.

2) Cooler com controle remoto – A Skol aproveitou o Dia dos Namorados para lançar uma promoção que presenteou consumidores com um cooler com controle remoto. Para concorrer ao prêmio, os internautas se inscreveram pelo hotsite ou pela fan page da marca. Ao todo, foram distribuídos 500 unidades do Skooler, como foi batizado o produto. Para promover a iniciativa, a Skol conta com filme publicitário para TV, além de ações de marketing digital.

3) Lata com fotos dos internautas – A Skol convidou os internautas a enviarem suas fotos em momentos de descontração com a cerveja e as mais votadas estamparam latas comemorativas.

4) Operação Skol Folia – Durante o carvanal, a Skol promove concursos culturais em suas redes sociais oferecendo aos vencedores entrada em festas exclusivas e camarotes patrocinados pela marca. Ganham os internautas que conseguirem o maior número de curtidas.

5) Ovo de páscoa de cerveja – Embora a páscoa seja um período onde as marcas normalmente fazem ações voltadas para o público infantil, a Skol aproveitou a data para criar mais um item inusitado: o ovo de páscoa de cerveja. O produto recebeu o nome de Redondinho e foi vendido em edição limitada na fan page da marca. O kit continha seis ovos em uma

Capítulo 6 • Brand equity

embalagem em formato de miniengradado e tinha o preço de R$ 70,00. Os doces eram feitos de chocolate trufado com cerveja Skol.

6) Serviço de Atendimento ao Churrasqueiro – Para ajudar seus consumidores a organizarem churrascos com seus familiares e amigos, a Skol criou o SAC – Serviço de Atendimento ao Churrasqueiro, que oferece dicas online sobre a organização de um churrasco, desde os convites até a preparação do cardápio. Além das informações, o site traz produtos exclusivos e um vídeo interativo no qual uma atendente esclarece as dúvidas mais frequentes dos internautas. O espaço disponibiliza ainda receitas, calcula a quantidade de ingredientes de acordo com o número de convidados e conta com uma rádio que pode ser personalizada de acordo com o gosto musical. A marca também desenvolveu uma linha de produtos voltados para os amantes do churrasco. Entre eles estão um avental com bolso térmico para manter a lata de cerveja gelada.

7) PitStop Skol – Em mais uma iniciativa inovadora, a Skol criou um serviço de compra online da bebida gelada para posterior retirada em pontos de venda pré-determinados. Por ora, somente alguns pontos em São Paulo possuem o serviço disponível.

8) Skol Profissa – A marca criou "cursos técnicos on-line" para divulgar sua garrafa de 300 ml retornável. A ação faz parte da plataforma digital Skoland e ensina truques para consumir a bebida de maneira "profissional".

9) Lata que fala com os torcedores – Uma edição especial da lata de Skol contava com cinco gritos de torcida que são ouvidos ao abrir a embalagem. As "Latas Torcedoras" foram parte das ações da marca da Ambev durante a Copa do Mundo de 2010. As embalagens "falantes" foram desenvolvidas com tecnologia fotossensível e têm o mesmo visual e peso de uma lata de 350 ml. A edição especial foi distribuída aleatoriamente em meio à produção nacional durante o período da competição. Cinco gritos diferentes foram escolhidos para torcer pelo hexacampeonato brasileiro. Quando o consumidor abre a lata, a penetração da luz ativa o dispositivo que faz a embalagem "falar". Para repetir a fala, basta fechar a lata com a mão e abrir novamente. As latas que falam podem ser encontradas nos packs da marca em todo o país.

10) Skol Rio Eu Amo Eu Cuido – A embalagem especial de Skol 360° na versão de 269 ml foi comercializada durante quatro meses em todos os pontos de venda do Rio de Janeiro para a campanha Rio Eu Amo Eu Cuido. Todo o lucro obtido com as vendas da nova embalagem foi destinado ao movimento.

11) GPS Skol – Serviço que funciona online a partir da plataforma Skoland. Ao acessar o aplicativo, o usuário pode encontrar estabelecimentos próximos ao seu endereço que tenham a cerveja à venda. Além de localizar, o GPS

compara os preços, exibindo uma lista com endereço e valor cobrado por bares e supermercados.

12) Skol e Farm lançam linha de produtos para o verão – Uma parceria da marca com a Farm resultou em uma linha de produtos em conjunto com foco na praia, local estratégico para as duas marcas. A coleção contava com cangas, bolas de futebol, raquetes de frescobol, pranchas e porta--cervejas. Os produtos apresentavam as cores da Skol, em tons amarelos e laranja, e exibiam a estampa Maxi Flores, da Farm. Os produtos foram comercializados com exclusividade pelo e-Farm, espaço virtual da marca.

13) Latas que avisam a hora certa para abrir – Seguindo o conceito de latas inusitadas, a marca da Ambev criou uma embalagem que avisa quando a cerveja está pronta para ser consumida. Uma parte da embalagem contém uma tinta especial que reage à temperatura. Isso garantia o aviso de que a bebida já estava na temperatura correta.

14) Consumidores recebem geladeiras da marca – A partir da pergunta "Onde você armaria o boteco com uma geladeira da Skol?", a Skol convidou os seus consumidores a enviarem respostas criativas para concorrer a uma geladeira da marca. A ação se baseou no sonho da casa própria e teve como mote a "realização do sonho da geladeira de Skol própria". Em outra ação, mais voltada para o jovem, a companhia instalou em pontos de concentração deste público um concurso que pedia para os participantes inventarem uma "desculpa perfeita" para ter uma geladeira Skol no meio da sala de estar. Os vencedores ganhavam a própria geladeira já abastecida com cervejas.

15) Skol Sensation – O festival criado pela marca chegou a sua quinta edição este ano, reunindo cerca de 40 mil pessoas. O Skol Sensation faz a convergência entre música e experiências com a marca.

16) Linha de móveis assinada por designers – Seguindo o conceito de levar a marca Skol para outros objetos, a cerveja convidou designers e arquitetos para criarem uma linha de mobiliário. O resultado foi que as garrafas de alumínio deram forma a cadeiras e poltronas. Também foi desenvolvido conteúdo em vídeo sobre os objetos de decoração que foi disponibilizado na fan page da marca.

17) Skol Praia 360° – O projeto Praia Skol 360° apoiou 140 quiosques na orla do Rio de Janeiro. Os espaços foram customizados com as cores da marca da Skol 360° e ofereciam diversas atrações, como apresentação de show de bandas e DJs nos fins de semana, oficinas de grafite, aulas de slackline e surf experience. Os ambientes também ofereciam conexão wireless e empréstimos de cadeiras, guarda-sóis, skates, patins e pranchas de surfe.

18) Roda Gigante Skol – A Roda Gigante Skol foi montada no Rio de Janeiro e fez tanto sucesso que se transformou em ponto de visitação durante o verão. O brinquedo aproveitava o mote da marca, "desce redondo".

19) e-Skol – O e-commerce da marca, com produtos que vão de objetos de decoração, capas de celular e itens para a praia. Todo o catálogo comercializado segue o conceito do "desce redondo".

20) Dia do Amigo – Para celebrar o Dia do Amigo, a marca convidou seus seguidores e fãs a enviarem vídeos mostrando que eles fazem parte da "Roda de Amigos mais Redonda do Planeta". O material mais criativo foi premiado com uma festa para até 50 participantes totalmente patrocinada pela cerveja.

Fonte: 20 ações que fazem da Skol a marca mais valiosa do país. *Mundo do marketing*. Disponível em: <http://www.mundodomarketing.com.br/inteligencia/estudos/176/20-acoes-que-fazem-da-skol-a-marca-mais-valiosa-do-pais.html>. Acesso em: nov. 2016.

VAMOS TESTAR SEUS CONHECIMENTOS?

1 Em vários momentos do livro falamos da importância de uma empresa ter uma marca forte. Neste momento, podemos dizer que estamos monetizando o valor da marca ou, como mencionamos, falamos a respeito do brand equity. O que é brand equity? Quais são os fatores usados para estabelecer o valor de uma marca?

2 Neste capítulo listamos as marcas mais valiosas do Brasil. Você, depois de todas as estratégias apresentadas no capítulo, concorda com essa avaliação? A marca Itaú, que lidera o ranking, trabalha todos os preceitos abordados no livro? Pode-se afirmar que a empresa pensa em marketing e considera os preceitos de gerenciamento de marca?

3 Quando pensamos nas marcas mais valiosas do mundo, temos a Apple liderando o processo. Da mesma forma que na questão anterior, faça uma análise da marca para verificar se a empresa usa os preceitos de desenvolvimento de marca citados no decorrer desta obra.

4 Ainda com base no ranking da Interbrand, que coloca a Apple como a marca mais valiosa do mundo, qual a relação existente entre o valor da marca e a lealdade por parte de seus consumidores? Pode-se afirmar que a Apple tem todos os requisitos usados no processo de desenvolvimento da lealdade da marca apresentados neste capítulo?

5 Pode-se dizer que o banco Itaú, líder no mercado brasileiro, atende a todos os passos no processo de desenvolvimento da lealdade à marca?

Posicionamento estratégico da marca

APRESENTAÇÃO

Posicionamento estratégico da marca é a forma como a empresa pensa em seu marketing estratégico e principalmente como deixa claro a seus consumidores o que ela representa. Para defini-lo, deve-se entender que a verdadeira batalha entre as empresas se refere a como cada marca está posicionada na mente dos consumidores, e não apenas ao que elas representam no mercado em que estão presentes.

OBJETIVOS

Apresentar o conceito de posicionamento estratégico de marca e sua dimensão, além de identificar quais são as estratégias de posicionamento usadas pelas grandes empresas em seus respectivos mercados e mostrar como elas são importantes para o estabelecimento de uma marca forte.

7.1 POSICIONAMENTO ESTRATÉGICO DE UMA MARCA

Com um slogan até certo ponto simples, tanto em termos de conteúdo quanto da proposta da empresa, a Red Bull pode ser considerada uma marca superior às suas concorrentes e dominante na categoria. Com seu "Red Bull te dá asas" consegue mostrar, de forma adequada, para que serve seu produto: dar energia. Não apenas seu slogan, mas suas campanhas publicitárias, os eventos que patrocina – muitos deles criados pela própria empresa –, suas equipes esportivas, enfim, todas as suas estratégias mercadológicas convergem no sentido de estabelecer uma posição de destaque na mente dos consumidores, além de consolidar a marca no mercado de energéticos. Em 2014, ela representava 60% de participação no mercado mundial para a empresa, realmente um desempenho excepcional para uma marca que foi lançada em 1987, no Dia da Mentira.

Bem, quando presenciamos as estratégias da Red Bull, notamos que a empresa consegue delimitar seu mercado em todos os momentos de contato com os consumidores, seja por meio de suas campanhas publicitárias, dos eventos que patrocina (como o salto do paraquedista australiano Felix Baumgartner da estratosfera) ou de seu slogan, que, como já mencionamos, tem uma simplicidade ímpar. A forma como a empresa pensa em seu marketing estratégico e deixa claro a seus

Veja o salto de Felix Baumgartner:

consumidores o que a empresa é, ou o que a representa no mercado, é o que nomeamos nos capítulos anteriores como sua **identidade**. E o modo como a empresa se relaciona com seu mercado é sua **personalidade**. Isso quer dizer que a empresa está tentando mostrar aos consumidores o que a marca representa. Mas de que forma?

A empresa consegue demonstrar ao mercado o significado de sua marca com uma estratégia de posicionamento. Porém, o que é posicionamento? Podemos entender como posicionamento a maneira pela qual uma marca, empresa ou produto busca formas de se destacar na mente dos consumidores. Trata-se de entender que a verdadeira batalha entre as marcas não está no mercado, mas na mente dos consumidores. É preciso compreender que posicionamento não é a posição em que uma empresa se encontra no mercado – sua participação de mercado ou posição em relação ao líder, seja como empresa desafiante ou seguidora –, mas sim como a marca está posicionada na mente dos consumidores.

> Podemos entender como posicionamento a maneira pela qual uma marca, empresa ou produto busca formas de se destacar na mente dos consumidores. Trata-se de entender que a verdadeira batalha entre as marcas não está no mercado, mas na mente dos consumidores.

Quanto melhor a identidade de uma marca, maiores as chances de ela se destacar. As marcas líderes de categoria têm maior chance de serem lembradas pelos consumidores no momento da compra e, assim, mais chances de serem adquiridas por eles. Essas marcas são aquelas que naturalmente representam determinada categoria de produto, por exemplo, Rexona (lembramos de desodorante), Pirelli (pneus), Maizena (amido de milho), Bombril (palha de aço). Ao ouvir o nome delas, naturalmente lembramos da categoria de produto de que fazem parte. Essa é uma forma de posicionamento, pois, quando pensamos em comprar algo de uma dessas categorias de produtos, são essas marcas que vêm à mente.

Se considerarmos que, segundo pesquisadores do comportamento do consumidor, cerca de 95% das decisões de compra são tomadas no subconsciente, um adequado posicionamento pode significar o sucesso de uma marca no mercado. Se pensarmos que os consumidores, principalmente no caso de produtos de baixo envolvimento, compram no piloto automático, isto é, sem pensar, o posicionamento é muito importante para uma marca. Acaba se tornando um verdadeiro diferencial competitivo. Quando em um restaurante o garçom pergunta aos clientes qual refrigerante eles vão beber, uma grande parte deles pede uma Coca-Cola. Por quê? Porque a Coca-Cola é uma marca dominante, tem uma identidade forte e seu posicionamento está bem estabelecido na mente dos consumidores. Está posicionada de forma estratégica.

Assim, podemos entender que o posicionamento é uma batalha de percepções. É como os consumidores enxergam determinadas marcas, percebem sua identidade e personalidade e as arquivam no cérebro. Quanto melhor for esse armazenamento, maiores serão as chances de ser lembrada no momento da compra. Voltando ao caso do refrigerante, a marca Coca-Cola está bem posicionada na mente dos consumidores, mas e seus concorrentes? O que fazer no caso de uma marca dominante tão forte?

Para enfrentar uma situação como essa, sua eterna rival – Pepsi – desenvolveu uma estratégia interessante. Com foco na ideia de que você pode se surpreender ao mudar suas escolhas, o slogan "Pode ser Pepsi" foi inteligente ao pegar um atalho em termos de percepção dos consumidores. Sabendo que na maioria das situações em que as pessoas pedem uma Coca-Cola e o estabelecimento comercial não tem o produto, o garçom irá sugerir uma alternativa – "Não tem Coca-Cola, pode ser...?" –, esta foi a grande ideia da Pepsi: colocar-se, em termos de percepção dos consumidores, como uma alternativa lógica a seu rival de mercado. Na falta do líder, posicionou-se como a única alternativa. Muito bem pensada a estratégia da marca.

Sendo a batalha entre as marcas uma questão de percepção – ou da forma como os consumidores conseguem, por meio de um estímulo, lembrar de determinada marca –, um dos fatores importantes para se pensar no momento de desenvolver uma estratégia de posicionamento são os gatilhos que deverão ser criados. Nesse ponto, entendemos como gatilhos os estímulos que uma pessoa recebe e que são capazes de trazer à lembrança dela determinada marca.

Esses estímulos podem ser: uma campanha publicitária da empresa (quando vemos um desenho animado até certo ponto simplista, sem muitas cores e com pouco apelo visual, lembramos da Red Bull; quando assistimos a um comercial que apresenta pessoas superando seus limites ou a um discurso para que não desistam nos primeiros obstáculos, lembramos da Johnnie Walker); estímulos visuais (como os arcos amarelos do McDonald's ou a emblemática embalagem do Marlboro, que atualmente apresenta apenas suas cores características e seu desenho de marca); jingles, logos e outros gatilhos. Todos podem desencadear percepções positivas nos consumidores.

Assim, podemos entender que posicionamento é o espaço que uma marca ocupa na mente dos consumidores, e ele deve estar relacionado às formas de gerenciamento de marca que já discutimos, como sua identidade e personalidade. Isso quer dizer que, após a empresa delimitar sua identidade e personalidade, o próximo passo estratégico de branding é a criação do posicionamento.

Trata-se do processo de alinhamento das percepções dos consumidores ou do que uma empresa faz para garantir um espaço de destaque na percepção deles, tendo naturalmente como base as outras marcas do mercado. Nesse processo de alinhamento de percepções e criação de gatilhos, cabe à empresa identificar como os consumidores pensam ou aquilo que eles realmente enxergam de valor na compra.

Retomando o caso da Red Bull, fica claro que os gestores foram precisos ao entender o diferencial da marca em relação aos concorrentes – seu produto fornece energia – e, com base nisso, estabeleceram seu posicionamento de forma clara aos seus clientes, com seu slogan e suas atividades relacionadas ao esporte. Assim, quando elencou seu diferencial, deixou clara para o mercado a identidade da marca, associando-a ao momento de uso do produto, e os benefícios para seus usuários. Com base em sua identidade distinta, que acabou se tornando única, desenvolveu um processo no sentido de criar a personalidade da marca, como ela se comporta em relação ao mercado. Sua personalidade tem características demográficas (ressalta a juventude) e transmite alegria, que podemos notar no humor de suas campanhas, também ligado estrategicamente à energia que seu produto fornece. Ainda, como a marca está associada ao esporte, em algumas situações pode transmitir a emoção relacionada à ousadia de seus praticantes. Bem, agora já temos fortes gatilhos para estabelecer um adequado posicionamento... Ainda não.

Para que a estratégia de posicionamento tenha sucesso, além de delimitar sua identidade e personalidade, a empresa necessita contar uma história. Não adianta apenas mencionar ao mercado seus diferenciais, é preciso criar uma storytelling para que esses gatilhos tenham maior eficiência. A sua storytelling pode ser em relação à corporação, como no caso da Red Bull. Em sua história, a marca destaca que seu fundador, Dietrich Mateschitz, em uma viagem à Tailândia, conheceu uma bebida estimulante que continha, dentre seus componentes, altas doses de cafeína e taurina. Conversando com pessoas do país, notou que a bebida era consumida por motoristas de táxi e caminhão para mantê-los acordados em suas longas jornadas. De posse da ideia, levou o produto para a Áustria e o modificou a fim de colocá-lo no mercado. Apesar de em testes de mercado a maioria das pessoas não ter aprovado o sabor do produto, o empresário foi de encontro às pesquisas e o lançou. Sucesso. Uma boa história que ajuda o mercado a compreender a identidade e a personalidade da marca. A empresa também conta suas histórias, de forma simplificada, por meio de propagandas, roteirizadas em torno de seu principal diferencial: a energia. Entendendo o comportamento do consumidor e definindo seus diferenciais de forma clara, por meio de histórias fáceis de serem entendidas, a empresa consegue criar gatilhos únicos, que ajudam sua marca a ocupar um espaço de destaque na mente dos consumidores. E esse destaque acaba por tornar a marca dominante.

Para que a estratégia de posicionamento tenha sucesso, além de delimitar sua identidade e personalidade, a empresa necessita contar uma história. Não adianta apenas mencionar ao mercado seus diferenciais, é preciso criar uma storytelling para que esses gatilhos tenham maior eficiência.

Ainda em relação ao slogan da empresa, que serve para que os consumidores entendam a identidade da marca e consequentemente seu posicionamento, lembre-se, no processo de criação, de algo muito importante: simplicidade. Quanto maior a simplicidade – e considerando que ela faça com que a ligação entre marca e identidade ocorra de forma natural –, maiores as chances de uma marca conseguir demarcar seu espaço na mente dos consumidores. O famoso slogan "Desce redondo" da Skol é um clássico. Além de um dos mais longevos no mercado brasileiro, está intimamente relacionado ao que os consumidores esperam no momento da compra, uma cerveja leve e refrescante. E estabelece também uma identificação com os consumidores que sempre mencionam, em relação à bebida, que sua qualidade pode

Veja a campanha Desce Redondo da Skol:

ser comprovada quando ela "desce bem". Um poderoso gatilho que nos remete ao posicionamento, identidade e personalidade da marca, uma cerveja jovial e alegre.

Note que este é o objetivo do posicionamento: estabelecer ligações entre os componentes de uma marca, sua identidade e personalidade. É o que podemos notar com as mensagens publicitárias do analgésico Doril – aposto que você já completou a frase "Tomou Doril... a dor sumiu". Demostra que a identidade da marca está relacionada aos benefícios funcionais que ela proporciona aos usuários. Assim, conseguiu criar um forte gatilho, porque sempre que uma pessoa sentir uma dor, a marca será a primeira a ser lembrada, devido à simplicidade do apelo e às ações mercadológicas bem planejadas.

7.2 COMO ESTABELECER SEU POSICIONAMENTO

Cientes da importância do posicionamento como forma de ajudar a criar percepções na mente dos consumidores, neste ponto nos concentraremos nas estratégias usuais que um gestor pode adotar.

O primeiro ponto é pensar no **slogan** ou uma frase que represente de forma simples o que é a empresa, seus diferenciais ou sua identidade. Se você quiser saber qual o posicionamento de uma empresa, basta atentar ao seu slogan. Se ele foi criado de forma adequada, ficarão claros para os consumidores quais os diferenciais da empresa, sua identidade e o que ela pretende entregar de valor a seus consumidores. Slogans simples, mas fortes, como "Think different", da Apple; "Just do it", da Nike; "Energia que dá gosto", do Nescau; "Impossible is nothing", da Adidas, entre outros, são fortes no sentido de serem facilmente reconhecidos no mercado e conseguirem mostrar a identidade da empresa – o "pensar fora da caixa", da Apple; a "superação", da Nike e da Adidas, a "energia", do Nescau.

Portanto, pense estrategicamente. Reveja a identidade de sua marca, analise os diferenciais do produto, entre na mente dos consumidores para poder entender o que é valor para eles e seja simples. Se os consumidores tiverem que pensar muito para entender seu posicionamento, refaça-o!

Não esqueça do **alinhamento estratégico**. Lembre-se de que todas as estratégias de marketing de uma organização devem estar interligadas. Trata-se do entendimento de que todos os componentes de marketing da empresa devem estar em consonância com os objetivos institucionais. De nada adianta uma empresa propor um posicionamento que, muitas vezes, pode até ser interessante se as demais estratégias não estiveram ligadas a ele. Assim, o produto, o preço, a praça e suas promoções devem ajudar a fortalecer esse posicionamento.

Pare ilustrar esse conceito, veja o caso do Bradesco. O banco tinha como slogan "Banco completo", como presenciávamos em suas campanhas publicitárias. Quando o cliente pensava em um banco que atendia a todas as suas necessidades e acompanhava sua evolução em termos de recursos financeiros (migrar a conta de normal para Prime), logo pensava no Bradesco. Agora, com as mudanças estratégicas delineadas em seu planejamento estratégico, seu posicionamento mudou para "Presença". A mensagem é a de um banco presente, não apenas em todos os locais, mas em todas as situações em que seus clientes possam necessitar. Com os Jogos Olímpicos Rio 2016, a empresa mudou mais uma vez seu posicionamento e sua identidade para: "Bra de Brasil. Bra de Bradesco", para ser entendida como uma marca dos brasileiros. Notou o que queremos dizer como alinhamento estratégico? Todas as estratégias da empresa devem convergir para que sejam alcançados os objetivos institucionais como um todo, todas as ferramentas mercadológicas falando a mesma língua.

Portanto, lembre-se sempre de ter em mente os objetivos da empresa, analisando o planejamento estratégico e o plano de marketing dela. Procure sempre alinhar esses objetivos, como fez o Bradesco, para delimitar seu posicionamento estratégico e sua identidade de marca. Primeiro se estabelece o objetivo da empresa para depois pensar em sustentar sua identidade e comunicá-la ao mercado, criando poderosos gatilhos na mente dos consumidores.

Para que um posicionamento estratégico de marca consiga atingir os objetivos da organização, sua construção deve levar em conta os **consumidores**. Pode parecer lógico, mas não é tão claro assim para alguns gestores. Isso porque alguns acabam ficando demasiadamente apaixonados por suas marcas e esquecem de pensar nos consumidores; acreditam que têm os melhores produtos e que basta apresentá-los ao mercado que as vendas ocorrerão de forma espontânea. Isso já foi

> **Para que um posicionamento estratégico de marca consiga atingir os objetivos da organização, sua construção deve levar em conta os consumidores. Pode parecer lógico, mas não é tão claro assim para alguns gestores.**

assim, mas hoje o mercado é mais complexo. Os consumidores têm muitas opções a seu dispor, e cabe ao gestor um estudo detalhado de seu segmento para entender o que os consumidores enxergam de valor em um processo de compra.

Tomemos como exemplo as pilhas Duracell, com seu coelhinho Bunny, que desde 1973 demonstra os diferenciais da empresa. Em uma de suas propagandas mais famosas, temos o famoso coelhinho tocando tambor junto com vários outros. Quase todos param de tocar, porque suas pilhas acabam, exceto o que está com as pilhas Duracell. Como a empresa chegou a essa percepção simples, como você deve ter pensado? Analisou o comportamento do consumidor e notou que ele procurava durabilidade. E, o mais interessante nesse caso, seu atributo está em seu nome, algo que torna impossível a outras empresas conseguirem competir com a Duracell nesse quesito.

Portanto, no momento de estabelecer o posicionamento da empresa, faça um estudo do comportamento do consumidor. Pesquise para entender o que ele considera como valor. Visite a casa dos clientes, converse com eles no ponto de venda e nunca se esqueça de que os consumidores, principalmente os brasileiros, adoram falar, mas precisamos desenvolver nossa habilidade de ouvir.

Porém, não basta apenas pensar nos consumidores, analise também seus **concorrentes**. Eles são os inimigos de batalha das empresas, não apenas no mercado, mas, em nosso caso em particular, na mente do consumidor. Nesse ponto, lembre-se de que os clientes, em grande parte das vezes, preferem os líderes de mercado ou da categoria. Isso porque já sabem, ao menos em termos de percepção, que as marcas líderes são as melhores, por isso são líderes.

Veja o comercial do Fox:

Agora, se sua marca não for a líder, o que fazer? Procure analisar o mercado e encontrar brechas que ainda não foram preenchidas pelos concorrentes. Tente entender os nichos de mercado onde ainda não existem empresas ou criar um mercado em que possa ser líder. Quando a marca Fox, da Volkswagen, foi lançada, foi preciso estabelecer uma nova categoria de mercado, a dos carros compactos. Com o seu slogan "O compacto mais espaçoso da categoria", pôde estabelecer uma distinção em relação a seus concorrentes. Com essa frase, estrategicamente pensada em termos de entendimento do comportamento do consumidor, a montadora passou a percepção de liderança nessa categoria.

Foi o que também ocorreu com a Red Bull, mencionada no início deste capítulo. A empresa criou uma nova categoria de mercado para que pudesse delimitar sua liderança. Foi feita uma análise dos concorrentes no momento de estabelecer seu posicionamento. Se a empresa tivesse entrado no mercado de bebidas de um modo geral, que é muito populoso, isso invalidaria suas estratégias de posicionamento e branding. Porém, como criou uma nova categoria de mercado, isso ajudou na consolidação da marca.

Assim, ao pensar nas estratégias de posicionamento, o estrategista de marca deve realizar uma análise dos concorrentes para que não exista a necessidade de se digladiar com os líderes. Isso significa estudar como o mercado é constituído para pensar em formas de criar novas categorias de mercado a fim de que possa se tornar líder. Porém, não esqueça, ao encontrar uma nova categoria, ela deve ser propagada ao mercado. De nada adianta a empresa descobrir uma nova categoria, mas os consumidores, não. Pense, comunique!

Por último, pense na **constância**. Para um posicionamento ocupar um espaço de destaque na mente dos consumidores é preciso tempo. Os consumidores precisam se acostumar com a marca e com sua identidade. Deve ser algo que faça parte de sua vida e ocorra de forma natural, e isso só irá ocorrer com o tempo. O famoso slogan "Desce redondo", da Skol, foi criado na década de 1980. Nesse caso, o tempo foi fundamental para que a empresa conseguisse um espaço de destaque na mente dos consumidores.

Assim, pense nesses fatores no momento de escolher seu posicionamento. E, lembre-se, a forma mais usual de os consumidores identificarem seu posicionamento é pelo slogan. Esqueça as frases bonitas, de efeito ou que rimem. Pense estrategicamente. Pense em seus consumidores e procure vincular seu posicionamento com a identidade e personalidade de sua marca. Foque nos consumidores e não esqueça: o que seu posicionamento prometer, em termos de entregar valor aos seus consumidores, deverá cumprir. Com a habilidade que as pessoas têm de compartilhar informações, uma promessa não cumprida pode trazer sérias consequências para a empresa.

Capítulo 7 • Posicionamento estratégico da marca

7.3 ANTES DE ESCOLHER O POSICIONAMENTO...

Antes de escolher o tipo de posicionamento que estará de acordo com a identidade da marca, alguns fatores devem ser considerados para que todo o processo possa agregar valor aos consumidores e determinar uma vantagem competitiva sólida para a empresa.

O estudo do comportamento do consumidor é uma área de grande importância para o marketólogo e, consequentemente, para o gestor de marca. Marcas fortes, aquelas que conseguem um desempenho superior no mercado, identificam, antes que seus rivais de mercado, o que realmente os clientes desejam e, dessa forma, conseguem entregar valor a eles. Essa entrega de valor pode ocorrer tanto para marcas individuais como para marcas de família ou organizacionais.

Nesse processo de estudar e entender o comportamento do consumidor, a empresa, antes de escolher o tipo de posicionamento que consiga, de forma adequada, demonstrar sua identidade, precisa ter em mente a importância do produto para os consumidores e, assim, transmitir esses diferenciais para o mercado.

Nesse processo de estudar e entender o comportamento do consumidor, a empresa, antes de escolher o tipo de posicionamento que consiga, de forma adequada, demonstrar sua identidade, precisa ter em mente a **importância** do produto para os consumidores e, assim, transmitir esses diferenciais para o mercado. As empresas que concorrem no setor supermercadista passam por sérias dificuldades. Além de uma concorrência intensa, a diferenciação de uma marca para a outra é muito tênue, afinal, são marcas que revendem produtos de outras empresas. Dessa forma, para estabelecer posicionamentos fortes e marcantes é adequado o estudo do comportamento do consumidor para entender o que eles consideram importante.

O Carrefour, a fim de se diferenciar de seus concorrentes e estabelecer um posicionamento importante no mercado, criou o seguinte slogan para que pudéssemos entender a sua identidade: "Faz a conta, faz Carrefour". Analisando esse slogan entendemos que a identidade da marca está relacionada ao produto, com foco em associações com qualidade e valor, mais precisamente com o benefício que os consumidores recebem ao adquirir os produtos da marca: economia. Mostra que se o consumidor fizer uma comparação, o Carrefour terá melhor preço que os concorrentes. É uma marca que ajuda a economizar nas compras. Em mercados em desenvolvimento como o do Brasil, economizar é algo fundamental para os consumidores e, assim, a empresa foi inteligente em usar esse posicionamento. Portanto, o primeiro fator que devemos analisar é a importância do posicionamento para o público-alvo.

Outro fator a ser considerado é que o posicionamento deve ser **único**. Como ele representa a identidade da marca e, como já estudamos, a identidade deve ser única, o posicionamento também deveria ser, não é mesmo? Mais ou menos. Na ânsia por ganhar mercado o mais rápido possível, algumas empresas se posicionam de forma que é impossível aos consumidores identificar seus diferenciais. Veja, por exemplo, o mercado de telefonia móvel no Brasil. Todas as campanhas publicitárias têm foco no mesmo diferencial: o valor das chamadas e de pacotes de internet. É praticamente impossível identificar diferenças entre as empresas, pois todas têm identidade similar, o que enfraquece o posicionamento delas. Elas competem no mercado com os mesmos atributos e, por não haver muita diferenciação entre uma oferta e outra, o que resta é a famosa guerra de preços, guerra esta que não gera fidelidade dos consumidores e acaba por corroer a rentabilidade da empresa.

Portanto, no momento de delimitar o posicionamento da empresa, é adequado fazer uma análise dos concorrentes para pensar em formas de se diferenciar deles. E, mais uma vez, estudar o comportamento dos consumidores para identificar, adequadamente, o que eles esperam de valor em uma proposta de venda. Foi o que fez a marca de cigarros Lucky Strike quando lançou o slogan "It's toasted" para descrever o processo de produção do cigarro na época (mais tostado do que desidratado). Foi uma forma inteligente de se diferenciar e instituir sua identidade como uma marca refinada de tabaco.

Outro fator que devemos considerar no momento é a **superioridade**. O posicionamento da empresa deve ser superior ao dos concorrentes. É o que entendemos como vantagem competitiva, ou seja, os diferenciais da empresa devem ser superiores aos dos concorrentes e devem ter foco nos consumidores. Isso quer dizer que de nada adianta os atributos da empresa serem infinitamente superiores aos dos concorrentes se não forem o que os clientes desejam ou com o que se importam no momento da compra. Muitas empresas, com o objetivo de estabelecer fortes diferenciais para demarcar sua posição no mercado, apresentam vários atributos de seus produtos, mas os consumidores não estão interessados em todos eles. Portanto, identifique o que realmente

Capítulo 7 • Posicionamento estratégico da marca

231

os clientes esperam no momento da compra, verifique se a empresa consegue entregar esses atributos e, o mais importante, se esses diferenciais são superiores aos dos concorrentes.

O posicionamento deve ser **comunicável**, ou seja, fácil de ser comunicado pela empresa e entendido pelos consumidores. Se eles tiverem que pensar para entender os diferenciais da empresa, algo deve estar errado. Assim, simplicidade é fundamental.

Uma mensagem publicitária que fez muito sucesso no mercado brasileiro foi a do Sucrilhos Kellogg's, com o slogan "Desperte o tigre em você". De forma simples, permitiu que os consumidores pudessem entender a identidade da marca, como um benefício extra que eles poderiam ter com o alimento matinal. Uma forma criativa de expressar que, ao consumir os produtos da empresa, representada pela sua mascote, o tigre Tony, os consumidores poderiam ter energia suficiente, o que para as crianças é fundamental. Além de se diferenciar dos concorrentes no mercado de itens para o café da manhã, como o Nescau, que já focava o aspecto da energia, foi uma das primeiras marcas a incentivar as crianças a praticar esportes, porque seu foco em despertar a "fera" nas crianças estava relacionado à prática de atividades físicas. Um posicionamento facilmente compreensível, desde a figura do tigre, passando pelo slogan simples, até as propagandas com crianças vencendo determinados eventos esportivos, como futebol.

Mais uma vez: lembre-se de que o posicionamento deve ser simples e que a simplicidade é a melhor forma de chegar à mente dos consumidores e garantir um espaço de destaque em meio a um emaranhado de marcas. Simplicidade é tudo neste caso!

Por último, o posicionamento deve ser **rentável**. Isso quer dizer que de nada adianta a empresa ter uma ideia sensacional, que consiga demonstrar todos os atributos do produto, sua identidade, se isso não se reverter em lucro para a empresa. Porém como saber se o esforço irá resultar em vendas substanciais? Nesse caso, a empresa deverá fazer testes de mercado, realizar pesquisas para entender se seu posicionamento realmente está ajudando nas vendas e, se não estiver, deverá se reposicionar no mercado.

Agora que já analisamos todos os aspectos em que você deve pensar antes de estabelecer suas estratégias de posicionamento, abordaremos os tipos de posicionamento que uma empresa pode usar no processo de fortalecimento de marca.

7.4 TIPOS DE POSICIONAMENTO

Quando falamos dos tipos de posicionamento que uma empresa tem à disposição para se comunicar melhor com o mercado, devemos ter em mente que a escolha dependerá da estratégia a ser adotada em sua atuação em determinado mercado. É o momento de a empresa analisar sua identidade, sua personalidade e como poderá, com base em seu posicionamento, explicar da melhor forma possível ao mercado qual a sua proposta de valor.

> Quando falamos dos tipos de posicionamento que uma empresa tem à disposição para se comunicar melhor com o mercado, devemos ter em mente que a escolha dependerá da estratégia a ser adotada em sua atuação em determinado mercado. É o momento de a empresa analisar sua identidade, sua personalidade e como poderá, com base em seu posicionamento, explicar da melhor forma possível ao mercado qual a sua proposta de valor.

Uma das campanhas memoráveis foi a do cartão de crédito Mastercard: "Existem coisas que o dinheiro não compra, para todas as outras existe Mastercard". Com uma série de propagandas que apresentavam momentos importantes na vida de seus consumidores, este slogan e consequentemente seu posicionamento refletem o espírito da marca, sua identidade única e sua personalidade. O objetivo é garantir um espaço de destaque na mente dos consumidores e mostrar a eles por meio de seus produtos e soluções que a marca torna atividades comerciais cotidianas (como fazer compras, viajar, administrar um negócio e gerenciar as finanças) mais fáceis, seguras e eficientes para todos.

Essa campanha conseguiu transmitir a personalidade da marca igualando-a àquela amiga que está com você em todos os momentos que necessitar, conhece seus anseios e compartilha dos momentos únicos de sua vida. Assim criou-se uma identidade de marca forte, que apresenta todos os benefícios que o produto pode entregar em sua proposta de valor. A campanha também conseguiu transmitir todos esses diferenciais contando boas histórias, que envolvem o consumidor em cenas do cotidiano, como passar no vestibular, conhecer o pai da namorada, entre outras formas de mostrar a finalidade do cartão de crédito ou débito. E vale ressaltar que todas essas histórias eram relacionadas ao posicionamento da marca. Agora, qual seria o tipo de posicionamento usado pela empresa? Bem, vamos acompanhar os tipos existentes e tentar identificar em qual a empresa citada se encaixa.

Capítulo 7 • Posicionamento estratégico da marca

7.4.1 Posicionamento por concorrente

A briga entre as duas rivais mundiais do setor de fast-food é intensa. De um lado temos o Burger King, com seus lanches grelhados. De outro, o McDonald's, com os seus lanches fritos. Cada um deles com uma estratégia diferenciada para demonstrar seus diferenciais. Reza a lenda que o Burger King, nos Estados Unidos, usou com humor um slogan no qual mencionava: "Sempre à frente do McDonald's". Porém, como destacamos, era o uso do humor. Isso porque não significava que a empresa estava na frente de seu rival em termos de venda ou de preferência dos consumidores, mas sim fisicamente, pois sempre que o McDonald's abria uma loja, o Burger King inaugurava outra em frente.

Lendas à parte, podemos dizer que o tipo de posicionamento usado pelo Burger King é o que chamamos de **posicionamento por concorrente**. É aquele no qual o desafiante de mercado usa estratégias de comparação com o líder para estabelecer sua posição na percepção do consumidor. Como sabe que o líder está com sua marca estabelecida na mente dos consumidores, pega uma "carona" na imagem dele para se estabelecer. No caso das rivais do fast-food, o Burger King esclarece ao mercado que seus lanches são grelhados, mais saudáveis em relação aos do seu concorrente, cujos lanches são fritos.

Esse tipo de posicionamento normalmente é usado por aquelas empresas que têm uma identidade de marca associada a uma classe de produtos, como acompanhamos no Capítulo 4, lembra-se? Portanto, se a identidade da marca está associada a determinada classe de produtos, como no caso específico dos fast-food, seu posicionamento pode estar relacionado ao concorrente.

Normalmente esse tipo de posicionamento é usado pelo desafiante, que usará a força do líder a seu favor, isto é, usará uma marca já estabelecida como base para criar gatilhos que possam fazer com que os consumidores venham a lembrar dele. Como o exemplo já citado da Pepsi com seu famoso slogan "Pode ser Pepsi", como uma alternativa melhor que os concorrentes na falta da líder de mercado. Ou quando criou, na década de 1980, a campanha Desafio Pepsi, na qual mostrava que em testes cegos os consumidores preferiam o sabor de seu produto ao da Coca-Cola. Isso fez com que a Coca-Cola lançasse, com um tremendo fracasso, a New Coke, que copiava o sabor mais adocicado de sua rival.

Outro exemplo de posicionamento desse tipo foi adotado pela emissora SBT quando era a segunda colocada no mercado brasileiro. Seu posicionamento, apresentado em suas campanhas publicitárias, era "SBT. Na nossa frente, só você". Seu objetivo era dizer ao mercado que não era a Globo que importava para a empresa, indiretamente se referindo ao seu concorrente, mas sim seu público-alvo, seus telespectadores.

Outra campanha muito famosa que se encaixa nesse posicionamento, da indústria da publicidade, foi o comercial divulgado em 1984 para o lançamento do Macintosh, da Apple, que fazia uma referência ao grande irmão que controlava as pessoas, eternizado na obra de George Orwell. Para a empresa, o grande irmão era a IBM, que impunha as regras de mercado, e a Apple serviria como uma forma de libertar os consumidores da tirania da Big Blue. Essa é considerada uma das melhores propagandas de todos os tempos e ajudou a delimitar o espaço da Apple como uma empresa inovadora e contrária às convenções do mercado.

Veja a propaganda da Apple:

Dessa forma, quando uma empresa é a desafiante de mercado e tem uma identidade de marca associada à classe de produto, essa pode ser uma adequada estratégia de posicionamento. Cuidado apenas para não valorizar em demasia o líder, caso contrário, estará ajudando-o a propagar sua marca.

7.4.2 Posicionamento por atributo

Ainda tendo como foco a sinergia no processo de gestão de marcas, temos uma estratégia de posicionamento voltada à identidade da marca associada a qualidade e valor. Isso quer dizer que se a identidade da marca se encaixar nessa categoria, seu posicionamento deverá também transmitir essa percepção ao mercado, ou seja, deverá estar relacionado a características tangíveis do produto, que serão vistas pelos consumidores como a principal prerrogativa de compra.

Esses atributos estão relacionados às características físicas que um produto tem e que podem ser demonstradas de forma direta ou indireta. A forma direta ocorre nos casos em que os atributos estão explícitos, como as pilhas Duracell (seu atributo é a durabilidade) e os automóveis da Ford (o atributo é a força de seu motor, claro em seu slogan: "Pense forte, pense Ford"). Uma curiosidade: a Ford foi desafiada, em seus atributos, pela Nissan, que realizou a campanha dos pôneis malditos (de forma bem-humorada, dizia que as outras montadoras tinham pôneis, e não cavalos de potência). Temos aí um posicionamento por atributo, no caso da Ford, e um posicionamento por concorrente, no caso da Nissan.

Outra forma de demonstrar ao mercado os atributos de uma marca, mas agora de forma indireta, é informando a data de sua fundação, com o famoso "Desde....". Temos aí a estratégia de marca da Heinz, que traz destacada nos rótulos a data de sua fundação, 1869. Nesse caso temos uma ligação indireta, porque, se pensarmos que a empresa tem mais de um século de existência, isso é sinal de que o produto é bom, ou melhor, muito bom.

Também temos o caso do biscoito Tostines, que ficou eternizado pela campanha "Vende mais porque é fresquinho ou é fresquinho porque vende mais?", que mostra, com humor, o atributo da marca, nesse caso, o fato de o biscoito ser mais fresco que os demais. E ainda as operadoras de celular, que em suas campanhas promocionais apresentam a quantidade de minutos que um consumidor pode usufruir de seus produtos, um foco estrito nos atributos da marca.

7.4.3 Posicionamento por uso ou aplicação

Outra forma que uma empresa pode usar para deixar clara a posição que irá ocupar na mente de seus consumidores é destacar quais benefícios o consumidor terá no momento de usar o produto. Se na estratégia anterior a marca propagava o que o produto tem em termos de características físicas, nesse caso o foco é no momento em que a pessoa está usando o produto. Trata-se da análise do comportamento do consumidor e da percepção de que ele está procurando um produto que possa facilitar sua vida. Para um uso específico ou para ter os benefícios adequados é preciso respeitar alguns procedimentos estratégicos para o melhor entendimento por parte dos consumidores.

Esse tipo de posicionamento está relacionado às marcas cuja identidade está ligada ao momento de utilização. E também a uma personalidade amiga, aquela que está junto dos consumidores nos momentos que eles mais necessitam. Assim, se no processo de construção de marca sua estratégia de branding estiver ligada a esses fatores, é adequado esse tipo de posicionamento.

O Gatorade se notabilizou no mercado como uma marca de isotônico que deve ser usado após a prática de esportes, como uma forma de repor os nutrientes perdidos. Note que dificilmente você verá um evento esportivo no qual a marca não esteja presente. É um posicionamento tão forte que dificilmente alguma marca conseguirá roubar sua posição de mercado.

Alguns produtos têm uma ligação tão forte com o momento de utilização que, literalmente, são consumidos apenas em momentos específicos, como o tender da Sadia, que é consumido e comercializado principalmente nas festas de final de ano. Nesse caso, o produto acaba se tornando sinônimo de categoria. E, por mais que outras marcas também o comercializem, é a Sadia que detém o melhor posicionamento.

Algumas marcas de creme dental também podem se encaixar nessa categoria de posicionamento ao destacar que podem oferecer dentes mais brancos após determinado período de uso. Outro exemplo é a marca de cigarros Carlton, que, quando as propagandas eram permitidas nos meios de comunicação de massa, tinha como slogan: "Um raro prazer", ou seja, o prazer de fumar um cigarro de qualidade.

Também temos uma das estratégias de posicionamento das mais eficazes do setor bancário no caso do Unibanco. Nos primórdios da internet, foi a primeira marca a perceber as mudanças em termos de comportamento do consumidor e, assim, produziu a sua campanha do banco 30 horas – 24 horas pela internet e 6 horas na agência. Uma excelente estratégia de posicionamento, pena que depois foi abandonada pela empresa e trocada pelo "Nem parece banco".

Entre as mais antigas, destaca-se o Neston e o seu "Existem mil maneiras de preparar Neston, invente uma!". Enfim, são marcas que se destacam no mercado tendo como base estratégica de posicionamento os benefícios que os consumidores terão no momento de usar o produto, sempre, é claro, com vínculo à sua identidade.

7.4.4 Posicionamento por usuário

Em sua volta à Apple em 1996, Steve Jobs notou que a empresa que havia fundado estava perdendo sua identidade, tanto em termos dos produtos que havia disponibilizado ao mercado como na identidade de sua marca. Para reverter a situação, contratou uma nova agência de publicidade e criou uma das mais icônicas propagandas não só da marca como também do mundo publicitário, a "Think different". Era a tradução dos pensamentos de Jobs sobre o que a Apple significava, a demarcação da identidade da marca junto a um seleto grupo de consumidores. O filme, que tem narração original de Richard Dreyfuss, apresenta figuras marcantes da história enquanto um texto, de coautoria de Jobs, comenta como os "loucos" mudaram o mundo.

O texto diz: "Isto é para os loucos. Os desajustados. Os rebeldes. Os criadores de caso. Os que são peças redondas nos buracos quadrados. Os que veem as coisas de forma diferente. Eles não gostam de regras. E eles não têm nenhum respeito pelo *status quo*. Você pode citá-los, discordar deles, glorificá-los ou difamá-los. Mas a única coisa que você não pode fazer é ignorá-los. Porque eles mudam as coisas. Eles empurram a raça humana para a frente. Enquanto alguns os veem como loucos, nós vemos gênios. Porque as pessoas que são loucas o suficiente para achar que podem mudar o mundo são as que, de fato, mudam". Einstein, Gandhi, John Lennon, Bob Dylan, Picasso, Thomas Edison, Chaplin, Martin Luther King, entre outros, eram os loucos que inspiraram Jobs.

Com essa campanha, ou com essa declaração de identidade da marca, a Apple preconizou que é uma marca para pessoas não conformistas, que querem usar computadores para mudar o mundo. Além do vídeo, uma série de anúncios impressos, sem legendas, apenas com a foto das pessoas que mudaram o mundo, também foi lançada. O que podemos entender nesse caso? Primeiro, que a identidade da marca, como verificamos nos capítulos anteriores, de forma estratégica e alinhada em termos mercadológicos, é associada ao usuário e, consequentemente, há um posicionamento por parte do usuário.

Assim, podemos entender que posicionamento por usuário é aquele que demarca a posição de uma marca pelo fato de ela estar determinada como a melhor para um grupo de consumidores. Nesse caso, a Apple é a melhor para as pessoas inconformadas, os rebeldes, os criativos. Quando uma empresa estabelece esse tipo de posicionamento facilita a compreensão dos consumidores e também a associação dos clientes em relação a algumas características de autoexpressão, ou seja, o consumidor, ao usar determinada marca, pretende demonstrar características que tem ou deseja ter. Assim, quem usa os produtos da Apple gostaria de passar a seu grupo social as características que a marca carrega.

Podemos perceber esse tipo de posicionamento também com a marca Gatorade, direcionada a um grupo diferente de consumidores, os esportistas. Com esse posicionamento, notado em suas campanhas publicitárias, a empresa demonstra para alguns mercados que o produto identifica pessoas que praticam esportes. Assim, o produto é destinado a elas e a todos aqueles que gostariam de demonstrar essa característica, ou seja, as pessoas podem até não praticar esportes, mas usam o produto (a troca da embalagem de vidro pela de plástico facilitou o transporte para todo lugar, possibilitando às pessoas levá-las para onde quisessem e passar a imagem de alguém que tem o hábito de praticar esportes).

Pensando no fato de que um produto pode se posicionar para determinados grupos de consumidores, podemos citar também o caso da indústria de desodorantes masculinos. De um lado temos o Axe, que com seu apelo à sedução e sexualidade é destinado a um grupo específico, homens adolescentes. Isso porque é nessa fase da vida que os consumidores necessitam de uma maior afirmação em termos de sua sexualidade, e a marca sugere em todas as suas campanhas que as mulheres são facilmente seduzidas pelo aroma desse desodorante. Nessa briga pelo consumidor temos o desodorante Old Spice, com seu slogan "O desodorante para o homem Homem". Naturalmente, para os homens másculos.

Portanto, além do posicionamento por usuários demonstrar o que a marca significa para um grupo de pessoas, também é uma forma de identificação com algumas características que elas têm ou gostariam de ter; ou seja, usam a marca como uma forma de autoexpressão.

Ainda falando em termos de sensualidade, ela não funciona apenas para os homens, mas também para as mulheres. Ficou muito famosa a campanha das meias Lupo com seu posicionamento "A meia da loba", que demonstrava a sensualidade que o uso de seu produto podia trazer às mulheres. Em suas campanhas, a empresa apresentava uma mulher se preparando para sair à noite. Mostrava a sensualidade no momento vestir a meia e a percepção da força da mulher moderna, que não aguarda as coisas acontecerem, e sim corre atrás. Era a demonstração de uma mulher decidida.

Portanto, além do posicionamento por usuários demonstrar o que a marca significa para um grupo de pessoas, também é uma forma de identificação com algumas características que elas têm ou gostariam de ter; ou seja, usam a marca como uma forma de autoexpressão.

Capítulo 7 • Posicionamento estratégico da marca

Portanto, uma pessoa usa um relógio Rolex para demonstrar que é refinada, uma lingerie da Victoria's Secret para demonstrar sensualidade. É o posicionamento por usuário.

7.4.5 Posicionamento por benefício

Outra maneira estratégica que uma empresa pode usar para apresentar sua identidade e consequentemente seu posicionamento é em relação aos benefícios que o produto oferece a seus consumidores. Se o posicionamento por atributo, como vimos anteriormente, diz respeito às características, se assim podemos dizer, físicas do produto, o posicionamento por benefício é tudo aquilo que o consumidor irá receber ao usar determinado produto. É o que ele percebe de valor, ou irá receber, ao usar determinado produto ou marca, como o sabão em pó que irá proporcionar uma roupa mais branca, o creme dental que deixará o hálito mais fresco.

É o que ocorre quando a empresa, por meio do estudo do comportamento do consumidor, identifica como mais importante tudo aquilo que ele espera após o uso do produto, ou seja, aquilo que ele enxerga de valor, e informa ao mercado que é a melhor opção para entregar esse valor. Com essa percepção do que os consumidores esperam, uma marca pode construir sua identidade tendo como base a liderança em certo benefício. Estabelecida sua identidade, a empresa irá usar todos os seus pontos de contato com os consumidores para estabelecer seu posicionamento.

A frase "Você faz maravilhas com Leite Moça" é uma forma de a Nestlé mostrar aos seus consumidores os benefícios que entrega a eles, pois basta usar o produto que os preparos ficarão muito melhores. Um benefício em relação ao uso do produto, ou o que os consumidores receberão após usá-lo. Já a cerveja Brahma usava a frase "Refresca até pensamento" para transmitir o benefício que o consumidor iria receber (refrescar-se) ao usar o produto.

Outro exemplo clássico desse tipo de posicionamento é a Disney. O maior benefício que os consumidores recebem após visitar seus parques é a sensação de estar no mundo da fantasia. É o que entendemos em termos de marketing como aquelas empresas que não vendem um produto, mas uma experiência. Nesse caso, podemos entender como a forma pela qual a empresa trabalha todos os momentos de contato com o cliente, desde o momento que ele toma conhecimento do produto até o pós-venda, sempre preocupada em proporcionar a melhor experiência a ele, sem nenhum erro ou problema que possa prejudicar esse relacionamento. Esse é o benefício que os consumidores recebem ao usufruir desse serviço.

Tendo em vista que o posicionamento da empresa é "vender fantasia", ela adota estratégias para estimular as emoções. Por exemplo, à medida que as pessoas avançam na rua principal do parque, o volume da música aumenta para que entrem no clima da fantasia e fiquem cada vez mais entusiasmadas com o ambiente. Essa estratégia sensorial da marca cria uma atmosfera, é uma estratégia de comunicação de marketing. Uma atmosfera que contribui para a percepção do mundo da fantasia que a marca deixa claro em sua missão, visão, valores e... em sua identidade.

Outro fator interessante em relação ao foco nos detalhes e na satisfação de seus clientes é em relação ao estacionamento. Uma pesquisa realizada em 1995 mostrou que cerca de 19 mil pessoas haviam esquecido as chaves dentro de seus automóveis. Ciente dessa situação, a empresa criou um sistema para resolver o problema em menos de três minutos, sem custo nenhum para os clientes. É um exemplo do cuidado para que a estadia seja a mais perfeita possível, e que um simples detalhe não estrague o dia deles.

A filosofia que norteia a organização empresarial é pautada em uma preocupação com os detalhes, com o objetivo de satisfazer (e superar) as necessidades de seus clientes, tratando-os de forma amistosa. Repare que, para a Disney, as pessoas que frequentam seus parques são convidados. Não são simples clientes, pois sempre tratamos da melhor forma possível nossos convidados, não é mesmo? Note que a preocupação com os detalhes está enraizada em todas as estratégias da empresa, como uma forma de fortalecer a marca.

Para que possa manter este foco incessante em seus convidados, procura remunerar de forma adequada (em muitas situações, em valor superior ao oferecido pelos concorrentes) os membros de seu elenco, os *cast members*. Para cada dólar de salário paga 39 centavos de benefícios, pois somente assim pode ter pessoas engajadas em sua política e filosofia.

Cabe destacar que as empresas que vendem experiências são aquelas mais difíceis de serem copiadas pelos concorrentes, porque são fruto de um adequado processo de entendimento dos consumidores e de um alinhamento mercadológico consistente, no qual todos dentro da empresa conseguem falar a mesma língua: a língua do consumidor. A Disney é um exemplo de empresa que pensa nos benefícios que os consumidores podem receber no momento da compra. Na venda de experiência temos uma maior chance de intensificar o branding de uma empresa, sua personalidade e identidade.

7.4.6 Posicionamento por preço ou qualidade

Agora falaremos das empresas que se posicionam por preço ou qualidade. São aquela que, já no processo de criação de identidade, focam em qualidade e valor.

Em uma empresa que se posiciona em relação ao preço, o gestor de marca precisa tomar cuidado no momento de pensar na estratégia de marca e posicionamento, pois é senso comum que preço baixo é sinal de qualidade inferior e, como sabemos, nenhuma empresa gostaria de ser reconhecida no mercado com essa identidade, não é mesmo?

Vamos tomar como exemplo o setor supermercadista em território brasileiro. O Dia%, da rede Carrefour, tem um posicionamento estratégico em relação a preço e um adequado alinhamento mercadológico que representam de forma adequada a identidade da marca no setor. Dizemos alinhamento porque todas as suas estratégias de marketing são voltadas ao preço, desde os produtos (em algumas lojas existem apenas marcas de segunda categoria ou menor oferta de marcas líderes) até o acondicionamento das mercadorias em suas lojas, que deixa um pouco a desejar em termos de merchandising, e os funcionários talvez não sejam incentivados pela empresa para resolver os problemas dos consumidores. Por outro lado, a empresa consegue cumprir o prometido e tem uma lista de preços bem mais baixos que os dos concorrentes.

É uma marca forte no mercado pelo fato de sua identidade ser clara para os consumidores. Seu foco é preço e, dessa forma, seria incoerente se suas lojas esbanjassem luxo. Portanto, elas são simples e eficientes. E seu slogan realmente mostra o que os franqueados fazem: "Economia de verdade". Assim temos um excelente posicionamento de marca.

É possível mencionar também o caso do Walmart, que, ao menos nos Estados Unidos, tem como política apresentar melhores ofertas que seus concorrentes, e o mais importante, seus produtos são de ótima qualidade, além de sempre encontrarmos nas lojas as marcas líderes de mercado. Já no Brasil essa situação não ocorre, porque simplesmente

EM UMA EMPRESA QUE SE POSICIONA EM RELAÇÃO AO PREÇO, O GESTOR DE MARCA PRECISA TOMAR CUIDADO NO MOMENTO DE PENSAR NA ESTRATÉGIA DE MARCA E POSICIONAMENTO, POIS É SENSO COMUM QUE PREÇO BAIXO É SINAL DE QUALIDADE INFERIOR E, COMO SABEMOS, NENHUMA EMPRESA GOSTARIA DE SER RECONHECIDA NO MERCADO COM ESSA IDENTIDADE.

a empresa procura se adequar aos preços dos concorrentes diretos, que normalmente não são tão baratos; muitas vezes, supermercados localizados nas periferias das grandes cidades têm preços mais adequados que os das grandes redes.

Já no varejo virtual, temos o caso da Amazon. Sua política de preços é extremamente agressiva, desde o momento que compra as mercadorias dos fornecedores até a venda a seus consumidores finais. São diversas ofertas diárias, com itens que podem ser comprados com até 80% de desconto. Esse foco em descontos e preços abaixo dos oferecidos pelo mercado faz parte de sua filosofia empresarial e está presente em quase todos os itens que comercializa.

Além de um posicionamento de preço, também temos aquelas empresas que se notabilizam pela qualidade superior de seus produtos, por exemplo, a Friboi, que em suas campanhas publicitárias destaca que sua carne tem marca, uma marca de qualidade. Em suas estratégias comerciais mostra seu processo produtivo para deixar clara sua preocupação com a qualidade de seus produtos.

Algumas empresas também podem se posicionar em relação a sua qualidade superior principalmente para aqueles produtos que, de alguma forma, precisam oferecer alta qualidade e segurança, como medicamentos, peças de automóvel, materiais médicos, matéria-prima para a indústria, entre outros tantos setores.

Ainda queremos citar o caso das universidades, que divulgam em suas campanhas ter uma qualidade superior às demais, como o número de estrelas que têm segundo a publicação *Guia do Estudante* ou a quantidade de mestres e doutores entre seus professores. Ou a Volkswagen, já mencionada anteriormente, com seu famoso slogan "Você conhece, você confia", que pretende demonstrar aos consumidores a qualidade de seus produtos, bem como supor intimidade, como uma marca presente no cotidiano dos brasileiros. Há ainda o restaurante que assegura a qualidade dos produtos que são usados em seus pratos, a marca de café solúvel que destaca que tem grãos selecionados, entre outras formas de destacar a qualidade de seus produtos.

Apenas deve-se tomar cuidado no momento de destacar a qualidade de seus produtos, porque você pode ouvir a seguinte resposta de seu consumidor: "Qualidade é o mínimo que eu espero que você me entregue, isso não é mais do que sua obrigação".

Portanto, essas foram as formas de posicionamento que uma empresa pode usar para garantir um espaço de destaque na mente do consumidor, sendo, como já ressaltado, uma das estratégias mais importantes quando pensamos no processo de criar valor aos consumidores e demonstrar ao mercado a identidade e personalidade da marca.

A fim de que uma estratégia de posicionamento seja adequada para garantir que a marca assegure um espaço de destaque na mente dos consumidores e fortaleça sua identidade, os gestores de marca devem pensar nas referências competitivas do mercado, ou seja, na ligação entre seus concorrentes. Isso quer dizer que se devem identificar quais os concorrentes de sua categoria, sejam eles diretos, indiretos ou genéricos, para, com isso, identificar os pontos de diferença e os de paridade e poder estabelecer melhor sua posição de destaque no mercado.

Isso, além de ajudar a marca em todos os seus processos de comunicação e demais estratégias de marketing, auxiliará o consumidor no momento de compra, pois facilitará a identificação das características de cada marca no momento de escolha.

Lembre-se: facilite a vida do consumidor; se não for muito fácil para ele identificar as diferenças entre as marcas, dificilmente ele perderá tempo tentando entendê-las. Fale para que todos possam ouvir, mas venda para aqueles que entendam sua mensagem e possam tornar-se consumidores por muito mais tempo. Pensando dessa forma, devemos estabelecer os pontos de diferença e paridade entre os rivais de mercado.

Nos **pontos de diferença** cabe ao gestor de marca analisar os consumidores e entender quais são suas verdadeiras necessidades, os verdadeiros motivos que os levam à compra e como ele entende o processo de entrega de valor, ou o que eles enxergam de valor no momento da compra. Para isso é adequada uma sistemática segmentação de mercado para identificar o público-alvo e um profundo estudo do comportamento do consumidor para entender o que ele realmente entende como valor na oferta. Mas de nada adianta entender esse processo de compra se a empresa não puder garantir essa oferta. De nada adianta uma vantagem no mercado se não for isso que os consumidores esperam, ou a empresa prometer e não cumprir.

Por isso, é importante o estudo do segmento de mercado e do comportamento do consumidor. Ciente desse conhecimento, a empresa deve identificar como poderá se diferenciar de seus concorrentes, ou seja, oferecer uma proposta de valor diferente da deles, afinal, se for

Capítulo 7 • Posicionamento estratégico da marca

245

igual ao que todo mundo oferece, a empresa dificilmente irá se diferenciar do mercado.

Nos **pontos de paridade**, o gestor de marca deve estudar quais são os concorrentes para que possa estabelecer o que existe de comum entre eles dentro de uma categoria. Assim estabelecerá uma forma de diferenciação e, consequentemente, seu posicionamento. Isso significa fugir da armadilha do famoso "Eu também", que inunda o mercado. Basta que um concorrente faça uma estratégia diferenciada, mude as características do produto ou divulgue seus diferenciais em outras plataformas de comunicação que todos os concorrentes passam a fazer a mesma coisa, ou "Eu também faço isso...". É pensar em formas diferentes de atuar no mercado, formas diferentes de entregar valor aos consumidores.

Assim, cabe à empresa identificar o que o concorrente faz e estabelecer diferenças superiores (mas com foco naquilo que os consumidores desejam), identificáveis (que os consumidores consigam entender de forma clara, tanto os benefícios como o seu posicionamento), comparáveis (para ajudar os consumidores a identificar os motivos para escolher determinadas marcas) e que estejam de acordo com os verdadeiros desejos dos consumidores.

Terminamos o posicionamento, uma das estratégias mais importantes no processo de criação de marcas fortes e sustentáveis no mercado. Isso porque somente aquelas empresas que conquistarem um lugar de destaque na mente do consumidor conseguirão manter-se vencedoras nesse mercado cada dia mais competitivo.

ESTUDO DE CASO

Branded content
....

Um estudo de caso de marketing Red Bull

Uma das marcas mais intrigantes do mercado, a Red Bull inventou as polêmicas bebidas energéticas. Seu sucesso se baseia no branded content, o conteúdo gerado pela marca. Reportagem da HSM Management desvenda o sucesso obtido. Em entrevista exclusiva a HSM Management, representantes da agência interna da Red Bull, que não podem ser identificados, segundo a regra da empresa, explicam por que o branded content é o centro de sua estratégia de negócios

Sinopse: Em 2012, o célebre Festival de Publicidade de Cannes incluiu a categoria "branded content" em seus prêmios. Foi a consagração de uma metodologia de comunicação que tem sido considerada particularmente eficaz por um crescente número de empresas, especialmente em relação ao público mais jovem. A fabricante de energéticos Red Bull, liderada pelo austríaco Dietrich Mateschitz, levou o branded content um passo além, ao praticamente transformá-lo no principal produto da empresa. Investindo 30% de seu faturamento em divulgação, ela criou uma fórmula de sucesso: com a Red Bull Media House (RBMH), fundada em 2007 como unidade de negócios separada e com mais de cem colaboradores, produz material para TV, cinema, imprensa escrita e internet, além de gerar música e desenvolver aplicativos para smartphones e videogames. A RBMH também revende conteúdos de terceiros. O ponto de partida do conteúdo são os esportes radicais, que requerem energia, e é o que permite a sua polêmica bebida (do ponto de vista da saúde) ser a mais cara do mercado. Mas qual é o produto? A bebida ou o conteúdo?

CENA 1
1º de janeiro de 2009, Rio All-Suite Casino Hotel, Las Vegas, Estados Unidos
O australiano Robbie Maddison, motociclista de estilo livre, desafia a gravidade e salta 30 metros sobre uma réplica do Arco do Triunfo de Paris. Tem sucesso. Em sua cabeça, vê-se o capacete da Red Bull.

Cena 2
7 de maio de 2010, Rio de Janeiro, Brasil

Pilotos da Red Bull Air Race disputam a corrida de aviões patrocinada pela empresa em várias partes do mundo, incluindo o Rio de Janeiro, que abriga uma das etapas do campeonato. O vencedor, tanto da etapa carioca como da corrida geral, é o piloto britânico Paul Bonhomme, o maior vitorioso em competições do gênero.

A corrida foi criada em 2001 como parte da coleção de esportes radicais e improváveis da marca. O objetivo? Desafiar as habilidades dos melhores pilotos do mundo, não só em relação à velocidade, mas também quanto à precisão. Assim, os pilotos têm de enfrentar obstáculos em alta velocidade, em percursos especialmente criados para disparar a adrenalina.

Na edição de 2010, o piloto brasileiro Adilson Kindlemann bateu em Perth, na Austrália, e, socorrido rapidamente, não sofreu lesões graves. As séries de 2011 a 2013 foram canceladas, mas a empresa anuncia uma nova em 2014.

Cena 3
14 de outubro de 2012, Roswell, Novo México, Estados Unidos

O austríaco Felix Baumgartner, vestido com uma roupa pressurizada, quase como um astronauta, atira-se de 39.040 metros na estratosfera em queda livre até a Terra. Foram duas horas e meia para subir e são 4 minutos e 20 segundos para voltar, a uma velocidade de 373 metros por segundo. O esportista se preparou durante cinco anos para essa missão, patrocinada pela Red Bull Stratos, projeto realizado pela marca com um grupo de cientistas, o coronel aposentado da Força Aérea dos Estados Unidos, Joseph Kittinger e o próprio Baumgartner.

Você acaba de ler três exemplos de "branded content", expressão que costuma ser utilizada em inglês no Brasil para designar "conteúdo de marca", e de como a Red Bull o entende. Trata-se de uma forma de comunicação relativamente nova, na qual é uma empresa, e não a mídia, que gera e financia conteúdo jornalístico, educativo ou de entretenimento. O objetivo da empresa é chamar a atenção de seu público-alvo e da própria mídia, para que multipliquem o conteúdo criado por ela e assim seja possível chegar a um número de pessoas maior. Por conta do branded content, as divisões entre informação jornalística, publicidade e entretenimento já não são tão nítidas quanto há poucos anos.

Com ações adequadas, o conteúdo pode se envolver diretamente com a identidade, os valores e os atributos da marca. No caso da Red Bull, que fabrica e comercializa bebidas energéticas, é a energia, simbolizada pelos esportes radicais. Dessa maneira, é possível aumentar a superfície de contato com os consumidores e aprofundar o tão almejado vínculo direto e personalizado.

O branded content não está centrado em comunicar nem em vender um produto ou serviço particular; seu objetivo é relacionar diretamente o consumidor com a marca e ligá-lo emocionalmente a seus valores. Os formatos e as plataformas com que se produz e se distribui o conteúdo de marca são muito flexíveis e difíceis de demarcar.

Então, como reconhecer e classificar um conteúdo de marca? Ele é um product placement (posicionamento de produto), técnica publicitária que consiste na inserção de uma marca ou produto dentro de um programa, que no Brasil chamamos também de merchandising? É advertainment? Marketing de guerrilha? Infomercial? Site corporativo? Informe publicitário? Ações em redes sociais?

Branded content pode ser tudo isso e até mais, conforme a ação, mas existe um denominador comum a toda essa variedade: esse conteúdo visa, desde sua origem, a divulgar a marca e tem de resultar em uma notícia que a mídia simplesmente não possa ignorar. Com uma vantagem: as mensagens desse conteúdo são muito mais sutis do que a intrusiva publicidade tradicional. Outra particularidade fundamental é que nunca esse conteúdo usa a repetição como método: uma ação jamais pode ser igual a outra.

Por mais que as primeiras ações tenham sido desenvolvidas há mais de uma década, essa técnica publicitária inovadora vem crescendo expressivamente nos últimos anos, tanto que, em 2012, o Festival de Publicidade de Cannes criou uma categoria de prêmios para branded content. A Branded Content Marketing Association existe desde 2003.

O que explica o crescimento? Segundo estudos feitos desde 2008, mais de um terço dos consumidores se mostram saturados pela publicidade convencional e relutantes em comprar produtos e serviços de marcas que os incomodam e invadem com suas mensagens. Também tem a ver com a idade do target. As pesquisas demonstram maior eficácia quando se usa o branded content em um site ou em uma rede social além dos típicos banners, especialmente ante o público da faixa etária que vai dos 18 aos 34 anos.

As asas da energia

O caso Red Bull como gerador de conteúdo de marca tem sido cada vez mais estudado nas escolas de comunicação e marketing mais importantes do mundo, o que não é tarefa tão simples, pois a marca se recusa a falar de si mesma.

Segundo Martha Terenzzo, professora da Escola Superior de Propaganda e Marketing (ESPM) e especialista em branded content, a empresa nunca atendeu a seus pedidos de informação para apresentar o case em sala de aula, por exemplo. "Nunca consegui chegar a uma fonte primária", explica. À imprensa, a assessoria da empresa afirma que ninguém pode dar entrevista individualmente e que certos temas não são abordados nem em respostas institucionais, como a estratégia de marketing.

Embora a companhia resista a explicar as chaves de suas campanhas e ações, seu marketing, meticulosamente planejado desde o grande lançamento da empresa, em 1984, tem sido rastreado em detalhe. Sua estratégia é composta de ao menos três características peculiares: baixa presença publicitária nos meios tradicionais, patrocínio de eventos esportivos (na maioria não convencionais ou extremos) e apoio a esportistas. Estes nunca são número um, mas os nem tão famosos que representam os valores da marca estão em ascensão. Hoje, a Red Bull patrocina mais de 600 atletas em quase 160 áreas, embora não haja contratos formais entre eles e a marca, e sim acordos verbais de apoio a sonhos.

A Red Bull também baseia sua estratégia de marketing em uma enorme presença online e nas redes sociais, e, finalmente, na produção constante de conteúdos que obrigatoriamente instiguem a mídia.

Para Santiago Olivera, da agência de publicidade internacional TBWA, isso faz sentido. "Todo o esforço da marca é colocado em tornar os consumidores parte do mundo Red Bull, um mundo 100% alinhado com a essência do produto – um energético." Já Martha Terenzzo, da ESPM, ressalta que as coisas podem não ser tão simples. "Todos os Ps do marketing [produto, preço, praça e promoção] precisam estar alinhados, pois só branded content não segura a reputação de uma marca. Ele até ajuda a construir o awareness, a fazer com que as pessoas se tornem fãs, mas, quando algo não é autêntico, só o branded content não é suficiente no longo prazo."

A professora levanta particularmente a questão do P de produto: por mais que um energético possa ser associado a esportes radicais, sua fórmula polêmica, cujo componente principal é a taurina, estimulante usado também em medicamentos antidepressivos, é algo vetado nos esportes de alto nível. E, ainda assim, a empresa tem uma equipe de Fórmula 1, a Red Bull Racing, criada em 2005 e encabeçada pelo alemão Sebastian Vettel, que em 2010 se tornou o campeão mais jovem da categoria, aos 23 anos, e também apoia esportes como o wakeboard, o kitesurf e o skate, entre muitos outros. O primeiro esportista embaixador da marca, aliás, foi o ex-piloto austríaco Gerhard Berger, campeão de dez corridas de Fórmula 1 em escuderias como Ferrari, McLaren e Benetton.

Outra polêmica envolvendo a marca é que, em 20 anos, três esportistas da Red Bull morreram em acidentes, todos em 2009: o esquiador Shane McConkey e o parapentista Ueli Gegenschatz – praticantes de base jumping, modalidade de paraquedismo considerada a mais extrema dos esportes radicais – e o paraquedista Eli Thompson, integrante da Red Bull Air Force. "Não existe esporte sem risco", disse seu fundador e CEO Dietrich Mateschitz à revista *Business Week*, em 2011, concedendo uma raríssima entrevista para defender-se. "Os acidentes fatais são uma possibilidade, os atletas sabem disso e o fariam com ou sem nosso apoio. Escolheram esse caminho muito antes de nossa parceria."

"A" UNIDADE DE NEGÓCIOS

Por trás de todas essas ações da empresa está a Red Bull Media House (RBMH), agência própria criada em 2007 como unidade de negócios separada. Consiste em uma enorme usina de conteúdos na qual mais de cem pessoas pensam e produzem material para TV, cinema, mídia impressa e internet, mas também geram música e desenvolvem aplicativos para smartphones e videogames. A RBMH ainda vende o conteúdo criado por correspondentes distribuídos em mais de 160 países, que assinam acordos de licença com outras empresas, produtoras e meios de comunicação.

Hoje há certo consenso de que a Red Bull já não é uma fabricante de energéticos e muito menos de bebidas. É uma enorme empresa de comunicação que, sob uma marca forte como guarda-chuva, produz e comercializa todo tipo de conteúdo de alto impacto.

Foi da media house que surgiu a ideia da Red Bull Stratos, a promotora do salto no vazio do paraquedista Baumgarten, cuja audiência mundial quebrou recordes: 8 milhões de pessoas o viram simultaneamente pelo canal oficial da Red Bull no YouTube e mais vários outros milhões nas 40 transmissões de TV ao vivo para todo o mundo. As redes sociais bombaram: nesse dia, a Red Bull ganhou 140 mil novos fãs no Facebook, 240 mil seguidores no Twitter e 300 milhões de visitas ao YouTube. E, arrematando o feito, a fotografia do salto na estratosfera foi capa dos principais jornais do mundo no dia seguinte.

A Stratos foi a maior campanha publicitária e de marketing da marca até o momento, e uma das maiores dos anos recentes, superando gigantes como Apple, Nike, Google e Coca-Cola. Ela segue uma regra muito simples: disparar rumores, causar alvoroço, chegar direto aos talentos. A lógica? Se os jovens gostam do produto, com certeza contarão para outros, e assim corre a informação. E influenciarão os hábitos de centenas.

A estratégia de marketing é atribuída ao próprio Mateschitz, que sempre priorizou a construção de sua marca. O orçamento de marketing da empresa é em torno de 30% de sua receita, enquanto a Coca-Cola não gasta mais do que 10%, segundo a BusinessWeek, como base de comparação. Além disso, ela vai contra a corrente ao não apelar para celebridades e estimula jovens talentos – por exemplo, estudantes, segmento que exige baixo investimento em marketing.

Ter poucas metas é outro pilar. As atividades patrocinadas pela Red Bull têm uma meta única, na verdade: amplificar a presença da marca entre uma avalanche de novas bebidas energéticas que são lançadas no mercado por dezenas de startups e grandes corporações como PepsiCo e Coca-cola. Em 2011, a marca lançou a revista Red Bulletin e a distribuiu nas edições dominicais

Capítulo 7 • Posicionamento estratégico da marca

de jornais norte-americanos como *Los Angeles Times*, *Chicago Tribune*, *Miami Herald* e *Houston Chronicle*. Editada pela Red Bull Media House, teve mais de 1,2 milhão de exemplares impressos, o número de assinantes pagos da *Sports Illustrated*. Em março deste ano, a RBMH lançou *The Art of Flight*, filme sobre snowboard protagonizado pelo célebre Travis Rice, considerado um dos melhores 20 competidores do esporte no mundo.

Vale citar ainda a Red Bull Music Academy, evento anual internacional no qual as promessas do mundo da música têm a chance de aprender com profissionais consagrados da indústria e gravar discos produzidos por eles. E também há a gravadora Red Bull Music Records.

As mensagens da RBMH são geradas para todos os formatos existentes e são aproveitadas pela maioria dos meios, e, assim, a Red Bull resolveu um problema crucial: criar mensagens que funcionam com a mesma eficiência em diferentes mercados.

HISTÓRIA TAILANDESA

A grande ideia de Mateschitz ao planejar a estratégia de marketing para posicionar sua bebida foi vendê-la como um produto ultrapremium em uma categoria própria – a dos energéticos – a um preço diferenciado: US$ 2 a lata, o refrigerante mais caro do mercado.

É claro que, até sua visão se materializar, passaram-se anos, diversos obstáculos tiveram de ser ultrapassados e ele quase foi à falência. Mateschitz trabalhava na Unilever vendendo detergentes e fez uma grande carreira como líder de marketing dos cremes dentais da alemã Blendax, mais tarde adquirida pela P&G. Em 1982, ainda funcionário da empresa, viajou para a Tailândia e ali experimentou uma bebida que curou seu jet lag. "Krating daeng" era o nome; em tailandês, "búfalo de água". Em 1984, Mateschitz saiu da Blendax para associar-se com Chaleo Yoovidhya, vendedor tailandês da bebida que o atual CEO da Red Bull tinha contatado para fazer negócios. Cada um investiu US$ 500 mil do bolso em 49% do empreendimento e os 2% restantes ficaram com o filho de Yoovidhya. Mateschitz lideraria o negócio.

Decidiram batizar a startup de Red Bull. Acrescentaram gás à receita original, para torná-la mais familiar ao paladar ocidental, e mantiveram três ingredientes básicos: o aminoácido taurina, a cafeína e a glucoronolactona, carboidrato derivado da glicose. Mas a burocracia austríaca não habilitava seu produto para a venda sem testes científicos que comprovassem sua inocuidade, e foram necessários três anos para obter a licença. No dia 1º de abril de 1987, a bebida foi vendida pela primeira vez na Áustria.

Após dificuldades de fazer as vendas, a empresa chegou, em 1990, ao ponto de equilíbrio. Em 1993, tinha cruzado a fronteira húngara e logo entrava no mercado alemão. Foi tão bem que, em pouco tempo, não conseguia mais satisfazer a demanda nem comprar alumínio suficiente para as latas. Só que, de repente, outra vez as vendas despencaram. Foram mais quatro anos para reverter isso.

Na Inglaterra, o termo "bebida energética" não pôde ser usado porque era marca registrada e, em meses, a Red Bull perdeu US$ 12 milhões. Mateschitz mandou todo mundo embora e contratou um novo diretor de marketing, que se dedicou a percorrer os clubes noturnos frequentados por estudantes. Só então a Red Bull conseguiu se impor ali. Hoje, tem faturamento anual de US$ 5,2 bilhões.

A BEBIDA POLÊMICA

Nos últimos 15 anos, colossos como a Coca-Cola e o conglomerado cervejeiro Anheuser-Busch/AB InBev, além de outros cem players do setor, tentaram copiar seu produto sem sucesso; nenhum deles conseguiu participação expressiva no mercado. "Não levamos o produto às pessoas", disse Mateschitz na icônica entrevista à *Business Week*. "Atraímos as pessoas até ele. Simplesmente o tornamos disponível e quem gosta de nosso estilo de vida vem até nós." Arnold Schwarzenegger, ator e ex-governador da Califórnia, comentou certa vez que Mateschitz era um tanto imprudente como homem de negócios, ainda que um "visionário absoluto".

Reportagens de saúde não cansam de alertar sobre potenciais malefícios dos energéticos aos dentes, ao estômago e ao coração, embora nada esteja totalmente comprovado e até haja pesquisas indicando o contrário. Além disso, a bebida Red Bull nunca foi bem nas provas de sabor com grupos de consumidores antes de ser lançada – era doce demais ou "feia". O paradoxo dessa rejeição versus seu sucesso de vendas comprovado não é enigma para seu criador. "A bebiba não é gostosa, mas isso é secundário. A Red Bull não é só uma bebida. É uma filosofia, um produto funcional que fortalece o esportista e melhora seu desempenho."

HOMEM DAS NEVES

Os funcionários chamam Mateschitz de Yeti, o homem das neves. Alegam que não o fazem por ele ser abominável, mas por manter uma vida reservada e solitária, quase misteriosa. Ele quase só fala por meio da equipe de conteúdo de sua empresa e dos esportistas que patrocina. Para entrar em seu escritório – que ele denomina "Lucky 7-Private Heaven" –, é necessário transpor uma série de sistemas de segurança, incluindo um leitor de digitais.

Austríaco de ascendência croata, foi criado em Styria, pequeno povoado no sudeste da Áustria, e tem um filho de 20 anos, cuja mãe é professora, o que poucos sabem. Nunca se casou, mas costuma estar cercado de mulheres bonitas. Sempre bronzeado, bem-vestido, sóbrio, ama o risco pessoalmente e vive no limite. É apaixonado por motocross, que continua praticando, snowboard e voo. Desde 2012 é proprietário de um time alemão de hóquei sobre gelo e ainda tem um moderno estádio de futebol, nos arredores de Salzburgo – ali cuida do último Douglas DC-6B, aeronave fabricada durante a Segunda Guerra Mundial que pertenceu ao marechal Tito, líder iugoslavo de origem croata.

O CEO tem um hotel de luxo em sua própria ilha em Fiji, que chama de "Jardim do Éden", é dono de várias revistas, como a *Seitenblicke*, a publicação de celebridades mais popular da Áustria, e até de um canal de TV, a Servus TV, entre outros meios. Ainda sonha em criar uma Avionautik Akademie (academia aeronáutica) em Zeltweg, sobre a bacia do rio Mur, em parceria com a Aeronáutica da Áustria.

Mateschitz é o homem mais rico de seu país, com fortuna de mais de US$ 7,1 bilhões, segundo a Forbes. Dizem que é genuinamente tímido.

MOTIVOS DE QUEM VIROU FÃ DO BRANDED CONTENT

- *A crise de credibilidade dos veículos de massa (especialmente jornais e revistas).* Isso está levando a uma queda nas vendas e no investimento publicitário nesses espaços.
- *A saturação da publicidade.* O usuário se expõe a milhares de mensagens por dia, a maioria delas ineficaz, por falta de timing e de foco. Isso, somado ao déficit de atenção das pessoas, faz com que as mensagens se percam no ciberespaço.
- *Mudança do comportamento dos espectadores.* Um amplo setor da população ocidental com menos de 30 anos de idade não desenvolveu o hábito de consumir mídias tradicionais, como jornais e revistas.
- *O auge das redes sociais, dos tablets e dos smartphones.* O terreno em que o branded content se dissemina com eficácia e de maneira viral é, justamente, o digital.
- *Conexão emocional com os consumidores.* As melhores ações de conteúdo de marca contam histórias que permitem às pessoas identificar-se e sentir empatia emocional com os valores que a empresa propõe. Já existem agências dedicadas exclusivamente a criar histórias (storytelling) para seus clientes corporativos.
- *O conteúdo é "transmídia".* A multiplicação da mesma mensagem em diferentes plataformas amplia o espaço de contato com os consumidores.

Fonte: TROIANO, J. Branded content. *HSM experience*, fev. 2014. Disponível em: <http://experience.hsm.com.br/posts/branded-content>. Acesso em: nov. 2016.

VAMOS TESTAR SEUS CONHECIMENTOS?

1 Neste capítulo tratamos do posicionamento estratégico de marca como uma forma de desenvolvimento de marcas fortes e consistentes no mercado. Como comentamos, ainda existe certa confusão em relação aos conceitos de posicionamento. Portanto, como você conceituaria posicionamento? Qual a relação do posicionamento com a estratégia de marca?

2 Faça uma pesquisa sobre a Red Bull nos meios de comunicação e responda: ela tem um posicionamento consistente, ou seja, seu posicionamento ajuda em seu fortalecimento de marca? Seu posicionamento tem um alinhamento estratégico mercadológico?

3 Ainda tendo como base a marca Red Bull, podemos dizer que a empresa cumpre todos os requisitos destacados para considerarmos que tem um adequado posicionamento? Liste cada um dos itens apresentados no artigo e no mercado.

4 Dentre os tipos de posicionamento apresentados no capítulo, em qual a Red Bull melhor se encaixa? Você acha que sua estratégia de posicionamento é adequada para o mercado? Justifique sua resposta com base nas teorias apresentadas no capítulo.

5 Imagine que você foi contratado como diretor de marca da Red Bull. Sua primeira atribuição é mudar o posicionamento da marca. Faça um projeto de como faria isso. Lembre-se de justificar com todo o processo mercadológico descrito no capítulo.

Arquitetura da marca

APRESENTAÇÃO

Arquitetura da marca é o que podemos entender como as estratégias usadas pelos gestores de marca para entender seu portfólio e como trabalhar no sentido de potencializar o relacionamento com seu público-alvo. Na prática, trata-se de um processo estratégico para entender como a empresa pode construir um ambiente adequado para que as marcas entreguem valor a seus consumidores e stakeholders.

OBJETIVOS

Mostrar como as organizações podem, ao construir seu portfólio, criar um ambiente que consiga, de forma sinérgica, contemplar todas as marcas que têm para atender mercados específicos. Estabelecer relacionamentos entre a gestão de marcas e sua arquitetura. Falar sobre a importância da hierarquia da marca como mecanismo estratégico para criar e desenvolver marcas fortes.

8.1 ARQUITETURA DA MARCA

Após o estudo de todos os processos estratégicos da marca e da forma pela qual podemos potencializar seus processos mercadológicos, partimos ao entendimento estratégico de como trabalhar a marca – o que iremos nomear, assim como os demais autores que pesquisam o tema, de arquitetura da marca. Voltando à Apresentação, é o que podemos entender como as estratégias usadas pelos gestores de marca para entender seu portfólio e saber como trabalhar para potencializar o relacionamento da marca com seu público-alvo.

Tomemos como exemplo a marca Disney, que, segundo o Interbrand, era a 13ª marca mais valiosa em 2015 , com valor de 32 bilhões de dólares. Você sabe quantas marca essa empresa tem? Cerca de 26, contando parques, produtoras de cinema (como a Lucasfilm), canais como a ESPN e a MTV, a Marvel Comics, noticiários como a ABC News, canais infantis, entre outros. Pode-se dizer que a gigante do entretenimento é dona de uma infinidade de marcas, mas note que existe uma adequada sinergia entre elas: são todas relacionadas a seu negócio principal, entretenimento. Porém, como essa empresa consegue gerenciar tantas marcas? Com um alinhamento estratégico bem delimitado, em termos de visão, missão e valores, no qual todas as suas marcas seguem a mesma filosofia em termos de gestão e relacionamento, foco nos consumidores e um pensamento voltado para o marketing. E, afunilando um pouco mais a nossa visão, com uma análise adequada de sua arquitetura de marca para pensar de forma estratégica na gestão das marcas. Como faz isso? É o que veremos a seguir.

Bem, como já abordamos em várias oportunidades, a marca é um dos ativos mais valiosos de uma organização, sendo em várias situações responsável (ou o motivo principal) pela compra feita pelos consumidores. Tendo em vista essa percepção, devemos tratá-la com essa importância, não podemos negligenciá-la no processo mercadológico, e, para isso, propomos o estudo da arquitetura da marca.

> **A marca é um dos ativos mais valiosos de uma organização, sendo em várias situações responsável (ou o motivo principal) pela compra feita pelos consumidores. Tendo em vista essa percepção, devemos tratá-la com essa importância, não podemos negligenciá-la no processo mercadológico, e, para isso, propomos o estudo da arquitetura da marca.**

Entendemos, em termos gerais, que arquitetura é o processo de projetar e criar um ambiente, ou a arte e a técnica de projetar uma edificação ou um ambiente de maneira criativa para abrigar atividades humanas. O mesmo vale para as marcas. Arquitetura da marca é o processo estratégico realizado para entender o portfólio de marcas de uma empresa e construir um ambiente adequado para que elas possam entregar valor a seus consumidores e agregar valor à própria organização. É o ato de analisar todas as marcas da empresa e organizá-las de forma harmoniosa a fim de que possam trabalhar de forma sinérgica para alcançar os objetivos da organização. No caso da Disney, note que a empresa construiu uma estrutura complexa com suas marcas, mas todas são estrategicamente trabalhadas, com seus segmentos de mercados específicos e, o mais interessante, uma marca não entra em confronto com as demais, ou seja, não existe briga entre elas.

No cenário atual, em que a cada dia surge um número maior de marcas, o gerenciamento do portfólio da empresa é fundamental para se obter sucesso. Tome como exemplo a marca de sabão em pó Omo. Você sabe quantas marcas existem nesse "guarda-chuva"? Bem, em 2015 havia 11 produtos: Omo toque de Comfort original, Omo toque de Comfort Aloe Vera, Omo toque de Comfort energy, Omo toque de Comfort, Omo tira manchas spray, Omo tira manchas líquido, Omo tira manchas pó, Omo roupas delicadas, Omo multiação líquido, Omo superconcentrado e Omo Progress. São muitos produtos, não é mesmo? Um portfólio com essa amplitude deve ser gerenciado estrategicamente, caso contrário, em vez de proporcionar valor agregado para a empresa, pode causar um grande problema estratégico, pois, já imaginou como é difícil gerenciar uma marca? Agora... imagine 11 marcas. Portanto, este é nosso objetivo: entender o portfólio das marcas e as formas usadas pelas empresas para construir um ambiente adequado ao gerenciamento delas, para que não haja marcas competindo pelo mesmo mercado. A marca Omo compreende esse processo. Note que as marcas que ela engloba são complementares, ou seja, foi criada uma marca para cada tipo de situação de uso, e é isso o que iremos entender nesse processo de gestão de marcas.

O processo de arquitetura da marca permite à empresa compreender seu **portfólio de marcas**, que consiste em todas as marcas que ela usa para atender às necessidades e desejos de seus consumidores, sejam estas necessidades por produtos ou corporativas. Como as empresas estão crescendo rapidamente e entrando em mercados dos mais diversos – em termos de segmentos de mercado (como classe social), de localidade (com a globalização) e de comportamento do consumidor –, para que possam se adaptar a eles acabam criando novas versões de produtos. Assim, é importante que ela considere formas de compreender a sinergia entre as marcas para que possa agregar e aumentar sua vantagem competitiva.

Com o entendimento do portfólio da empresa e da relação entre as marcas podemos **delimitar sua gestão**. Nesse ponto, a arquitetura da marca permite ao gestor ordenar o portfólio para que este possa ser trabalhado de forma mais eficiente, tanto internamente como no mercado. Internamente, no momento de decidir os investimentos necessários para cada marca dentro de seu plano de marketing, e externamente, com a correta delimitação de cada um de seus mercados, para que uma marca não venha a competir com outra e assim a organização perca sua vantagem competitiva.

Note o portfólio de produtos da Coca-Cola no Brasil. Para que possa ser gerenciado de forma sinérgica, cada variedade da marca (tradicional, light e zero) tem seu mercado específico e seu segmento de mercado, com o objetivo de atender a desejos díspares, desde as pessoas que gostam de seu refrigerante tradicional até as que se preocupam com a ingestão de calorias, seja por preocupação estética ou por problemas de saúde.

Depois, em uma estratégia complementar, para que consiga abarcar o maior número de segmentos de mercado no setor de bebidas não alcóolicas, a Coca-Cola tem o Guaraná Kuat, a Fanta (laranja, uva e maçã verde), a Sprite (limão), a água gaseificada com sabor Aquarius,

Capítulo 8 • Arquitetura da marca

261

a tônica Schweppes, os sucos Dell Vale e Kapo, o isotônico Powerade e i9, o chá Matte Leão e a água Crystal.

O processo de arquitetura do portfólio de marcas da Coca-Cola permite entender a gestão individual delas, compreender seus limites de atuação e os investimentos que cada marca necessita para sua adequada gestão. Poderíamos dizer que a arquitetura da marca é como uma fotografia das marcas e produtos de uma empresa. Com essa visão, a empresa consegue entender, estrategicamente falando, **a distância entre as marcas** e suas **complementariedades**. A distância permite que uma marca não venha a competir com outra; já a complementariedade é a forma pela qual uma marca pode agregar valor à outra. O que uma marca não possui, a outra pode ter, como notamos nas marcas da Coca-Cola. Se você gosta do refrigerante tradicional, temos a Coca-Cola. Se está preocupado com a saúde e boa forma, não precisa mudar de produto, a empresa oferece as versões diet e light. Caso não goste dos sabores cola, pode experimentar Fanta, Kuat ou Sprite. Se não gosta de refrigerante, nesse caso a empresa abre um leque de opções para atender a sua preferência. Como podemos perceber, é um portfólio de marcas muito bem equilibrado, que procura suprir todas as necessidades de seus consumidores. Isso é obtido com a análise do portfólio da empresa em sua arquitetura de marca.

Esse é o processo de arquitetura da marca, que irá permitir uma gestão de marcas mais eficiente, isto é, com base na fotografia do portfólio da empresa, podemos pensar nas estratégias de marca que uma empresa pode usar para aumentar seu brand equity, fortalecer relacionamentos com os consumidores e, assim, entregar valor a eles e aos acionistas.

8.2 ARQUITETURA E GESTÃO DE MARCA

A compreensão do portfólio de marcas da empresa, ou seja, todas as marcas que ela possui, permite um melhor entendimento das formas estratégicas de seu processo mercadológico e das características de suas marcas. Possibilita aos gestores compreender os aspectos diferenciadores de suas marcas e, assim, elaborar estratégias que possam ser usadas para garantir o sucesso de uma marca ou empresa como um todo em determinado mercado.

Cabe destacar que agora trataremos dos aspectos estratégicos do processo, o entendimento da arquitetura da marca, e na sequência falaremos da parte operacional da gestão da marca.

Ao analisar o portfólio de uma empresa de forma estratégica, o gestor de marca pode ter uma visão mais precisa dos aspectos diferenciadores de uma marca que permitirão à empresa maior vantagem competitiva. Nesse ponto, é preciso analisar os seguintes processos: expressão da marca, identidade, personalidade e brand equity.

Entende-se como **expressão da marca** as formas pelas quais a marca pode ser representada diante de seu mercado-alvo. É o nome, logotipo, slogan ou a combinação de todos eles, o que permite aos consumidores identificar a empresa e diferenciá-la das concorrentes. É nesse momento que o gestor necessita pensar de forma estratégica nos elementos de uma marca, destacando-se os aspectos a seguir.

> Ao analisar o portfólio de uma empresa de forma estratégica, o gestor de marca pode ter uma visão mais precisa dos aspectos diferenciadores de uma marca que permitirão à empresa maior vantagem competitiva.

- **Memorabilidade** – no momento de pensar nos elementos da marca deve-se ter em mente que ela precisa trazer consigo índices que possam ajudar os consumidores a se lembrarem dela. Trata-se de criar nomes fortes que ajudem na lembrança espontânea e que os diferenciem de seus concorrentes, a exemplo de marcas fortes como Pilão, que além de sonora, consegue trazer à mente dos consumidores a força que procuramos ao tomar um café que nos mantenha vigilantes em determinados momentos. Ou a marca Doril, de fácil memorização, que já traz uma ligação intrínseca com o objetivo do produto, parar a dor. Ou a marca do semanário *Veja*, como uma forma de chamar os consumidores a "ver" as notícias da semana.
- **Significância** – no processo de entender a gestão da marca, o responsável por administrar o portfólio deve constantemente verificar se os elementos diferenciáveis conseguem estabelecer associações positivas e mostrar o que a empresa está disposta a resolver em termos de problema dos consumidores (como a Duracell, que traz associações positivas com a durabilidade de seus produtos, e também seu concorrente, a Energizer, que traz associações com a energia que suas pilhas possuem). Ou talvez a marca de supermercados Compre Bem, do grupo Pão de Açúcar, cujo nome sugere que comprar nessa rede é melhor que optar pelos concorrentes.
- **Atratividade** – quando pensamos em atratividade, ainda considerando a percepção dos consumidores em relação às marcas,

queremos dizer que algumas delas conseguem, de forma espontânea, atrair sua atenção. São marcas cujos logos são chamativos, como a icônica maçã da Apple, o vermelho da marca Marlboro ou um mascote como o Dollynho, da marca de refrigerantes Dolly. Trata-se de elementos que, devido ao intenso investimento em termos de branding, conseguem chamar a atenção dos consumidores quando são apresentados em campanhas promocionais, no ponto de venda, em filmes e em outras formas de contato da empresa.

Veja o mascote Dollynho:

- **Transferibilidade** – é a habilidade que uma marca possui de transferir todos os seus elementos, de forma estrátegia, para toda a organização. Por exemplo, as marcas que conseguem transferir seu valor para o brand equity; o valor que uma marca tem no mercado; sua personalidade, como os preceitos sustentáveis que enxergamos ao nos depararmos com a marca Ypê; ou a habilidade em transferir os diferenciais em processos de extensão de linha, como o fato de identificarmos qualidade em todos os produtos da Nestlé, basta que seu logo apareça nas campanhas para endossar os produtos.
- **Adaptabilidade** – cabe ao gestor da marca estudar, com base na análise de seu portfólio, se a marca consegue se adaptar às novas demandas de mercado e consequentemente às mudanças em termos de comportamento do consumidor. Algumas marcas que fazem sucesso hoje podem, se não forem gerenciadas adequadamente, tornar-se defasadas na mente dos consumidores. Foi o que aconteceu com a Havaianas, que era líder de mercado na década de 1980, mas não conseguiu se adaptar às novas mudanças em termos de comportamento do consumidor, chegando ao ponto de os consumidores evitarem o produto. Depois de uma saída estratégica do mercado, ela voltou atualizada, não sendo hoje apenas uma sandália, mas um acessório de moda.
- **Proteção** – por último, cabe ao gestor proteger sua marca legalmente para evitar que concorrentes se apoderem dela. Para isso há os registros legais destinados à proteção de uma marca.

Analisando esses fatores, o gestor poderá ter uma visão mais completa de seu portfólio. Além da expressão da marca, cabe a ele, tendo como base sua arquitetura, entender a **identidade da marca**, que, como acompanhamos, são os atributos dela que têm o poder de diferenciá-la. Ou seja, trata-se de identificar constantemente a identidade da marca e consequentemente sua força no mercado em que atua.

Outro ponto que deve ser gerenciado é sua **personalidade**, ou como uma empresa, com base no estudo do comportamento do consumidor, consegue melhorar a percepção dele por meio de ferramentas usadas para personificar, da mesma forma que ocorre com as pessoas, as atitudes, características e diferenciais de uma marca.

E, por último, a arquitetura da marca e seu portfólio ajudam a empresa na compreensão de todos os seus ativos, que, se bem trabalhados, poderão agregar valor à marca ou a seu **brand equity**.

Com base nos aspectos diferenciadores da marca, o próximo passo é entender as estratégias de uma empresa em relação a seu portfólio para pensar nas decisões que deverão fazer parte do planejamento de marketing e do planejamento estratégico. São decisões quanto a acrescentar marcas como uma extensão de linha ou de produto, descartar as que possam estar desatualizadas ou que estejam interferindo no andamento da organização, ou até as que não são mais lucrativas; ou priorizar marcas, escolher aquelas que deverão receber mais investimentos devido às decisões estratégicas de uma empresa.

Há empresas que, para entrar em um mercado ou em um novo segmento de mercado, lançam uma marca para que sua marca principal, já estabelecida, não seja contagiada. No Brasil, com o aumento no consumo de uma classe média ascendente, muitas empresas cujas marcas líderes eram ligadas a classes mais altas criaram novas marcas para poderem aproveitar esse novo mercado que surgia.

Também existem casos em que uma empresa descontinua algumas marcas de seu portfólio. Marcas, ou produtos, que estão no final de seu ciclo de vida podem ter que sair do mercado ou porque os consumidores mudaram de comportamento, ou pelo fato de não ser mais estratégica sua manutenção no mercado. O setor automobilístico é rico em casos desse tipo. Por exemplo, algumas linhas de automóvel, após um período de mercado, são descontinuadas. Em 2014 tivemos, após 56 anos de mercado, a descontinuidade de produção da Kombi. O fim de um dos veículos mais longevos do mercado brasileiro deveu-se a mudanças na legislação que obrigaram a inclusão de novos itens no automóvel, como *air bags* e freios ABS, o que tornou inviável sua comercialização.

Capítulo 8 • Arquitetura da marca

Veja a propaganda de despedida da Kombi:

Para que essas estratégias sejam tomadas pela empresa, cabe ao gestor analisar o portfólio de marcas em termos de amplitude e profundidade. **Amplitude** refere-se à quantidade de marcas que uma empresa administra. Já **profundidade** é a quantidade de linhas de produtos sob uma mesma marca. Por exemplo, o portfólio da General Motors no Brasil tinha, em 2015, uma amplitude de seis marcas de automóveis: Onix, Classic, Prisma, Cobalt, Cruize e Camaro. E cada uma delas tinha, em média, uma profundidade de quatro modelos, como o Onix: LS, LT1.0, LT 1.4 e Effect. Portanto, com essa visão do quadro de marcas de uma empresa, pode-se trabalhar estrategicamente com cada uma delas.

Resumindo, com essa visão geral do que é a arquitetura da marca, pudemos entender que se trata de um **processo**, e destacamos a palavra processo pelo fato de ser algo contínuo, que sempre deve ser analisado e revisto, pois permite ao gestor entender como as marcas estão dispostas na empresa e, assim, pensar em formas adequadas de gerenciar o portfólio. Da mesma forma que um arquiteto realiza um projeto para harmonizar uma construção a fim de que ela se torne útil e agradável aos seus moradores, a arquitetura da marca procura criar projetos para harmonizar as marcas dentro de uma organização e conseguir satisfazer, de forma eficaz, as necessidades e desejos de seus consumidores, criando vantagens competitivas sustentáveis para a empresa. Agora vamos aprofundar um pouco mais esse processo.

8.3 HIERARQUIA DAS MARCAS

Bem, como nosso objetivo é entender a arquitetura das marcas de uma organização para que possamos pensar em formas eficientes de tratar estrategicamente o portfólio de marcas, nosso próximo passo é compreender a hierarquia das marcas – ou como elas podem ser organizadas por ordem de prioridade com base nos elementos que as constituem – no âmbito da empresa, de uma família de produtos ou de uma marca individual. Vamos entender a importância das marcas em uma empresa e, consequentemente, sua importância para a organização, tanto em termos de mercados consumidores quanto de retorno de cada marca para essa empresa.

Para que uma organização possa classificar seus produtos e alinhá-los conforme o grau de importância para a empresa e para os consumidores – para a empresa no sentido de entender quais produtos precisam, por exemplo, de maior investimento para garantir mais atratividade no mercado; para os consumidores, por ser o fator marca o que tem maior apelo em determinado mercado –, a empresa tem de classificar suas marcas em graus de importância e estabelecer sua consequente relação de subordinação e interação.

Tome como exemplo a marca de achocolatado Nescau, da Nestlé. Temos em 2016 nove produtos subordinados a essa marca, que podem ser hierarquicamente classificados em relação a sua importância e ao grau de relacionamento entre eles. De forma simples, poderiam ser representados da seguinte forma:

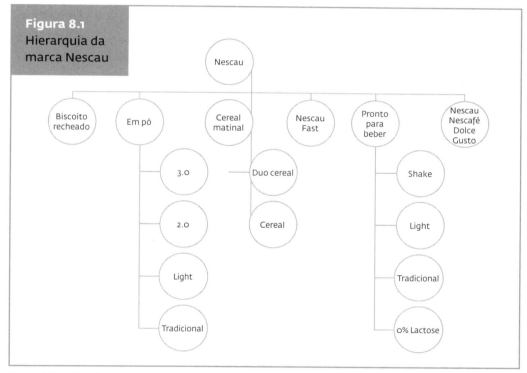

Figura 8.1 Hierarquia da marca Nescau

Fonte: elaborada pelo autor.

Como podemos acompanhar nessa representação gráfica da marca, a hierarquia permite ao gestor uma visão mais aprofundada das marcas da empresa, de seus relacionamentos e complementariedade.

Conseguimos assim entender a amplitude da linha ou os produtos que estão relacionados à marca, e sua profundidade, como as versões de cada uma delas. Essa visão possibilita pensar em estratégias e auxiliar no processo de agregar valor, ou seja, o gestor consegue ter uma visão gráfica dos produtos que estão subordinados à marca Nescau.

Com essa representação gráfica de como os produtos são ordenados hierarquicamente em seu portfólio, os gestores conseguem ainda perceber como a empresa pode satisfazer as necessidades e desejos de seus consumidores, ou seja, no caso do exemplo que demonstramos, a Nestlé utiliza uma marca forte como endosso para outros produtos complementares. Como o apelo principal da marca Nescau é energia, seu famoso slogan demonstrava qual o posicionamento da marca – "Energia que dá gosto". Atualmente ele passou por modificações e agora é "Energia para crescer – com o esporte", apelando a uma vida mais saudável em termos de práticas esportivas. Com o estudo do comportamento do consumidor, a empresa percebeu que poderia passar esses conceitos de energia e esporte para outros produtos correlatos. Assim, com uma análise consistente da arquitetura da marca e da sua hierarquia, conseguiu ampliar a linha de produtos sem perder a essência da marca, abrangendo, em termos estratégicos, várias possibilidades de uso dos produtos da companhia por parte dos consumidores.

Veja a propaganda do Nescau:

É isto que a hierarquia das marcas faz: permite pensar em estratégias de marca para auxiliar o marketing estratégico.

Além da sinergia entre os produtos existentes no portfólio, podemos identificar a complementariedade entre essas marcas, pois temos um produto Nescau para cada situação: produtos light, cereais e prontos para beber. Também há uma adequada correlação entre os produtos, visto que suas estratégias de marketing podem convergir de forma sinérgica, seja em termos de comunicação, já que seu posicionamento pode ser estendido para os demais itens oferecidos, seja por suas estratégias de comercialização, pois o ponto de venda dos produtos é praticamente o mesmo – entre outras estratégias que foram facilitadas para o entendimento da hierarquia dos produtos da empresa.

Entender a hierarquia das marcas nos permite uma visão estratégica do negócio. Você já notou que atualmente algumas empresas estão cada vez mais atuando em setores que não têm, em muitos casos, ligações com seu negócio principal? Isso ocorre devido ao fato de enxergarem oportunidade em setores nos quais anteriormente não atuavam, mas vislumbram oportunidades de crescimento, assim, acabam por comprar organizações em setores dos mais variados, como o caso da Amazon, que adquiriu o Jornal *The Washington Post*. Essa estratégia de diversificação torna a gestão das marcas cada vez mais complexa, e sua análise consequentemente mais difícil. Veja o caso da Samsung, a sétima marca mais valiosa do mundo, segundo a Interbrand,[1] com um valor de mercado de 51,808 bilhões de dólares. Você sabe em quantos setores ela atua? Ela tem unidades estratégicas de negócio no ramo de eletroeletrônicos (produtos eletrônicos como celulares, TVs e tablets, soluções de energia e serviços de tecnologia); indústria pesada (construção civil, naval e gestão de energia); produtos químicos (petroquímica e química para a construção civil); serviços financeiros (seguro de vida, seguro marítimo, cartão de crédito e corretagem) e outros serviços (comércio, *resorts*, paisagismo, moda, hospitais etc.). São muitos produtos, não é mesmo? A empresa amplia sua atuação pelo fato de encontrar oportunidade nesses segmentos, que permitem a ela se perpetuar no mercado e, como mencionamos, ajudam a mantê-la entre as dez marcas mais valiosas do mundo. Agora, o grande desafio é: como administrar tantas marcas e produtos?

Para isso, a empresa precisa pensar estrategicamente em termos de gestão de marcas e sua hierarquia. Assim, constrói sua matriz de hierarquia de marcas para conseguir enxergar a sinergia que existe entre todas as suas unidades estratégicas de negócio e, assim, pensar nas estratégias de cada uma de suas marcas, em sua complementariedade e em como fazer para que seus produtos não interfiram um no mercado do outro. E, principalmente, essas estratégias foram pensadas como formas de crescimento, seja pelo desenvolvimento de produtos, de mercados, de penetração de mercado ou de diversificação. São estratégias de crescimento de mercado por meio de uma sinergia entre os processos mercadológicos da empresa.

Dessa forma, podemos entender que a compreensão da hierarquia da marca pode definir estrategicamente o **número de marcas de uma**

---

1. INTERBRAND. Best global brands 2016 ranking. *Interbrand*, 2016. Disponível em: <http://interbrand.com/best-brands/best-global-brands/2016/ranking/>. Acesso em: 24 nov. 2016.

Capítulo 8 • Arquitetura da marca

empresa para que elas possam ser classificadas em termos de importância e relacionamento. Por exemplo, a P&G, no mercado brasileiro, entre as suas linhas de produtos, tem marcas relacionadas à beleza feminina e masculina. Em beleza feminina, as marcas que disponibiliza ao mercado são as seguintes: Always, Wella, Gillette Venus (feminina), Pantene, Soft Color, Koleston e Tampax. Com essas linhas de produto e sua análise em termos de portfólio e arquitetura da marca, a empresa pode pensar em maneiras de potencializar cada uma das marcas. A empresa consegue de forma estratégica ser conhecida como uma marca de linha completa, porque atende a todas as necessidades de seus consumidores. Um produto para cada tipo de consumidor e situação de uso.

Ainda sobre a P&G, é possível perceber que compreender a hierarquia auxilia o gestor a entender **a natureza dos elementos da marca**, ou seja, sua composição em termos de submarcas, logotipos, logomarca, entre outros componentes e, talvez o mais importante no processo de gestão, saber o que a empresa faz, ou o que está disposta a resolver em termos dos problemas dos consumidores. Entender seu público-alvo é ter o melhor entendimento de qual é seu segmento de mercado. Somente com a compreensão da natureza desses elementos que compõem uma marca o gestor poderá agregar valor a seu produto e garantir uma vantagem competitiva para a empresa. De forma simplificada, trata-se de entender a origem e o destino de seus produtos. A origem é entender a empresa, sua filosofia e seu posicionamento. Já o destino é entender seus consumidores e o processo de compra deles.

E, por último, a compreensão da hierarquia da empresa permite identificar sua **ordenação estratégica**, ou a importância de cada uma das marcas dentro do contexto empresarial. É necessário entender que algumas marcas, devido ao seu processo de branding, têm um valor maior no mercado e, assim, conseguem transferir sua força para outras marcas ou produtos da empresa.

Agora que já entendemos conceitualmente a hierarquia da marca, partiremos ao processo de classificação e das estratégias usadas para cada uma das categorias, que são: **marca corporativa** ou marca da empresa, que é o nome que irá designar a organização e que poderá ou não ser replicada para seus produtos; a **marca de família**, que representa um grupo de produtos que são comercializados com a mesma marca; a **marca individual**, que é a marca de um produto dentro do portfólio da empresa; e o **modificador**, que é um item ou modelo designativo.

Por exemplo, se pensarmos na Ford, a marca corporativa é a própria empresa. A marca de família seria a linha New Fiesta. A marca individual seria New Fiesta Hatch. E o modificador, SE 1.5. Note que temos uma hierarquia das marcas: marca da organização, de uma família de produtos e dos componentes que modificam o produto dentro de determinada categoria. Mas por que subdividimos uma marca no portfólio da empresa? Porque devemos pensar no afunilamento dos produtos, ou seja, cada um está relacionado a certas características. Cada uma das famílias de produto permite à empresa pensar em estratégias para agregar valor às marcas e satisfazer, de forma mais eficiente, as necessidades e os desejos de seus consumidores-alvo. Bem, mas como administrar cada um desses níveis em sua hierarquia? É o que veremos a seguir.

8.3.1 Marca corporativa

A marca corporativa ou da empresa é conceitualmente o nível mais alto em termos de hierarquia, isso porque temos, primeiro (ao menos em termos legais), o nome da empresa, e, depois, os de seus produtos ou família de produtos. Também porque, como veremos mais adiante, as mudanças em termos de comportamento do consumidor trouxeram consigo um novo desafio para os gestores: pensar no relacionamento com seus stakeholders. Os consumidores não desejam apenas empresas que entreguem os melhores produtos, isso é obrigação. Eles querem corporações que ajudem a sociedade e o meio ambiente. Empresas com reputação em seus relacionamentos. Assim, a marca corporativa ganha cada vez mais importância nas estratégias de marketing.

Os consumidores não desejam apenas empresas que entreguem os melhores produtos, isso é obrigação. Eles querem corporações que ajudem a sociedade e o meio ambiente. Empresas com reputação em seus relacionamentos. Assim, a marca corporativa ganha cada vez mais importância nas estratégias de marketing.

Pensar nas estratégias de marketing corporativo torna-se importante para as empresas no processo de branding porque, com as mudanças que mencionamos, em muitos casos o consumidor sabe pouco ou quase nada da marca corporativa. Muitos conhecem as marcas Skol, Antarctica e Brahma, mas alguns não sabem que são cervejas fabricadas pela mesma empresa, a Ambev. É o típico caso no qual as marcas de produtos são mais importantes do que a marca corporativa, o que, em algumas situações, pode até ser saudável para a gestão, porque se existir problema com uma das marcas, isso não contaminará

Capítulo 8 • Arquitetura da marca

as demais. Por outro lado, as políticas de responsabilidade social corporativa encontram um pouco mais de dificuldade de transferir esses diferenciais para seus produtos.

Também nesse processo de compreensão da hierarquia das marcas podemos notar no mercado casos de marcas de produtos que vão além da própria organização, ou que têm o mesmo nome que ela, como uma forma de criar um diferencial para a empresa. É o caso da Coca-Cola Company, que possui como marca corporativa o nome de seu principal produto. Dessa forma, há uma sinergia interessante, porque a marca de seu carro-chefe agrega valor para a companhia e para os demais produtos da empresa, que sempre carregam em seus rótulos: "Um produto da Coca-Cola Company", a fim de trazer a imagem do produto para os demais de sua linha.

Ainda pensando em marcas de produto que agregam valor à companhia e consequentemente a produtos correlatos, temos o caso da Kaiser. Logo após sua venda para a Heineken, esse fato foi propagado em campanhas publicitárias para fortalecer o produto, com a menção de que a Kaiser passara a ser fabricada pela cervejaria Heineken como uma forma de endosso. Ainda em termos de endosso, e da importância da marca corporativa, temos o caso da Schincariol, que após ser adquirida pela japonesa Kirin, começou a ressaltar esse vínculo em suas campanhas, uma forma de criar relações em termos de percepção entre um produto conhecido do mercado brasileiro e uma marca corporativa desconhecida. Esse é um exemplo da sinergia existente entre marcas individuais e marcas corporativas.

Veja as propagandas da Kaiser e Heineken:

Voltando à representação legal da empresa, e sua obrigatoriedade, também existem situações nas quais a empresa usa o nome de suas subsidiárias, como no caso das marcas Audi, Bentley, Lamborghini, Porsche, Ducati, entre outras, que, apesar de fazerem parte do grupo Volkswagen, por uma questão de estratégia e pelo fato de serem marcas com uma história já constituída no mercado, não explicitam sua ligação com sua controladora. Essa decisão, em termos da força individual de cada uma das marcas, foi importante no escândalo em que a marca se envolveu em 2015, quando foi acusada de instalar softwares que enganavam agências reguladoras em relação à emissão de poluentes de seus automóveis. Essa crise de imagem corporativa não prejudicou as demais marcas do grupo devido à nítida separação entre elas.

A imagem corporativa é importante para a empresa porque consegue levar consigo associações emocionais aos consumidores. Se bem trabalhada em termos de hierarquia e arquitetura, consegue criar laços emocionais com eles e, por mais que a empresa possa ficar defasada em algum momento de sua história, eles ainda se lembrarão da marca. Durante muitos anos, a marca de brinquedos Estrela passou por um processo quase falimentar, devido às mudanças no comportamento do consumidor, que trocou os antigos jogos de tabuleiro por eletrônicos, e também pela invasão de produtos piratas chineses.

Contudo, apesar dessa fase turbulenta, seu vínculo emocional com os consumidores sempre foi muito forte, porque grande parte dos brasileiros teve um produto Estrela na infância. Assim, quando a empresa, fundada em 1937, conseguiu entender as mudanças de mercado e alterou seu posicionamento para entretenimento destinado a clientes adultos, estes estavam dispostos a aceitá-la como sua verdadeira marca de brinquedos.

> **A imagem corporativa é importante para a empresa porque consegue levar consigo associações emocionais aos consumidores. Se bem trabalhada em termos de hierarquia e arquitetura, consegue criar laços emocionais com eles e, por mais que a empresa possa ficar defasada em algum momento de sua história, eles ainda se lembrarão da marca.**

Outra vantagem de trabalhar a marca corporativa é que ela pode funcionar como um endosso para o lançamento de produtos, modificações, entrada em novos mercados, entre outras estratégias. Quando a Bombril resolveu ampliar seu mercado e entrar em segmentos distintos daquele em que estava seu carro-chefe, a palha de aço, usou a marca corporativa para alavancar os demais produtos que eram lançados, fosse com nomes que lembravam a marca mais importante, como Pinho Bril, ou não, como Limpol ou Mon Bijou, mas que usavam o mesmo garoto-propaganda eternizado como o "garoto Bombril" ou tinham a marca destacada em suas embalagens. Assim, quando a empresa lançava um novo produto ou linha de produto, a marca corporativa ajudava na percepção dos consumidores.

A marca corporativa tem sido muito mais trabalhada por parte das empresas e, à medida que os consumidores se tornam mais informados, procurando sempre a origem do fabricante (sendo tal origem explícita ou não), as organizações necessitam cada vez mais entender que

Capítulo 8 • Arquitetura da marca

a marca corporativa possui mais atributos e conexões que uma marca individual, haja vista que necessita demonstrar aos seus consumidores e stakeholders a reputação da empresa.

Atualmente é crescente a necessidade de as empresas entenderem as conexões entre as marcas e sua hierarquia e, principalmente, que para uma marca fortalecer seu branding, deve sempre saber o que os consumidores buscam além de produtos. Buscam empresas que, além de satisfazer as suas necessidades, possam torná-los pessoas melhores. É por isso que a cada dia que passa temos mais empresas pensando em estratégias de marketing social.

Entendemos por marketing social ações de marketing em que uma empresa vincula sua marca, seja de produto ou da organização, a uma causa ou entidade social em benefício mútuo. Os dois lados ganham, a entidade com os recursos e notoriedade que recebe ao estar ao lado de uma grande marca ou corporação e a empresa ao vincular sua marca a causas que são importantes para seus clientes.

Como exemplo de empresas que seguem essas estratégias, temos o McDonald's, com o McDia Feliz e a Rede Globo com o patrocínio aos eventos do Criança Esperança. São estratégias que permitem a uma empresa demonstrar aos consumidores sua preocupação com os problemas que afligem a sociedade. Além disso, são iniciativas que tornam os consumidores melhores e, ao mesmo tempo, fortalecem a imagem corporativa.

8.3.2 Marca de família

Marca de família ou marca guarda-chuva é uma estratégia de branding na qual uma organização, com base em uma marca forte e reconhecida no mercado, procura transmitir seus valores e diferenciais para mais de uma categoria de produtos. Tome como exemplo a marca Dove, da Unilever. Ao menos no mercado brasileiro, a empresa lançou primeiro o sabonete com creme hidratante. Após a consolidação da marca e seu consequente sucesso por preencher uma lacuna que outras marcas acabaram por deixar em aberto, aproveitou-se do reconhecimento como uma marca forte e bem posicionada e ampliou sua linha de produtos para outras categorias, incluindo antitranspirantes, produtos para os cabelos, loções, linha masculina denominada Men+Care e linha Baby Dove. Isso é o que podemos entender como uma marca de família ou guarda-chuva, ou seja, uma única marca que abarca outros produtos de categorias diferentes, mas correlatas.

Destacamos categorias diferentes, pois, caso contrário, teríamos apenas um modificador de produtos e correlatos, pois se uma empresa, na ânsia de entrar em novos mercados, transfere sua marca para produtos de setores muito diferentes de sua origem, isso pode causar certo desconforto aos consumidores e ela talvez não atinja seu objetivo inicial. Será que se a marca Dove resolvesse fabricar refrigerantes o sucesso seria o mesmo? É para se pensar.

Essas estratégias estão ficando cada vez mais comuns em mercados competitivos como o nosso devido a vários fatores, que envolvem o ambiente e as estratégias de marketing aplicadas pelas organizações para criar vantagens competitivas. Dentre os fatores que implicam o uso dessa estratégia, podemos citar os seguintes.

Custos – as empresas cada vez mais usam a estratégia de marca de família com o objetivo de reduzir os custos de marketing que envolvem a criação de uma nova marca, como a escolha de pesquisa do nome, criação de logomarcas, pesquisa de mercado etc. Portanto, em contextos nos quais os custos são exigidos e controlados e os responsáveis pelo marketing da empresa, responsabilizados pelos resultados, não só mercadológicos como também financeiros, as marcas de família tornam-se uma estratégia interessante.

Pelo fato de algumas marcas serem conhecidas no mercado, líderes em suas categorias, usar essa estratégia funciona como forma de "cortar caminho" para chegar à mente dos consumidores.

Percepções – além dos custos envolvidos no processo de lançamento de produto, temos que considerar as percepções dos consumidores, o que está intimamente relacionado com custos. Isso diz respeito ao fato de que um dos objetivos de uma marca de família é transmitir para outros produtos da empresa as percepções já criadas em torno de uma marca ou produto. Assim, todas as percepções de identidade da marca já estabelecida e sua personalidade, se foram criadas em bases sólidas e de acordo com as expectativas dos consumidores, poderão ser repassadas a outros produtos ou categorias. Em vez de a empresa tentar construir novas percepções e todos os processos envolvidos, ela simplesmente procura repassar para novos produtos as que já conseguiu. Isso, é claro, se as percepções para os novos produtos forem correlatas.

Capítulo 8 • Arquitetura da marca

Foi o que ocorreu com o Nescau. A percepção que os consumidores têm desse achocolatado é a de que ele fornece a energia necessária para as crianças em seu processo de desenvolvimento. Assim, ela foi criada de forma natural e repassada aos demais produtos de sua família, como biscoitos recheados e cereais. Em vez de criar novos produtos, e novas ligações com seus consumidores, a Nestlé resolveu compartilhar essa percepção, pois entendeu que os consumidores estavam atrás desse atributo. Isso facilitou a assimilação do lançamento de novos produtos da marca em outras categorias por parte dos clientes.

Quantidade de produtos – à medida que o mercado se torna mais competitivo e os consumidores mais exigentes, existe a necessidade de as marcas desenvolverem novos produtos para as mais variadas necessidades e desejos. Tome como exemplo o mercado de xampu feminino. A gama de produtos desenvolvidos para cada necessidade é enorme. São xampus para cabelos lisos, enrolados, secos, tingidos, entre uma infinidade de situações, o que pode ser explicado pela busca da personalização dos produtos. Agora, imagine se as empresas tivessem que criar uma marca para cada uma das versões? Seria praticamente impossível sua administração. E, pensando nesse cenário, o uso de marcas de família está cada vez mais comum.

Custos internos – além dos custos de marketing já mencionados, podemos colocar na conta (ou subtrair da conta) aqueles relacionados à parte administrativa, como treinamento de vendedores, que teriam que se adaptar às novas marcas e serem treinados em técnicas de vendas para convencer os distribuidores; custos para o gerenciamento de linhas de produtos, como custos contábeis e de produção, entre outros.

Posicionamento – para que uma empresa consiga estabelecer seu posicionamento mercadológico, ou um espaço na mente dos consumidores, precisa ter um processo sistematizado de entendimento dos consumidores para saber o que eles esperam no momento da compra, ou o que enxergam de valor e, assim, voltar todas as suas estratégias mercadológicas para criar gatilhos que permitam que um simples estímulo de marketing traga à mente dos consumidores os diferenciais de uma marca. É um processo que demanda tempo.

Agora, quando uma empresa trabalha em um processo de marca de família, procura aplicar o posicionamento já desenvolvido em seus novos produtos para que possa usar esses mesmos gatilhos. O famoso posicionamento da cerveja Skol, o "Desce redondo", obtido em um processo sistematizado de estudo do comportamento do consumidor, serve de base para todos os outros produtos que a empresa usa em sua marca guarda-chuva, como várias versões e sabores.

Esse é um exemplo do uso estratégico de um posicionamento para criar ligações fortes com os consumidores. Esse exemplo de posicionamento também pode ser replicado nas demais marcas citadas anteriormente, Nescau e Dove. Houve o uso estratégico de seu posicionamento a fim de garantir um espaço de destaque para as demais marcas da empresa.

Em termos gerais, podemos definir estas como as vantagens – é claro que existem outras, mas destacamos as mais importantes – que podem ser notadas quando uma empresa trabalha com uma marca de família.

Essas estratégias, por mais que possam parecer vantajosas, apresentam alguns problemas, que deverão ser monitorados pelos gestores de marcas. Se o uso de marca de família possui as vantagens já mencionadas, em termos gerais, essas vantagens podem tornar-se desvantagens se não forem trabalhadas de forma adequada.

Um dos problemas mais comuns é que essa possibilidade de uma marca de família transmitir todos os seus benefícios para produtos de outras categorias pode **contaminar** as demais marcas do portfólio. Se eventualmente uma delas sofrer algum problema em termos de qualidade, falha no relacionamento com os clientes ou no gerenciamento com os stakeholders, isso, de forma natural, passará aos demais produtos em termos de percepção dos consumidores, afinal a empresa trabalhou intensamente para que as percepções deles pudessem ser replicadas para os demais produtos de outras categorias.

Dessa forma, se determinado produto de uma marca guarda-chuva vier a apresentar um problema de qualidade, isso poderá ser naturalmente repassado para os itens dessa marca, e, se o problema for muito grave, poderá contaminar todos os demais produtos da empresa.

Outro eventual problema é a marca principal tornar-se **defasada**. Com tantas mudanças em termos de comportamento do consumidor pelas quais passamos, alguns produtos podem tornar-se defasados e, assim, todos os produtos que fazem parte de seu portfólio podem ser prejudicados. O mercado de tecnologia, ou o uso de novas tecnologias, pode ser um exemplo. Há empresas que não conseguiram acompanhar as mudanças tecnológicas, de modo que sua marca corporativa e, afunilando um pouco mais o processo, suas marcas de família, acabaram por ficar defasadas e não conseguiram se sustentar no mercado, como a Kodak, que sempre foi conhecida como um sinônimo de fotografia, mas não conseguiu acompanhar as novas tecnologias digitais. Todos os produtos que faziam parte de seu portfólio de produtos não tiveram êxito em, apesar da força da marca, manter o sucesso dela.

Para evitar esses problemas, a empresa deve pensar de forma estratégica no momento de lançar os produtos que irão fazer parte de seu portfólio. É sabido que as vantagens são inúmeras, mas deve-se considerar que um dos maiores patrimônios de uma empresa é sua marca; assim, por mais que seja algo tentador o uso de uma marca de família, o cuidado deve ser redobrado. É preciso sempre pensar estrategicamente em marketing, estudar o comportamento do consumidor e criar produtos que realmente estejam atualizados com as novas demandas do mercado.

8.3.3 Marcas individuais

Adotar uma estratégia de marca individual consiste em criar marcas diferenciadas para produtos a fim de que a empresa possa atuar em diferentes categorias. Em muitas situações, ela pode ter em seu portfólio várias marcas para atender a categorias diferentes de produtos, ou seja, seu house of brand como um guarda-chuva que abrange todas as marcas, servindo de endossante a elas ou não. Quando mencionamos o endossante, referimo-nos àquela situação na qual o fabricante faz questão de que sua marca apareça em campanhas publicitárias para que exista um vínculo dela com a marca individual.

> **Adotar uma estratégia de marca individual consiste em criar marcas diferenciadas para produtos a fim de que a empresa possa atuar em diferentes categorias. Em muitas situações, ela pode ter em seu portfólio várias marcas para atender a categorias diferentes de produtos, ou seja, seu house of brand como um guarda--chuva que abrange todas as marcas, servindo de endossante a elas ou não.**

No Brasil, a marca Pepsico atua em quatro categorias de produtos diferenciados: bebidas, cookies e biscoitos, snacks e nutrição matinal. Cada uma dessas categorias tem uma marca, como, por exemplo, em bebidas há Pepsi, Gatorade, H2OH!, Drinkfinity, Lipton Ice Tea, Kero Coco e Teem. Nesse caso, podemos notar que a marca usa uma marca individual dentro de uma categoria de produtos, ou seja, atua em várias categorias de produto e, em cada uma delas, trabalha várias marcas.

O uso dessa estratégia deve-se ao fato de que a empresa sabe que cada uma dessas marcas tem força em suas categorias e também por notar que atendem a mercados diferenciados. Outro motivo é que, à medida que uma organização se torna maior, para sustentar seu crescimento mais rapidamente compra empresas consolidadas nos mercados em que entra. E, quando adquire essas empresas, sabendo que suas marcas também já são consolidadas, ela as mantém. Por exemplo, a marca de salgadinhos Torcida, que faz parte do portfólio da Pepsico, era uma marca brasileira. Quando a multinacional norte-americana presenciou uma oportunidade de mercado, adquiriu a empresa que fabricava esse salgadinho e manteve a marca intacta, aumentando assim o número de marcas sob sua gestão.

Empresas que usam estratégias de marca individual têm o objetivo de aproveitar oportunidades de mercado que surgem e ampliam sua atuação com modificações em produtos, modelos, tamanhos de embalagem ou sabores, mas todos os produtos estão na mesma categoria.

Em relação aos **produtos**, uma marca pode criar diferentes itens para a mesma categoria. Como exemplo, podemos citar a indústria de cigarro, que, para abarcar novos segmentos ou atender a novas exigências de seus consumidores, cria novos itens com a mesma marca. A marca Marlboro, por exemplo, engloba vários produtos: Prata (ultra light e silver), Ouro (gold ou light), Azul (médio ou gold advanced), Vermelho (filtro marrom), Ice mint e Fresh mint (mentolados). Já a Coca-Cola oferece como variação suas versões Light, Zero e Stevia com 50% menos açúcar.

Note que essas empresas criam novas versões do produto para atender às mudanças de comportamento dos consumidores, seja com cigarros que façam menos mal à saúde (se é que isso é possível), seja com a preocupação de ofertar refrigerantes mais saudáveis em relação às suas versões tradicionais. É uma ótima estratégia para se adaptar de forma mais eficaz às novas demandas de mercado.

Para falarmos sobre a variedade de **modelos** que podem ser oferecidos por marcas individuais, citaremos um exemplo da indústria automobilística. A Nissan, em seu portfólio de produtos no mercado brasileiro, oferece as seguintes marcas individuais: March, Versa, Sentra, Frontier, Nicks e GT-R. Dentro da marca individual March, temos as seguintes versões ou modelos: 1.0 Confort, 1.0 Pack Plus, 1.0 SV Pack Plus, 1.6 Pack Plus, 1.6 SV, 1.6 Pack Multi, 1.6 SL Pack Colors Pack Multi, 1.0 S,

Capítulo 8 • Arquitetura da marca

279

1.6 S e 1.6 SL. Os preços desses modelos variam do menor, que está em torno de R$ 39.990,00, até o mais alto, R$ 55.790,00.

É interessante destacar que essa estratégia de marca individual que as montadoras utilizam lhes permite oferecer um modelo para cada tipo de consumidor e de acordo com as condições financeiras deles. Com uma mesma marca, e com pequenas alterações em cada um dos modelos, conseguem entregar ofertas diferenciadas para cada segmento de mercado.

Uma das adaptações mais usuais em estratégias de marcas individuais são as modificações no **tamanho das embalagens**. São as mais comuns, talvez por serem as mais fáceis em termos de modificações necessárias e do retorno que possibilita. Para ilustrar o caso, citamos o Gatorade, vendido em embalagens de 1 litro (sua embalagem tradicional tem 350 ml), e a Coca-Cola tradicional, com as suas embalagens que vão desde aquelas de 237 ml até 3 litros.

Por último, temos uma estratégia de desenvolvimento de produto muito usual no setor de alimentos e bebidas, que é o desenvolvimento de novas marcas tendo como foco os **sabores**, como as versões de Fanta (laranja, uva, maçã verde), Ruffles (extreme, original, churrasco, cebola e salsa, entre outros). Essas modificações de marca são usadas pelas empresas para atender a gostos diferenciados de seus consumidores e também como uma forma de testar novos sabores no mercado.

É muito comum empresas do setor lançarem produtos com sabores em edição limitada ou por tempo determinado. Dessa forma, podem testá-los e, se forem aprovados, podem entrar em linha regular. Em mercados cada vez mais competitivos, nos quais as empresas brigam pela atenção e engajamento dos consumidores, as alterações de sabor podem ser uma ótima estratégia de marketing. Em 2011, a Ruffles criou uma campanha nas redes sociais para eleger o sabor preferido por seus consumidores. Com essa estratégia, conseguiu que se engajassem na proposta, por meio da inovação aberta, e os convidou a ajudá-la a desenvolver novos produtos. Uma excelente estratégia de marca.

Como **vantagem** dessa estratégia de marca podemos citar que ela permite à empresa **entrar em outros segmentos de mercado** sem que a marca principal da companhia seja subjugada pelos consumidores fiéis. Muitas marcas, principalmente aquelas destinadas às pessoas de alto poder aquisitivo, podem, em determinadas situações, ver seu mercado estagnado. Com essa percepção, e na constatação de que outros mercados estão em desenvolvimento, podem enxergar oportunidades de mercado que poderiam aproveitar, como, por exemplo, a ascensão da classe C no mercado brasileiro.

Muitas vezes, porém, se uma empresa que atua em um mercado voltado às pessoas com alto poder aquisitivo, por identificar uma oportunidade, resolve atuar em um mercado popular, isso pode levá-la a perder seu mercado mais lucrativo, de um patamar superior. Foi o que aconteceu com a Mercedes-Benz com seu modelo Classe A. Ao lançar esse modelo, o objetivo da montadora era tornar sua marca acessível a mercados mais populares. O problema foi que a marca, ao menos em território brasileiro, é vista como símbolo de *status* e, quando os consumidores das classes mais altas, aqueles que eram fiéis à marca, começaram a perceber que seu automóvel estava disponível para pessoas de classes sociais inferiores, entenderam isso como perda de *status* e migraram para os concorrentes, o que levou à queda nas vendas da empresa.

Assim, quando uma empresa pretende entrar em segmentos de mercado abaixo, em termos demográficos, daquele em que atua, é interessante criar uma nova marca. Essa estratégia foi usada pela empresa de chocolates finos Kopenhagen. A marca é segmentada no mercado brasileiro para atender às pessoas com alto poder econômico, mas, ao perceber que existia potencial em um mercado abaixo do seu, com o crescimento no poder de consumo da classe C, criou uma nova marca para atender a esse mercado, a Brasil Cacau. Com isso conseguiu entrar em um mercado de que estava alijada sem interferir em sua marca principal.

Quando uma empresa usa a estratégia de marca individual, essa escolha pode ajudar na **reputação da marca**. Isso quer dizer que se uma de suas marcas sofrer algum problema de mercado, o fato não irá interferir nas demais marcas do grupo. Como já mencionamos anteriormente, em 1982, sete pessoas morreram envenenadas após consumir o analgésico Tylenol, da Johnson & Johnson. O caso ficou conhecido como uma grande crise de imagem para a marca e, ao mesmo tempo, a Johnson & Johnson tornou-se exemplo de empresa que conseguiu, com uma estratégia de branding, reverter um caso catastrófico como esse. Os demais produtos da empresa não foram contaminados pelo problema, já que Tylenol era uma marca individual.

E também podemos destacar a **customização** para outros segmentos de mercado. À medida que a empresa cria modificações para atuar em novos segmentos ou nichos, ela está direcionando seus produtos a necessidades e desejos específicos de um grupo de consumidores. E, como sabemos, quanto maior for esse direcionamento, maiores serão os ganhos. Desde as versões de automóveis mencionadas, passando pelos sabores dos mais variados alimentos e bebidas, tudo isso permite à organização criar produtos e marcas customizados para determinados grupos de consumidores.

Como principal **desvantagem** dessa estratégia podemos mencionar os **custos** envolvidos no processo. Como são muitas as marcas que devem ser administradas, consequentemente, serão necessários processos de gestão diferenciados para cada marca, que, em muitas situações, deverão ter gestores e controles individuais.

Outra questão que se não for administrada corretamente pode causar problemas para as marcas individuais refere-se aos **conflitos de interesse** entre gestores. Empresas com muitas marcas individuais normalmente as dividem em Unidades Estratégicas de Negócio (UENs), em que cada marca tem suas políticas e sua administração diferenciadas. O conflito pode existir quando o objetivo de cada uma das UENs acaba por ficar mais importante que os objetivos da organização, fazendo com que cada um dos gestores pense mais em suas marcas do que na organização como um todo.

Bem, essa foi a explanação da hierarquia das marcas, ou como elas podem ser classificadas dentro do portfólio de uma organização.

Para finalizar...

Após apresentar o conceito de arquitetura de marca e seu relacionamento com a hierarquia dentro do portfólio, vamos mostrar agora como as marcas se relacionam para que possamos pensar em cada uma estrategicamente. Lembrando que a arquitetura das marcas possibilita visualizar todas as que compõem o portfólio e como seus elementos são organizados, de forma que seja possível potencializar seus relacionamentos. Em seguida, pode-se pensar nessa hierarquia no sentido da importância e sinergia entre as marcas e em termos de suas estratégias.

A revista *Você S/A*, da Editora Abril, foi criada como um desmembramento de sua revista de negócios, *Exame*. Tempos atrás existia uma coluna na revista *Exame* que tratava de assuntos referentes ao estilo de vida de executivos, com dicas que visavam potencializar sua carreira, e outros temas relacionados ao gerenciamento de carreira. À medida que o interesse dos leitores foi crescendo, as matérias se tornaram um encarte e, depois, uma revista de grande circulação em território nacional. Porém, o que levou a Editora Abril a criar essa nova marca dentro de seus portfólio? A compreensão de que havia um nicho de mercado que podia ser aproveitado pela organização. Assim, a empresa analisou sua arquitetura de marca, verificou a sinergia entre seus produtos e lançou a revista. Foi a compreensão da hierarquia de marcas que possibilitou que uma nova marca fosse criada e, o mais importante, que ela não interferisse no desempenho de sua revista de origem.

Dessa forma, fica claro que, analisando a arquitetura das marcas de uma organização, podemos pensar de forma estratégica nas decisões relativas à criação de marcas em determinado mercado. Há necessidade de novas marcas ou as atuais já cumprem seu papel estratégico mercadológico? É necessário desenvolver novos elementos de marca para serem usados em uma extensão de linha ou de categoria? É preciso criar novos elementos de marca ou pode-se usar os elementos de marcas preexistentes para entrar em novos mercados e aproveitar as oportunidades que surgem no ambiente? Há possibilidade de usar os elementos de marcas já existentes combinados com outros elementos da marca corporativa para a criação de um novo produto?

Como se pode verificar, são muitas as decisões estratégicas que o gestor de marcas tem sob sua responsabilidade para manter uma marca competitiva no mercado, e somente com uma visão global de todas elas ele atingirá esse objetivo. Somente com um olhar global ele conseguirá harmonizar todo o seu portfólio para uma melhor gestão, ou seja, somente com a análise da arquitetura das marcas será possível pensar na melhor forma de atuar em um mercado cada vez mais competitivo.

Tendo isso em mente, antes de pensar estrategicamente na arquitetura das marcas, ou em como a empresa poderá agir no sentido de criar novas marcas e gerenciá-las, o primeiro passo é entender as extensões de marca a fim de ter uma visão conceitual de seu portfólio e poder analisar como as marcas poderão trabalhar em conjunto para garantir uma vantagem competitiva para a empresa.

8.4 EXTENSÃO DE MARCA

Segundo especialistas em tecnologia, um dos grandes trunfos da Apple no mercado é sua restrita linha de produtos, ao contrário de seus concorrentes, que expõem uma infinidade de modelos para cada item que comercializam. Existem apenas dois ou três modelos de cada produto Apple. Essa menor quantidade de opções facilita a vida do usuário, porque, quanto menos opções, menos chances de ele dispersar sua atenção. Com um número menor de itens, ele não ficará confuso no momento da escolha e poderá fazer comparações mais precisas entre os modelos. Esses produtos que a Apple disponibiliza aos consumidores, entre computadores, smartphones e tablets, são o que conhecemos como extensões de marca, modelos que a empresa criou com base em uma marca principal.

Dessa forma, trata-se de um caso de extensão de marca quando uma empresa usa uma marca já estabelecida para lançar um novo produto. Como o próprio nome diz, é uma extensão, uma continuidade. Um exemplo é a marca Knorr. Ela chegou ao Brasil em 1961 com os primeiros caldos de carne e de galinha em cubos. Tinha como principal diferencial auxiliar as donas de casa a melhorar e facilitar o preparo de seus pratos, porque, anteriormente, elas tinham que ferver a carne por um bom tempo para extrair o caldo e depois temperar os alimentos. Uma estratégia que permitiu à marca se estabelecer como sinônimo de categoria e fortalecer sua posição no mercado.

Tendo a marca se consolidado no mercado e com possibilidade de aproveitar novas oportunidades que se abriam na mesma categoria em que era líder, analisou seu portfólio e a arquitetura de suas marcas e ampliou a gama de produtos, usando sempre como base uma correlação com seu produto principal. Ainda mantendo um forte posicionamento de facilitar a vida das donas de casa, e também melhorar o sabor dos pratos, ampliou seu portfólio com temperos e sopas. Ou seja, realizou uma extensão de marca para entrar em outros mercados com o uso de uma marca já conhecida e forte.

São decisões estratégicas como essas que cabem ao gestor de marca tomar para, além de consolidar sua marca no mercado, abrir novas possibilidades de desenvolver produtos em torno de um já conhecido e estabelecido na mente dos consumidores. São decisões relacionadas ao questionamento: será que vale a pena criar um novo produto com uma marca nova ou é melhor usar uma marca já estabelecida, que os consumidores conhecem e em que confiam, aplicando seus elementos em novas categorias de produto?

As extensões de marca, como os exemplos que já destacamos, podem ser entendidas como submarcas e marca mãe. **Submarcas** são as marcas originadas de uma marca já existente, a **marca mãe**. Vejamos, por exemplo, a montadora Volkswagen, que no Brasil tem um portfólio de marcas bem extenso para conseguir atender a vários segmentos de mercado. Vamos pensar em uma dessas marcas, por exemplo, Fox, cuja entrada no mercado estabeleceu um posicionamento relacionado ao seu espaço interno, com o seguinte slogan: "O compacto mais espaçoso da categoria". Em seu lançamento, usava como garota-propaganda a modelo Ana Hickmann, famosa pelas suas longas pernas que podiam facilmente ser acomodadas no espaçoso automóvel.

Para que pudesse oferecer melhores opções aos consumidores, a montadora criou novas marcas com base na mesma plataforma de marca, lançando então o Cross Fox e o Space Fox. Assim, temos como marca mãe o Fox. Como submarcas, as categorias Cross Fox e Space Fox. Mas e a marca Volkswagen? Nessa estratégia de extensão de marca, ela entra como marca endossante para validar os produtos que são oferecidos ao mercado. Esse é um exemplo de uso da marca do fabricante para assegurar e garantir uma decisão mais assertiva por parte dos consumidores que já conhecem a história da montadora em nosso mercado e confiam em sua marca.

Portanto, quando os gestores de marca da Volkswagen analisam sua arquitetura de marcas, eles conseguem enxergar, mercadologicamente falando, que existe uma marca originária, a denominada mãe, que proporcionou a criação de mais duas submarcas usando todos os atributos e percepções já criadas e desenvolvidas no mercado. Portanto, eles sabem que os conceitos dessas marcas devem estar correlacionados com a marca mãe, desde seu atributo e seu posicionamento. Isso permite, em muitas situações, a decisão do gestor de que é melhor investir em termos de comunicação na marca Fox, a marca mãe, porque isso irá fortalecer as demais marcas que fazem parte do conjunto. Ou que, em ações pontuais, suas submarcas devem ser priorizadas para que possam comunicar pequenos diferenciais que elas têm para satisfazer determinados nichos de mercado.

Essas decisões, sem dúvida, revertem-se em ganhos para a marca, pois cada vez que tentam fortalecer uma das marcas, acabam por beneficiar as demais. Esta é a sinergia mercadológica que a arquitetura da marca proporciona, o potencial de uma estratégia de extensão de marca cada vez mais comum no mercado. Note que o posicionamento de uma marca auxilia no posicionamento das demais. O slogan "Cabe tudo o

Capítulo 8 • Arquitetura da marca

que você pode imaginar", do Space Fox, com uma forte referência ao seu espaço físico, é transmitido para os demais produtos de sua extensão.

A extensão de marca pode ser dividia em duas categorias: extensão de linha e extensão de categoria.

A **extensão de linha** ocorre quando a empresa cria um novo produto na mesma categoria em que atua, como, por exemplo, novos sabores, como no caso dos sabores do achocolatado Toddy com as suas versões Cowramelo, Original e Light; novos formatos de embalagens (como cervejas em latinhas e garrafas, com opções de litragem); novas cores e modelos (como a linha completa das sandálias Havaianas); e até novos ingredientes (como notamos no setor de alimentos e bebidas, por exemplo, sucos naturais e bolachas com adição de vitaminas), entre outras estratégias. Essas estratégias são desenvolvidas com o objetivo de criar mais opções para os consumidores e preencher lacunas de mercado.

Empresas que usam essas estratégias procuram ser conhecidas como aquelas de linha completa, que dispõem de uma gama de produtos para atender às várias necessidades dos consumidores. Tome como exemplo a categoria de xampus que já mencionamos anteriormente. A marca Seda, da Unilever, tem em seu portfólio 18 submarcas para tratar todos os tipos de cabelo. E essas 18 submarcas, com suas variações de embalagem ou pequenos modificadores de produto, somam ao todo 60 variações da marca mãe. Os números em parênteses referem-se às versões dentro de cada uma das marcas. Lembrando que todas têm o nome Seda como marca mãe: Ceramidas (4), Reconstrução Instantânea (5), Óleo hidratante (4), Cachos definidos (5), Liso perfeito (5), Liso extremo (3), Pós--alisamento químico (2), Keraforce – química (4), Keraforce original (5), Pureza refrescante (2), Força antiquebra (4), Antinós (3), Crescimento saudável (4), SOS queda (2), Anticaspa (2), Pretos luminosos (3), Brilho Gloss (2) e Regeneração capilar (1).

Exagero de marcas? Nem um pouco. Em se tratando de mercado feminino – no Brasil, as consumidoras gastam uma boa parte de seus rendimentos em produtos de beleza –, é uma ótima estratégia para a marca. Além de ser reconhecida como uma marca completa, que possui um produto para cada tipo de cabelo e até para cada tipo de tratamento, essa diversidade acaba por tornar a marca, em certo sentido, amiga de suas consumidoras, com uma personalidade que passa a percepção de que entende como ninguém suas clientes e, independentemente do tipo de cabelo das mulheres, elas podem confiar na marca que ela sempre terá uma solução.

Também devemos destacar que essa estratégia é uma ótima barreira para a entrada de novos concorrentes no mercado, porque, além da dificuldade dos novos entrantes em conseguir um espaço nas gôndolas de supermercado (qual varejista irá tirar um produto Seda para colocar um concorrente desconhecido?), essa iniciativa também requer que o desafiante tenha essa quantidade de marcas para tentar concorrer, o que é uma grande desafio para uma nova marca que queira enfrentar a marca Seda.

A **extensão de categoria** ocorre quando a marca mãe é usada para introduzir um novo produto em uma nova categoria de mercado. Isso pode ser observado quando temos marcas consagradas no mercado, de conhecimento e respeito por parte de seus consumidores. Em muitos desses casos, não são os atributos de um produto que são valorizados, mas os da empresa como um todo, como sua cultura e seus valores. Isso ocorre com muita frequência, como já mencionamos anteriormente, quando empresas já consolidadas no mercado usam sua capacidade de investimento para adquirir outras marcas e, assim que o fazem, retiram o nome da empresa comprada e o substituem pelo seu. Ou simplesmente iniciam do zero uma nova companhia para atuar em outros setores.

Como exemplo, podemos citar algumas organizações que usam sua marca corporativa como marca mãe, como a Honda. O prestígio de seu negócio e de sua história como corporação permite que a empresa atue em vários ramos de atividade, como automóveis, motos, equipamentos de energia, motores, robôs, entre outras subdivisões. No Brasil também temos alguns casos como o Grupo Votorantim, que transmite a seriedade de um de seus antigos CEOs, Antônio Ermírio de Moraes. O conglomerado da empresa atua nos setores financeiro (bancos de investimento, gestão de recursos, *leasing* e corretora de valores) e industrial (cimento, mineração, metalurgia, siderurgia e celulose), com todas empresas subsidiadas pela marca mãe, a Votorantim.

São empresas que usam sua marca corporativa, ou seja, sua força como instituição, para entrar em setores ou categorias diferentes, como a BMW, que fabrica também motos, a Bic, que comercializa canetas, isqueiros e aparelhos de barbear. Mas para usar uma marca mãe corporativa deve-se ter, como já mencionado anteriormente, um certo cuidado. Nem sempre a força de uma marca, ainda mais quando falamos de produto, consegue abarcar novos segmentos de mercado ou categorias.

A marca de creme dental Colgate acreditou que com a força de sua marca poderia entrar em outras categorias de produto com o mesmo sucesso que tem no setor de higiene bucal, e lançou nos Estados Unidos uma linha de pratos prontos. Obviamente, ninguém pensou em comer uma lasanha da Colgate, não é mesmo? Ou a Frito Lay, uma das maiores marcas de batata frita do mundo, quando resolveu fazer uma extensão para limonadas. Também... fracasso. Nesses casos, o ideal é desenvolver novas marcas para aproveitar as brechas de mercado, e não tentar estratégias de extensão de marca.

8.5 DECISÕES DE MARCA

Como estamos acompanhando nessa seção, cabe ao gestor pensar em maneiras de decidir como o portfólio de marcas de uma empresa poderá garantir o sucesso dela como um todo. Portanto, algumas decisões deverão permear sua escolha. O que levou a água Bonafont a entrar no mercado de águas saborizadas? Será que seu conceito, muito bem estruturado, de água leve, de qualidade ("uma água que não é água"), que pode ajudar as pessoas a terem mais saúde, conseguirá ser passado para suas águas com sabor Bonafont Levissé (laranja e maçã)? É um grande desafio para uma marca consagrada como a Danone.

Falando em mercado de água, produto que as pessoas podem ter praticamente sem custo em alguns locais públicos, ou a um preço módico se você usar a água de sua residência, por que as pessoas se predispõem a pagar em média R$ 3,00 por uma garrafa? Essas marcas que fazem sucesso no mercado, ao vender água, conseguiram tal sucesso porque delimitaram claramente o que é o impulsionador da marca, um dos componentes que iremos analisar ao pensar nas decisões de portfólio (também veremos o papel do endossante, marcas de combate, níveis de entrada e marcas estratégicas). Bem, então vamos lá.

Como estamos falando de água, vamos verificar três marcas que atuam em território brasileiro. Temos a Bonafont, da Danone, produto criado no México em 1992 com um apelo de que beber água é saudável e destaque de todos os benefícios que podemos ter cultivando esse hábito. A Crystal, da Coca-Cola Company, que além dos benefícios que seu consumo pode trazer para a saúde, divulgados por meio de suas chamadas "Mais vida em você" e "Hidrate o seu corpo", ainda tem apelo sustentável com suas embalagens de fácil reciclagem.

E a Aquafina, da Pepsico, criada em 1994 nos Estados Unidos como uma forma de aproveitar o crescimento do mercado de água mineral, que estava em alta naquele país, com um processo exclusivo em sua produção para garantir a qualidade de seu produto. O que essas três marcas têm em comum?

Apelo à saúde. Essas marcas conseguiram, com uma adequada percepção de mercado, entender que os consumidores estavam mudando seus hábitos e costumes e procurando produtos que, além de satisfazer uma necessidade básica, a sede, ainda proporcionassem benefícios à saúde. Essas marcas conseguiram se notabilizar por garantir que os consumidores pudessem, com base em algo natural para a sobrevivência, consumir mais água – mas não qualquer água, e sim água de marca, tratada e de qualidade, apesar de algumas marcas terem sido autuadas, fato que ocorreu no mercado norte-americano, por simplesmente engarrafar a famosa água da torneira e vendê-la como se fosse mineral. Isso, porém, é assunto para outra oportunidade.

Essas marcas conseguiram destaque no milionário mercado de água mineral porque em seu trabalho de branding conseguiram identificar o **papel do impulsionador de marca**, que consiste no entendimento dos fatores que acionam a decisão de compra dos consumidores, ou seja, aquilo que dispara o gatilho na mente deles e os leva às compras. Nesse processo, conseguiram descobrir que o seu público-alvo espera uma água de qualidade, porque há cada vez mais preocupação com saúde e um estilo de vida saudável. Este é um comportamento mais frequente nas sociedades ocidentais.

Com base nessa percepção que descobriram após uma análise do comportamento do consumidor, identificaram qual a proposta de valor, ou aquilo que os clientes enxergam de valor no momento da compra, o que leva essas pessoas a comprar uma água mineral em vez de consumir a água da torneira. Esse foi o papel do gestor de marca, identificar o impulsionador da marca, ou os fatores que levam os consumidores a comprar seu produto.

O papel do gestor, além de identificar os impulsionadores, é verificar se são fortes, ou seja, se eles realmente conseguem influenciar a decisão de compra. O grande impulsionador da marca Apple é sua criatividade. Da Harley-Davidson, seu estilo rebelde e a potência de suas motocicletas. Da Montblanc, o estilo refinado. E das águas, o apelo saudável. Note, a chave aqui é identificar o que os consumidores realmente procuram

Capítulo 8 • Arquitetura da marca

no momento da compra e entregar-lhes esses atributos. Quanto mais forte for o impulsionador, maior será a força da marca.

Quando a empresa identifica seu impulsionador, ela o usa para estabelecer seu posicionamento ou, como já falamos em várias oportunidades, o espaço que uma marca ocupa na mente dos consumidores. Mas cabe ressaltar que esse impulsionador, além de forte, deve ser transferível. Isso quer dizer que deve haver a possibilidade de conseguir transferir esses diferenciais para outras marcas da empresa, pois, como verificamos, em mercados competitivos a habilidade da empresa de criar submarcas no mercado é um importante diferencial.

Esses impulsionadores devem ser únicos e difíceis de serem copiados pela concorrência. Caso não sejam únicos, podem confundir os consumidores, e pode haver situações nas quais a empresa faça propaganda para seu rival de mercado. Isso porque uma empresa pode investir em propagandas para ressaltar seus diferenciais e os concorrentes podem apenas copiar esses atributos e se beneficiar, porque se os clientes não enxergarem esses diferenciais, o esforço será inútil.

Agora, será que as marcas de água mineral que brigam pelo mercado têm impulsionadores únicos? Todas apelam para um estilo de vida saudável, mas será que os consumidores conseguem estabelecer diferenças entre as marcas? Provavelmente não, e nesse caso quem ganha é a marca que melhor se posicionar no ponto de venda e conseguir estabelecer laços fortes com seus clientes. Nesse ponto, acredito que a Bonafont leva vantagem. Além de ser a primeira com esse conceito em mercado brasileiro, mantém forte relacionamento com seus clientes pelas redes sociais, com aplicativos, dicas de vida saudável, entre outras estratégias para fortalecer o vínculo com eles.

Já a Crystal se destaca pela força de sua rede de distribuição. Em se tratando de um produto de baixo valor agregado, a distribuição é um fator fundamental, já que se o consumidor for a um estabelecimento e não encontrar a água Bonafont, naturalmente ele comprará uma Crystal. Dificilmente irá procurar outro estabelecimento que venda sua marca preferida.

Portanto, como notamos, os impulsionadores das marcas são fortes, pois conseguem identificar o que realmente leva os consumidores à compra, porém são fáceis de serem copiados pelos concorrentes. Há poucas diferenças de uma marca para a outra. E, nesse caso, as empresas usam outras estratégias para garantir seu diferencial no mercado.

Dessa forma, podemos entender que uma das decisões do gestor de marcas de uma empresa é identificar o impulsionador de marca a ser adotado, aquele que realmente expresse os desejos de seus consumidores e que seja dificilmente replicado pelos concorrentes.

Após a identificação dos impulsionadores de marca, a próxima decisão da empresa deve ser em relação ao **papel do endossante**, que pode ser conferido a uma personalidade, a um especialista ou a uma marca corporativa.

A indústria de creme dental usa como estratégia para endossar seus produtos a opinião de um especialista do mercado, no caso, dentistas. Com o slogan "A marca número 1 em recomendação dos dentistas", a marca Colgate usa o apoio de profissionais da área como uma forma de endossar seus impulsionadores.

Veja a propaganda da Colgate:

No mundo da moda temos o papel do endossante na figura de personalidades, que emprestam seu nome para validar determinados produtos. A modelo Gisele Bündchen é contratada por várias marcas para emprestar a elas seu *glamour*. Esse endosso serve como apoio ao impulsionador de várias marcas, como creme dental da marca Oral-B, xampu da marca Pantene, perfume Chanel, vestuário, como a C&A, entre uma dezena de outras marcas que usam a modelo como uma forma de dizer ao mercado: "Olhe, se ela usa esse produto, é sinal que ele tem a melhor qualidade do mercado". Ou também para transferir a determinadas marcas todos os adjetivos que a belíssima modelo tem, como beleza e sofisticação.

Como endosso, a empresa pode usar ainda a marca corporativa. Isso ocorre quando notamos produtos que utilizam, de forma direta ou indireta, a marca do fabricante no sentido de estabelecer ligações ou criar percepções dos consumidores com relação a uma marca já consagrada no mercado. Esse endosso pode vir de forma direta, quando notamos, por exemplo, propagandas de automóveis em que é apresentado o modelo e, no final, o nome da montadora. Em campanhas publicitárias da montadora Volkswagen, seja qual for o modelo, no final aparece o logo da marca e o slogan "Das Auto" – slogan este que, após escândalos que envolviam seus principais executivos no embuste aos órgãos regulamentadores quanto à emissão de poluentes de seus automóveis,

Capítulo 8 • Arquitetura da marca

deixou de ser usado. Era uma forma de a empresa endossar a marca que estava sendo propagada em suas campanhas. Dessa forma, existia uma ligação direta, em termos de percepção, entre o modelo que estava sendo comercializado e a marca endossante.

Isso ocorre também em linhas de eletroeletrônicos, nas quais a marca do fabricante é a do produto, existindo apenas mudanças em termos de série ou nomenclatura dos produtos. Os aparelhos de televisão da Samsung são comercializados com o nome da empresa e mudam apenas os modelos, como Smart TV LED 4K 50' Samsung 50JS7200 SUHD, ou Smart TV LED 4K 55' Samsung JS7200 SUHD. Isso ocorre em quase todas as linhas de eletroeletrônicos do mercado.

O endosso de forma indireta ocorre quando a marca do fabricante aparece discretamente, normalmente na parte inferior esquerda de algumas propagandas de produtos, como nas propagandas da maionese Hellmann's, em que o logotipo da Unilever aparece de forma discreta.

Todos esses endossos são formas de apoiar o papel do impulsionador, e cabe ao gestor de marca pensar na maneira mais adequada de usá-los para valorizar as marcas da empresa.

Uma das decisões mais complicadas para uma empresa é o momento de descontinuar uma marca. Em 2013, após 56 anos, a Kombi saiu do mercado. Isso ocorreu porque a empresa não conseguiria incluir determinados itens obrigatórios nesse modelo sem encarecer sua produção, o que tornaria inviável sua comercialização. Em 2014, após 30 anos de mercado, o Fiat Uno Mille saiu do mercado, pelos mesmos motivos da Kombi. Mas por que essas marcas duraram tanto tempo no mercado? Será que se não houvesse tais exigências legais elas ainda estariam ativas? Provavelmente sim, porque para essas montadoras, os dois modelos de automóvel eram **marcas estratégicas**. Eram marcas que, apesar da estagnação nas vendas, ainda apresentavam um adequado retorno financeiro para a empresa, não existindo a necessidade de descontinuá-las.

Nesse sentido, o papel do gestor é identificar quais são as marcas estratégicas da empresa e decidir quais são candidatas ao abandono. Muitas delas, apesar de aparentarem estar defasadas no mercado, ainda têm um forte apelo junto a grupos de consumidores e ainda podem, de acordo com a política da empresa, manter-se no mercado. O mesmo ocorre no Brasil com a Gillette. O modelo Prestobarba ainda é comercializado pela companhia, apesar de todos os avanços em termos de produto que a empresa apresenta em sua linha. Isso ocorre porque esse modelo ainda apresenta rentabilidade e retorno financeiro para a empresa. É por isso que o SBT ainda mantém em sua grade de programação o seriado Chaves. Por mais que acreditemos ser um produto defasado, ainda apresenta rentabilidade, isto é, audiência.

Nesse ponto, cabe ao gestor analisar criteriosamente o Ciclo de Vida do Produto (CVP), quais marcas se encontram no estágio de maturidade e com as vendas estagnadas, mas rentabilidade alta, e começar a pensar em qual momento o produto entrará no estágio de declínio. Essa análise é importante pelo fato de que nessa fase o gestor deve pensar em formas de aproveitar o conhecimento da marca para criar novos produtos com base na marca forte. Deve analisar o mercado para identificar o momento em que a marca entrará na fase de declínio, além de verificar se existe uma forma de evitá-lo ou se a descontinuidade é realmente necessária. Trata-se da análise de marcas estratégicas e da decisão de descontinuá-las ou não.

Em 2003 presenciamos uma intensa guerra das cervejas. A desafiante, Schincariol, lançou sua marca Nova Schin e, para surpresa do mercado, contratou o garoto-propaganda de sua rival, Brahma, para o lançamento do produto. Com o mote "Experimenta" e tendo como astro principal o cantor Zeca Pagodinho (apreciador confesso da cerveja Brahma), o lançamento da cerveja foi um verdadeiro golpe em sua rival. Como desafiante de mercado, ousou "bater de frente" com o líder de mercado. Foi uma estratégia ousada e rendeu à desafiante vários pontos percentuais, fazendo sua participação de mercado subir de 7% para 14% na época de seu lançamento.

Como resposta, a líder Brahma, em março de 2004, contratou novamente seu garoto-propaganda Zeca Pagodinho e estreou uma campanha chamada "Amor de verão", como uma forma de dizer que seu relacionamento com a Nova Schin foi algo passageiro. Em outra frente, lançou a campanha BOA – Bebedores Oficiais de Antarctica, com vários atores globais. Nessas ações, podemos perceber que a Ambev, dona das marcas Brahma e Antarctica, usou uma estratégia de marcas denominada de **marca de combate**, que consiste em usar as marcas de seu portfólio para atacar os rivais e permitir que a marca líder possa manter seu posicionamento. Nesse caso, a Ambev usou, por determinado tempo, tanto a Antarctica como a Brahma como marcas de combate para atacar o rival.

Essa estratégia é normalmente usada por uma empresa que, em seu portfólio, tem marcas líderes em determinados segmentos. Dessa forma, em vez de usar a força de líder para atacar os desafiantes de mercado, emprega suas outras marcas para tal. Por que usar a força de líder para atacar outras empresas do mercado? Não, o líder deve se concentrar em manter sua posição de mercado, e não em combater outras marcas. Quem deve fazer isso são outras marcas de seu portfólio. Com essa estratégia, o desafiante tem que se defender e não terá tempo, energia e recursos financeiros para atacar novamente o líder.

Com todas as possibilidades que existem de se trabalhar uma marca, outra decisão que cabe ao gestor é como entrar no mercado, ou o **nível de entrada no mercado** ou no segmento de mercado.

Nesse processo, a empresa pode optar por uma entrada em **nível básico**. Nesse caso, ela opta por um preço menor para tentar convencer os consumidores a continuar com a marca. Nesse tipo de estratégia, usado após a análise do CVP, a empresa cujo produto se encontra no estágio de introdução entra com um preço baixo no mercado com o objetivo de convencer os consumidores a experimentar a novidade. Essa estratégia deve ser muito bem planejada, porque, como se sabe, quando um produto é lançado, os custos para o lançamento são altos e a empresa necessita de um adequado planejamento para recuperar os investimentos realizados. É claro que quando se trata de uma submarca, os investimentos são menores, porque o conhecimento da marca mãe facilita a compreensão do mercado, o entendimento dos consumidores e a aceitação dos distribuidores. Porém, mesmo com essa facilidade, é adequada uma análise técnico-financeira dos custos envolvidos e da taxa de retorno do investimento.

Outra estratégia de entrada de marca no mercado pode ser no **alto nível**. Nesse caso, a empresa procura adicionar prestígio e credibilidade a seus produtos cobrando um valor superior ao dos concorrentes, um preço *premium*.

Agora a grande decisão é: qual estratégia adotar? Isso irá depender da estratégia da empresa como um todo. De seu planejamento estratégico de marketing, de qual é seu público-alvo e de sua proposta de valor. Mas uma dica pode ser dada. Em se tratando de uma submarca,

AGORA A GRANDE DECISÃO É: QUAL ESTRATÉGIA ADOTAR? ISSO IRÁ DEPENDER DA ESTRATÉGIA DA EMPRESA COMO UM TODO. DE SEU PLANEJAMENTO ESTRATÉGICO DE MARKETING, DE QUAL É SEU PÚBLICO-ALVO E DE SUA PROPOSTA DE VALOR.

o ideal é que ela mantenha o mesmo posicionamento da marca mãe, para não prejudicar a percepção dos consumidores. Por exemplo, se a marca mãe é de um produto com valor baixo de mercado (tipo um produto popular), dificilmente uma submarca conseguirá trabalhar em um nível acima em termos de preço.

Agora, se a marca mãe tem preço *premium* e resolve fazer uma extensão de marca e atingir um mercado abaixo em termos de preço, o produto terá grande aceitação por parte do mercado, o problema é o que pensarão os clientes atuais que compram a marca mãe. Será que eles irão gostar de ver seu produto exclusivo nas mãos de outros consumidores, que em situação natural não teriam condições de adquiri-lo? Acredito que não. Mas é claro que isso pode variar de mercado para mercado. É algo para se pensar.

Portanto, ao lançar um produto, tente pensar nessas situações para evitar que a novidade possa prejudicar as demais marcas da empresa.

Esses são alguns dos exemplos de decisões que o gestor de marcas terá que tomar em seu processo mercadológico. Devido à importância que as marcas têm no contexto mercadológico, na vida das pessoas e como forma de garantir a perenidade da empresa em mercados cada vez mais saturados, a análise do portfólio de marcas da empresa é fundamental. As decisões que envolvem uma marca dentro do escopo da organização devem ser analisadas de forma sistêmica. Deve-se pensar na arquitetura da marca para poder compreender a sinergia entre todas as marcas da empresa.

Deve-se pensar ainda em como criar e administrar marcas e submarcas. Entender como uma marca, com sua força de mercado, consegue, de forma positiva, contaminar as demais marcas da organização. Consegue, se for trabalhada com foco no consumidor, transferir percepções positivas para outras marcas, fazendo com que uma organização possa entrar em vários mercados e atender de forma plena às necessidades e aos desejos de seus consumidores. Tudo isso com a análise de seu portfólio e de sua arquitetura de marca. Esse é o papel do gestor de marcas: agregar valor às suas marcas e entregar os melhores produtos a seus consumidores; satisfazer as suas necessidades e os seus desejos e torná-los pessoas melhores.

ESTUDO DE CASO

Co-branding: um casamento entre marcas para conquistar mercado

Estratégias desenvolvidas em parceria entre empresas e produtos de categorias diferentes podem gerar sinergia e mais valor

A sinergia gerada com a cooperação entre duas marcas é a responsável por resultados mais expressivos. Uma ação de co-branding pode se traduzir em maiores ganhos financeiros, melhoria da imagem do produto ou empresa, aumento de vendas, expansão de market share e penetração em um novo mercado.

As estratégias associando duas ou mais marcas e seus atributos, porém, trazem alguns desafios. A dificuldade em gerenciar e monitorar duas marcas e todas as variáveis envolvidas neste processo é um deles. Deve haver afinidade e sintonia entre as empresas e entre os seus modelos de negócio. Uma regra simples é avaliar se o resultado do co-branding será maior do que o valor das marcas atuando sozinhas. É preciso verificar também se elas estão em um mesmo nível de importância e reconhecimento. Caso contrário, uma delas emprestará mais atributos positivos que a outra.

Antes de associar marcas diferentes, é preciso avaliar se esta união vai gerar benefícios reais para os clientes. Se a parceria entre elas não agrega valor ao produto final, haverá dificuldade em convencer as pessoas a comprá-lo. "Deve-se avaliar se, entre as empresas ou marcas, existe um alinhamento de valores, visão de negócio e ideologia. As companhias interessadas devem calcular se esta cooperação gerará benefícios reais para seus consumidores. Os gestores das marcas têm que pensar na estratégia e levar em consideração o tempo de duração, investimento necessário e riscos da operação", alerta André Banchi Alves, Diretor de Branding da Cauduro Associados.

O co-branding é uma importante ferramenta de marketing. Em mercados maduros ou em desenvolvimento, por exemplo, a associação entre as empresas pode criar um diferencial em relação à concorrência. Um exemplo desta estratégia é o caso Omo e Comfort. As duas marcas lançaram Omo com um toque de Comfort. A correlação entre produtos de categorias diferentes pode

servir também para entrar em uma nova área de atuação. "Neste caso, a proximidade com uma marca estabelecida é a melhor forma de pegar carona e
encurtar o caminho para este novo segmento. Por exemplo, o caso Apple e
Nike. A Apple desenvolveu um dispositivo para ser colocado dentro dos tênis
da Nike, que enviava informações para o iPod com a distância percorrida e
tempo", explica André Banchi Alves.

Outro aspecto que aumenta a necessidade de estratégias de associação é
o grande número de fusões e aquisições. A parceria entre marcas é uma alternativa para se fortalecer em mercados cada vez mais competitivos. Este tipo
de união pode servir para fazer frente às marcas líderes de um determinado
segmento e surpreender a concorrência.

FOCO EM MARCAS ESTABELECIDAS

O co-branding só faz sentido entre marcas reconhecidas em seus respectivos
ramos de atuação. A regra número um para estratégias bem-sucedidas é que
apenas a união entre duas empresas bem-sucedidas é capaz de gerar um produto hábil para se destacar em sua categoria. Alguns exemplos são a Acer e a
Ferrari. A fabricante de computadores desenvolveu uma linha de notebooks
com estrutura em fibra de carbono e com design diferenciado inspirado na
alta tecnologia que envolve o tema velocidade. Das pistas para os campos de
futebol, a Michelin e a Umbro lançaram uma chuteira que une o que as duas
empresas fazem de melhor.

A sinergia de atributos e valores entre organizações de sucesso resulta
em ofertas diferenciadas para o consumidor final, além de reduzir dificuldades referentes à mídia, custos com promoção e comunicação com o público.
"Buscamos gerar um impacto que mostre que há duas marcas num mesmo
produto. E é possível fazer isso com economia de palavras. Quando fizemos
o Surf com toque de Fofo, não precisamos dizer que tem amaciante e que vai
deixar a roupa mais macia", explica Alessandra Garrido, Diretora de Marketing
da Design Absoluto.

O mais comum é encontrar parcerias entre empresas de áreas comple-
tamente diferentes, como é o caso do Renault Clio Sedan O Boticário – um
carro com espelhos especiais para as mulheres se maquiarem –, o Renault Clio
Jovem Pan – equipado com CD Player e controle do som em uma paleta atrás
do volante –, ou ainda o Peugeot Quiksilver – equipado com rack de teto. Mas
também existem casos bem-sucedidos de companhias que atuam no mesmo
setor ou em segmentos próximos: Panettone Bauducco com gotas de chocolate Hershey's, Bob's e Ovomaltine são alguns exemplos.

MARCAS DEVEM TER O DNA COMPATÍVEL

Outro desafio é que as empresas tenham uma cultura e um DNA compatí-
veis para que a associação gere resultados positivos. Recentemente, a Arcor

fechou uma parceria de co-branding com o Grupo 3 Corações para o lançamento da Butter Toffees Cappuccino 3 Corações. A iniciativa fez parte dos
investimentos de marketing da empresa na marca Butter Toffees. Para o
Cappuccino 3 Corações, o produto lançado em conjunto com a Arcor foi uma
das ações que comemoram os 20 anos da marca, celebrados também em 2012.

O fato de serem duas marcas bem posicionadas em seus mercados e estarem realizando investimentos para reforçar seus respectivos negócios contribuiu para a construção de uma verdadeira parceria de ganha-ganha entre
as empresas. "Nestes casos está havendo uma associação positiva. Não se
pode pensar apenas em redução de custos, em potencializar a divulgação e
nos atributos da marca. É preciso avaliar o DNA das duas marcas para que
não se corra o risco de fazer uma coisa que não terá sentido para nenhuma
empresa", ressalta Augusto Nascimento, Diretor da BBN BRASIL e coautor do
Livro Os 4 Es de marketing e branding.

Ao desenvolver ações de co-branding, os produtos devem trazer um du-
plo valor agregado, o que demonstra garantia de qualidade, personalização
e identificação dos clientes com ele, além da criação de diferenciais de mercado através da incorporação de novos acessórios e tecnologias. A estratégia
é vantajosa para as empresas, já que pode haver divisão dos investimentos
com campanhas de publicidade e outras ações de marketing para a divulgação do produto, transferência de base de clientes, união dos conceitos quali-
tativos e projeção de ambas as companhias.

A Nestlé e a Puket também já criaram parceria para vender pijamas infantis com estampas baseadas no universo do chocolate. Além disso, algumas
linhas de meias e lingeries foram levemente aromatizadas com chocolate.
Estes exemplos mostram que com criatividade é possível associar marcas
mesmo que elas atuem em universos bastante distintos.

UM CASE DE SUCESSO: UNILEVER E NOKIA

Entre os exemplos de co-branding, alguns obtiveram uma grande projeção
por conta do quanto inusitada eram as suas associações. Um dos casos de
maior sucesso foi a parceria entre Unilever e Nokia para o lançamento de um
produto voltado para adolescentes. O Seda Teens tinha como público-alvo
as jovens entre 12 e 17 anos. Durante as pesquisas, a empresa percebeu que
este grupo tinha uma relação muito forte com seus telefones. Nesta época
(2008), a Nokia era a marca mais forte em telefonia móvel. A parceria entre
as companhias deu origem ao Nokia 5200 Pink.

Todo o produto foi pensado para este público: o conteúdo do aparelho, a
cor, o layout da embalagem, o tema do celular, os ícones, os papéis de parede,
as animações exibidas nas telas de inicialização (Wake-up) e encerramento
do celular (Shut-down), e até mesmo um mobile game exclusivo.

As empresas também se uniram para desenvolverem uma minirrede social, a comunidade web Seda Teens. Nela, as jovens tinham acesso ao seu perfil e de suas amigas, podendo consultar dicas de saúde, beleza, horóscopo, além de uma área exclusiva na qual fazem perguntas sobre beleza, cabelos, comportamento, moda e sexo.

Para comunicar o lançamento, as marcas montaram espaços em shoppings nas principais capitais do país onde o público podia conhecer os novos produtos da linha Seda, bem como experimentar o celular. Foram realizadas diversas ações via mobile, a maioria via disparo de SMS. A estratégia deu resultado. Em dois meses, a comunidade Seda Teens em parceria com a Nokia gerou 360 mil visitas, a comunidade ganhou 20 mil membros e o game foi baixado 11 mil vezes. Os números são da MMA (Mobile Marketing Association).

HAVAIANAS: DE COMMODITY A MARCA CO-BRANDED

As Havaianas são um exemplo de como usar estratégias de co-branding. A marca já teve parcerias com a Chanel e com a H.Stern. Na versão criada pelos designers da H.Stern, as tiras das sandálias ganham detalhes em ouro e diamantes e mantém a base de borracha. No modelo mais sofisticado, o par leva 1.532 peninhas de ouro, 104 de diamante. A edição limitada foi vendida a R$ 58,5 mil. Outros cinco modelos foram criados a preços mais acessíveis: entre R$ 7,2 mil e R$ 10,8 mil.

MOMENTO IMPORTANTE PARA CO-BRANDING ESPORTIVO

Com a aproximação de grandes eventos esportivos como a Copa do Mundo FIFA 2014 e os Jogos Olímpicos 2016, as empresas devem ficar atentas às oportunidades de desenvolvimento de estratégias de co-branding no esporte. A proliferação do assunto na mídia e os diversos congressos, fóruns e feiras para discussão do tema vêm atraindo organizações que querem ter as suas marcas associadas ao esporte.

Mas é preciso responder a algumas questões antes de iniciar uma parceria. "Quais as melhores alternativas para minha marca? Como contar uma estória efetivamente diferente no esporte? O que o esporte pode fazer pela minha marca? Será que haverá espaço para todas as marcas interessadas neste mercado?", argumenta Eduardo Muniz, Sócio-diretor da Top Brands.

Outro ponto importante é ter uma visão de médio e longo prazo. Esta não é uma condição apenas para a indústria do esporte, mas para qualquer processo de construção de marca, independente do seu mercado de atuação. São necessários planejamentos que possam ir muito além dos resultados ligados apenas aos eventos, pautados no objetivo de estabelecer uma cultura do esporte para a organização.

As associações entre marcas no mundo esportivo devem ser monitoradas para que os valores não se percam e a organização acabe tendo a sua identidade "apagada". "Uma pesquisa realizada pela GFK nos mostra que cerca de 50% das pessoas não faz nenhuma ligação entre marcas e a Copa do Mundo FIFA, assim como cerca de 60% não fazem esta relação com os Jogos Olímpicos. Enfim, as possibilidades são inúmeras, mas é preciso uma estratégia clara para que as decisões gerenciais estejam alinhadas com as atitudes que as empresas precisam transmitir ao mercado", aponta Eduardo Muniz.

BRANDING VAI ALÉM DO DESIGN E IDENTIDADE VISUAL

Da mesma forma que em um projeto de branding para uma empresa, as ações de co-branding vão muito além do design e da identidade visual. Elas dependem de um processo holístico para associar de maneira correta as características de marcas diferentes sem comprometer o reconhecimento por parte dos consumidores do produto que será lançado.

Para que as parcerias sejam bem feitas, é necessário antes que o planejamento de branding também amadureça. "Acho que ainda está no começo. No Brasil, branding ainda equivale muito à imagem. Agora que a economia está melhorando, isso está começando a mudar. Existe uma falta de sincronia entre imagem e marca, a presença de muitas empresas, a forma como elas se articulam e o que fazem. Algumas são extremamente revolucionárias no que fazem, mas ainda não sabem comunicar isso", exemplifica Marina Willer, Diretora de Criação da Wolff Olins.

O termo branding ainda não é entendido com muita clareza pelas organizações, o que dificulta que mais projetos de co-branding sejam produzidos. "O mercado ainda precisa amadurecer e ganhar experiência. Existe certa confusão sobre o que é branding. E o processo como um todo precisa mudar. Se o branding é considerado apenas parte do marketing, ele fica muito limitado. A empresa precisa aprender a se relacionar com todo o público o tempo todo", diz Ricardo Guimarães, Sócio-Diretor da Thymus Branding.

O desenvolvimento de ações integradas entre todos os canais também passa por este movimento. É preciso uma maior consolidação destas práticas para garantir coerência no discurso das marcas. Para isso, torna-se necessário olhar as estratégias de co-branding sob o aspecto gerencial. "As estratégias das marcas precisam ser pensadas do ponto de vista gerencial para que sejam fortalecidas pelos processos internos. O mais importante não é comunicar valor, mas sim conseguir entregar aos consumidores as promessas que são feitas. Isso deve acontecer de maneira contínua e em todos os pontos de contato", explica Daniella Giavina-Bianchi, Diretora Executiva da Interbrand.

ALGUNS EXEMPLOS DE CO-BRANDING

As ações de co-branding são cada vez mais comuns. Apresentamos a seguir alguns produtos que foram lançados associando marcas que normalmente não estariam juntas em um mesmo segmento.

Capítulo 8 • Arquitetura da marca

McDonald's, Bob's, Burger King e Nestlé

Tanto o McDonald's quanto o Burger King lançam produtos co-branded em parceria com a Nestlé. Um exemplo é o McFlurry Bono, resultado da junção da sobremesa do McDonald's com o biscoito Bono. Já o Negresco BK Sundae Shake é fruto da junção com o sundae do Burger King com o biscoito Negresco. Mais recentemente, a rede dos arcos dourados lançou o McFlurry Bis, enquanto o Burger King apostou nas versões Lollo e Kit Kat do seu BK Mix.

Outra rede de fast-food, o Bob's também teve produtos co-branded com a Nestlé. O resultado foi a linha gelada Chokito, que incluía Milk Shake, Sundae e Big Cascão. Para promover o lançamento, o Bob's desenvolveu materiais de ponto de venda como banner, mini banner e display de canaleta.

Nokia com Unilever e Coca-Cola

A Nokia já teve parcerias com a Unilever para lançar o Nokia 5310 XpressMusic, e com a Coca-Cola, com o aparelho Nokia 5310 XpressMusic Estúdio Coca-Cola Zero. Ambos tinham conteúdos exclusivos, como as músicas resultantes da combinação de artistas como Chitãozinho & Xororó e Fresno ou Paralamas do Sucesso e Calypso, realizadas durante o programa de TV branded content da marca de refrigerante.

Fonte: (N.C.). Co-branding: um casamento entre marcas para conquistar mercado. *Mundo do marketing*. Disponível em: <https://www.mundodomarketing.com.br/inteligencia/estudos/143/co-branding-um-casamento-entre-marcas-para-conquistar-mercado.html>. Acesso em: nov. 2016.

VAMOS TESTAR SEUS CONHECIMENTOS?

1 Neste capítulo abordamos a arquitetura da marca como uma forma estratégica de organizar o portfólio de uma empresa em um mercado específico. Com base nos conceitos abordados, responda: o que é arquitetura da marca? Quando uma empresa deve pensar em tratar de forma estratégica sua arquitetura?

2 Sobre o processo de arquitetura da marca, destacamos que para que ele alcance os objetivos delimitados, devemos pensar em termos, também, da hierarquia das marcas. Assim, o que é hierarquia das marcas? De que forma uma empresa pode, e deve, pensar estrategicamente em sua hierarquia? Qual a importância dela, em termos estratégicos, para uma empresa?

3 Tendo como base a hierarquia das marcas, escolha uma organização que tenha um amplo portfólio e descreva como a empresa trabalha, hierarquicamente, suas marcas.

4 Ainda com relação à hierarquia das marcas, delimitamos suas estratégias, ou as estratégias para uma marca de família, corporativa e individual. Baseando-se nas teorias apresentadas, cite, explique e exemplifique (use exemplos de mercado) cada um dos tipos de marca citados na questão.

5 Com base na questão anterior, escolha uma das estratégias de marca e explique quais suas vantagens e desvantagens.

Extensão de marca

APRESENTAÇÃO

Extensão de marca é uma estratégia que consiste em introduzir novos produtos no mercado tendo como base uma marca mãe já estabelecida e consolidada. Hoje, mais que nunca, essa prática se faz necessária para garantir market share, criar novidades para os clientes e aproveitar as possíveis oportunidades do mercado em que atua.

OBJETIVOS

Mostrar a importância e os cuidados que devem ser toma-dos quando se trabalha com estratégia de extensão de marca. Veremos ainda extensão de linha, extensão de categoria, estra-tégias de crescimento e muito mais.

9.1 O QUE É EXTENSÃO DE MARCA

Como verificamos no capítulo anterior, para que o gestor de branding possa ter uma visão estratégica de seu portfólio de marcas, ele usará como parâmetro a análise da arquitetura das marcas. Assim, poderá ter uma noção adequada dos possíveis relacionamentos que uma marca pode ter dentro da empresa e suas relações e influências no processo de marketing. Após essa análise, o próximo passo será pensar em estraté-gias, que podem, em muitos casos, ser diferentes daquelas abordadas nos capítulos anteriores.

Uma das maneiras de a empresa pensar em termos de gestão de marca, ou formas de potencializar os relacionamentos existentes en-tre as marcas de seu portfólio, é a **extensão de marca**, que consiste em introduzir um novo produto no mercado tendo como base uma marca mãe já estabelecida. É o que ocorre quando uma empresa, ao presenciar uma oportunidade de mercado, desenvolve um produto para aproveitar essa oportunidade. É o que podemos notar no mercado automobilístico, que apresenta várias versões de um único modelo; no mercado de refri-gerantes, com suas muitas variações, seja em termos de embalagens ou de sabores; no mercado de celulares, com aparelhos que têm várias graduações de recursos, entre uma infinidade de novos produtos que são desenvolvidos tendo como base a gestão de marca de uma empresa.

No caso em que temos a criação de um produto cuja base é a marca mãe, chamamos conceitualmente de **extensão de marca,** no qual

307

existe a criação de um novo produto para o mercado. Um exemplo é a Coca-Cola Life, a "versão verde" da maior companhia de refrigerantes do mundo. O novo produto, lançado tendo como base a marca mãe, fornece menos calorias que a versão original (89 contra 138 em uma lata de 330 ml) e é adoçado com uma mistura de açúcar de cana com estévia, uma folha que serve como adoçante natural. Com o objetivo de tornar seu produto carro-chefe mais saudável, a empresa promete um produto mais "saudável e natural" que a versão original, mas ressalta que ele não é light ou diet.

Veja a propaganda da Coca-Cola Life:

A criação de novos produtos por meio de uma extensão de marca torna-se cada dia mais importante para a sobrevivência das empresas, visto que, como as necessidades dos consumidores são altamente voláteis e eles estão sempre em busca de produtos que se identifiquem com suas características mais pessoais, as empresas necessitam criar novas versões de seus produtos para atendê-los.

Também existem casos nos quais uma empresa cria um novo produto em uma nova categoria, o que chamamos de **extensão de categoria**, como, por exemplo, um perfume ou tênis da marca Ferrari, uma bolacha da marca Nescau ou, como mencionamos anteriormente, a Samsung, com suas várias unidades estratégicas de mercado.

A criação de novos produtos por meio de uma extensão de marca torna-se cada dia mais importante para a sobrevivência das empresas, visto que, como as necessidades dos consumidores são altamente voláteis e eles estão sempre em busca de produtos que se identifiquem com suas características mais pessoais, as empresas necessitam criar novas versões de seus produtos para atendê-los. Caso não consigam, correm o risco de perder sua vantagem competitiva no mercado, pois, se não puderem entregar produtos adequados às necessidades dos consumidores, os concorrentes com certeza o farão. E, lembre-se, é isso que eles mais esperam.

Compreendendo esse ambiente altamente competitivo, os gestores de marketing, no momento de construir seu planejamento estratégico, estudam as formas de a empresa poder crescer no mercado, o que nomeamos de **estratégias de crescimento** – como ela pode, por meio da análise de seus produtos ou serviços, crescer de forma sustentável no mercado. Nesse processo, uma estratégia usada para delimitar o pensamento da empresa é o que chamamos de Matriz de Ansoff,[1] que apresenta, com base em um produto, formas de crescimento, descritas a seguir.

Mesmos produtos para o mesmo mercado – sistema conhecido como penetração de mercado. Nesse caso, a empresa pode fazer alguma modificação no produto ou em sua promoção para vender mais ao mesmo mercado, aumentando o consumo dos consumidores atuais ou, no mesmo segmento, atingindo novos consumidores. Como exemplo dessa estratégia de crescimento temos as embalagens de 1 litro usadas pela indústria de cerveja, que podem levar a um aumento de consumo dos consumidores habituais e à conquista de novos apreciadores da bebida, como aqueles interessados em preço ou que consomem a bebida em sua residência, ou até mesmo em ocasiões específicas, como festas.

Nessa estratégia, a ligação com a gestão de marca está no fato de que a empresa criou um novo produto tendo como base uma marca mãe, ou seja, um novo item para atender ao mesmo mercado. Isso porque, como veremos mais adiante, consideramos essas modificações como uma extensão de linha, como já explicitado anteriormente.

A empresa pode trabalhar **o mesmo produto para um novo mercado**, nesse caso denominado de desenvolvimento de mercado. Nesse ponto específico, não temos necessariamente a criação de um novo produto, mas sim uma estratégia de, se assim podemos dizer, expansão, não de marcas, mas de mercado. Isso ocorre em várias situações, principalmente quando presenciamos um mercado altamente globalizado. Dessa forma, ela pode usar o mesmo produto para atuar em vários mercados, como no caso do Walmart, que teoricamente atua com o mesmo produto – sua rede de supermercados – em várias partes do globo. Agora, se ela realiza pequenas modificações para atuar em outros mercados, dentro ou fora de seu país de origem, aí sim teremos uma extensão de marca, ou uma modificação na marca mãe para a criação de um novo produto. Isso ocorre no Brasil, por exemplo, com as empresas que migram para o mercado do Nordeste e fazem pequenas modificações em seus produtos para torná-los mais adequados às características do comércio local, como redução de embalagem para que o preço possa ficar mais competitivo.

---

1. ROCHA, M. (Org.). *Marketing estratégico*. São Paulo: Saraiva, 2015.

Outra estratégia de crescimento mencionada por Ansoff é o **desenvolvimento de um novo produto para o mesmo mercado**. Essa estratégia recebe o nome de desenvolvimento de produto. Esse é um dos sistemas mais comuns, representado por ações como as citadas nos exemplos já mencionados, como a criação de novos sabores, linhas de produtos, embalagens etc.

Por último, temos a chamada estratégia de diversificação, que consiste no desenvolvimento de **novos produtos para novos mercados**. Podemos ilustrar esse caso citando uma marca mãe corporativa que verificou uma nova oportunidade em um mercado no qual não atuava com seus produtos habituais e se inseriu nele: a Honda vende atualmente cortador de grama. Esse é o exemplo talvez mais visível ou de fácil compreensão, porém temos casos mais simples, que não se encaixam com as marcas mãe corporativas. São exemplos o detergente Veja, que cria novos produtos para atuar em novos mercados, assim como marcas de bancos – note que nesses casos a empresa cria um novo produto, uma extensão de marca, para atuar em outros segmentos, como seguros, crédito, previdência privada, títulos de capitalização, entre outros. Observe que a atuação não necessariamente deve ser radical, mas com produtos correlatos.

Dessa forma, podemos reforçar o entendimento do processo sinérgico entre as estratégias de marketing, o que já denominamos alinhamento estratégico mercadológico. Nesse ponto, os gestores de marketing, como uma forma de complementar o planejamento estratégico da empresa, desenvolvem seu plano, que ajuda a estipular quais estratégias de crescimento institucional serão adotadas e, dentro dessas estratégias, ainda consideram a arquitetura de marca como uma forma de pensar e repensar a atuação das marcas no mercado. Portanto, antes de iniciar o processo de extensão de marca, não esqueça de revisitar seu planejamento de marketing e seu planejamento estratégico a fim de que as estratégias adotadas possam criar valor para a empresa e para os consumidores.

São esses os aspectos a considerar no momento de pensar nas estratégias de crescimento. Agora vamos analisar como uma empresa pode dar início a seu processo de extensão de marca.

- **Introdução de um produto de forma diferente** – isso ocorre quando a empresa faz modificações no produto a fim de lançá-lo em uma nova categoria com uma roupagem um pouco diferente da original. A já citada Pepsi Twist é um exemplo de uma forma de apresentar uma nova versão de um produto, apenas adicionando limão, porque a empresa notou que os consumidores de refrigerante cola solicitavam com frequência que fosse acrescentado limão quando pediam a bebida em um estabelecimento. A mesma estratégia também foi usada pelo Guaraná Antárctica, com sua versão com acréscimo de laranja. Temos aí o produto original apresentado de uma forma diferenciada ao mercado para se adequar aos gostos e preferências dos consumidores.

- **Introdução de produtos com sabores diferentes** – é uma forma de extensão de marca, ou, como estamos acompanhando, de lançar novos produtos no mercado para que a empresa consiga uma maior participação em seu segmento, atingindo gostos e preferências diversas. Isso ocorre com alimentos e bebidas, como a Fanta e sua gama de sabores ofertados em várias regiões do planeta, e sorvetes, biscoitos etc., entre outras formas de a empresa aumentar seu portfólio.
- **Introdução de produtos próximos à marca** – ocorre quando a empresa cria produtos que, de certa forma, têm sinergia com o negócio principal da empresa, sejam eles complementares ou não. Assim, uma empresa de materiais esportivos pode comercializar chuteiras, meias, bolas e calções para jogadores de futebol, todos produtos que podem ser correlatos à marca mãe. Nesse caso, as empresas, com base em seu conhecimento de mercado e know-how, criam marcas que possam ser próximas e complementares aos seus produtos principais. Trata-se de uma maneira de aumentar as vendas cruzadas: já que uma pessoa vai comprar uma chuteira, será que ela não precisaria de uma bola? Se precisar, por que deixar que ela escolha um produto do concorrente? É melhor incentivá-la a comprar da própria empresa que comercializa o calçado.
- **Introdução de produtos que possam ser relevantes aos consumidores-alvo da empresa** – a empresa, ao analisar o que seus consumidores desejam em termos de produto ou de suas necessidades, faz uma extensão de marca para outras categorias, não necessariamente de correlatos, como na estratégia anterior. Veja o caso da Porto Seguro. Seu negócio principal é a comercialização de seguros, residenciais ou de automóvel, porém, analisando o comportamento de seus consumidores, a empresa criou vários outros produtos ou submarcas, como serviços de reparo de computadores, manutenção

Capítulo 9 • Extensão de marca

doméstica (serviços de eletricistas e encanadores), entre outros. Também podemos citar o caso dos bancos, com a criação de vários produtos, como previdência privada, seguros, títulos de capitalização, entre outros itens, que, se analisados friamente, são ligados a outras categorias de produto.

- **Introdução de produtos que aumentem a experiência da marca** – pensando nessa estratégia, temos aquelas empresas que são sinônimo de determinados atributos de marca, como, por exemplo, complexidade técnica ou qualidade. A GE, ciente de que os consumidores compreendem sua importância como empresa, atua em vários segmentos, de eletrodomésticos a produtos de maior complexidade para a indústria pesada. Nesse caso, ela usa sua experiência de marca para lançar produtos que consigam carregar seu conhecimento técnico. Esse é um exemplo da habilidade de transferir a percepção que os consumidores têm de uma marca a outros produtos ou setores e, assim, capitalizar essas experiências a favor da empresa para poder entrar em outros segmentos de mercado.

- **Introdução de produtos que reflitam o benefício da marca** – algumas marcas líderes têm benefícios que se tornam fáceis de serem usados em extensões de marca, o que facilita a adoção dessa estratégia. Tome como exemplo o produto de limpeza Veja. Seus benefícios, em termos de limpeza, são claros para os consumidores, e a marca é sinônimo de categoria. Dessa forma, a empresa, por meio de uma extensão de linha, criou uma família de produtos tendo como base a marca mãe, sempre com o uso dos benefícios que a marca proporciona.

- **Introdução de produtos com redução ou aumento de suas características básicas** – outra forma de pensar o mercado para uma estratégia de extensão de linha é, com base no produto central, verificar se, ao retirar alguma parte dele, a empresa pode criar um novo produto e, assim, um novo mercado em que possa atuar. São exemplos de produtos de baixa caloria (redução de características) ou aqueles que são concentrados, como sucos de frutas (aumento de características). Portanto, a questão-chave nessa estratégia é perguntar se o aumento ou a redução de características básicas dos produtos poderia gerar novos mercados. Outros exemplos são o aumento da banda larga dos provedores de internet ou a redução da taxa de juros de cartões de crédito ou de pagamento de conta de celular com as linhas pré-pagas.

- **Introdução de produtos com o aumento ou a redução da quantidade ofertada** – algumas empresas, para que consigam aumentar sua base de clientes em uma estratégia de penetração de mercado, costumam aumentar ou reduzir as embalagens de seus produtos a fim de aumentar o consumo de seus clientes habituais ou entrar em um mercado em que não atuam. Quando a Coca-Cola reduziu o tamanho de suas embalagens, e consequentemente o preço, conseguiu acesso às classes menos favorecidas da população, aquelas que desejavam comprar o produto mas não podiam devido à sua escassez de recursos. Ou as empresas de alimentos congelados que comercializam seus produtos em embalagens individuais, o que é uma ótima estratégia considerando o aumento do número de pessoas que vivem sozinhas. Também temos as embalagens tamanho família de, por exemplo, produtos de limpeza, nesse caso para famílias mais numerosas. É uma estratégia interessante para que um produto possa entrar em outros mercados nos quais não atua, e uma forma de extensão de marca.

- **Introdução de produtos com modificação de embalagem** – também pode ser considerada uma estratégia de extensão de marca quando a empresa modifica suas embalagens para cobrir necessidades em outros mercados. Isso é o que ocorreu quando a indústria de sorvetes começou a vender seus produtos em potes, o que pode se encaixar também no aumento da quantidade ofertada, já mencionada. Em uma análise mais detalhada, porém, essa mudança pode ser considerada uma modificação de embalagem. Ou a indústria de panetone, que começou há alguns anos a vender o produto em mais opções de embalagem, além da tradicional caixa de papelão. Para concorrer em preço, passou a oferecê-lo em embalagens de celofane. E, para atender a um mercado mais sofisticado, embalagens de lata. É uma boa estratégia para se pensar, pois pequenas modificações na embalagem podem proporcionar um adequado retorno para a empresa. Note o aumento da lucratividade das empresas de higiene pessoal quando começaram a vender seus produtos em sachês. Muito bem pensado.

De modo geral, essas são algumas das possibilidades de, com base na marca mãe, pensar em formas de extensão de linha. Apenas cabe ressaltar que para que essas estratégias surtam o efeito adequado, é

Capítulo 9 • Extensão de marca

313

preciso, na medida do possível, criar novos mercados, ou categorias, caso contrário, o esforço pode não compensar o investimento.

Agora passaremos a tratar de uma estratégia muito usual no mercado e que pode ajudar uma organização em seus planos de crescimento. Veja o exemplo do panetone. Uma simples mudança na embalagem proporcionou às empresas a entrada em mercados dos quais anteriormente não faziam parte. Note que essa modificação as auxiliou a ter acesso a mercados acima e abaixo daquele em que as marcas mães se situavam. Isso é o que conhecemos como extensão de marca para um mercado acima e para um mercado abaixo. É o que veremos a seguir.

9.1.1 Extensão de marca mercado abaixo

Entendemos como uma estratégia de extensão de marca mercado abaixo aqueles movimentos que uma organização realiza, tendo sempre como base seu portfólio de marca e a análise da arquitetura dela, no sentido de entrar em mercados literalmente abaixo daqueles em que atua, ou seja, segmentos de mercado que se encontram, em termos de consumo, um degrau abaixo daquele em que a empresa construiu suas estratégias de atuação.

É uma forma de a empresa crescer, ou seja, trata-se de uma estratégia de crescimento, pois os gestores enxergam possibilidades de entrar em mercados nos quais não atuam e que podem representar ganhos sustentáveis para a corporação. Isso pode ser feito por meio de uma extensão de linha de marca, ou seja, o uso da marca mãe para validar o novo produto transferindo a ele as percepções já construídas na mente dos consumidores ou com a criação de uma submarca, ou seja, uma nova marca.

Em 2005, a Danone, dona da marca Danoninho, lançou no mercado a versão míni do Danoninho, que passou a ser comercializado com apenas duas unidades e com sugestão de preço de R$ 0,79 (a embalagem tradicional, com oito unidades, custava R$ 3,60). Essa foi uma aposta da empresa para que pudesse atender às classes de menor poder aquisitivo do mercado brasileiro. Isso porque constatou que esses consumidores tinham a intenção de comprar os produtos da empresa, mas devido a seus escassos rendimentos, não tinham condições.

Com essa estratégia, a empresa conseguiu entrar em um mercado que na época apresentava fortes possibilidades de lucratividade, a emergente classe média. Ela manteve sua marca mãe, o que **ajudou em termos de percepção pelos novos consumidores**. Se tivesse desenvolvido uma nova marca para atuar nesse mercado, talvez seu esforço tivesse que ser maior, tanto no sentido de desenvolver um novo produto como de convencer os consumidores de que a nova marca seria uma boa alternativa. Assim, uma estratégia de extensão de marca para um mercado abaixo do que atua proporcionou possibilidades maiores de crescimento para a marca em um mercado emergente.

Esse caso da Danone já nos apresenta uma das vantagens dessa estratégia. Além de possibilitar novas formas de crescimento em mercados que possam estar estagnados, ainda permite à empresa desenvolver um produto que possa se **adequar a determinado segmento de mercado inferior ao que atua**. Pelo fato de o produto do exemplo ser do ramo de alimentos, não houve possiblidade de a marca ficar reconhecida no mercado como sinônimo de baixa qualidade, ou de produto popular. Caso fosse um produto de luxo, esse risco existiria.

Como podemos notar, essa estratégia é muito usual quando as empresas pretendem vender mais de seus produtos no mercado que atuam, o que já nomeamos como uma estratégia de penetração de mercado, ou seja, o mesmo produto atuando no mesmo mercado. Assim também fez a Coca-Cola. No mesmo período, começou a vender seu refrigerante em embalagem de vidro de 200 ml ao preço de R$ 0,50. Como ela é retornável, o consumidor pagava apenas o conteúdo. No início de sua estratégia, sua praça de atuação eram apenas a Baixada Fluminense e a Grande Belo Horizonte, depois passou a vender em outras partes do país. Novamente uma estratégia de atuação mercado abaixo, mantendo a mesma marca, mas modificando a sua embalagem para que pudesse atingir outros mercados usando a força da marca mãe.

Porém, o que pode nos chamar mais atenção na estratégia da Coca-Cola é que o uso de uma extensão de marca possibilitou à empresa uma **proteção contra os concorrentes de mercado**. Isso porque a empresa estava perdendo mercado para as famosas tubaínas, refrigerantes de baixo custo. Mas quando a empresa reduziu seu preço, conseguiu fazer frente a esses concorrentes, porque, como sabemos, os consumidores das classes mais baixas preferem a marca líder, mas, como não têm condições financeiras de adquirir os produtos, optam por aqueles de menor preço. No entanto, se a empresa líder

Capítulo 9 • Extensão de marca

315

lhes oferece condições de compra, eles respondem favoravelmente à iniciativa da empresa.

Como podemos notar, os mercados estão passando por grandes transformações, e as empresas necessitam de respostas pontuais para que consigam manter-se competitivas. Atualmente os consumidores estão mais sensíveis ao preço, pois melhorou sua percepção em relação ao processo de custo e benefício. Tendo como base apenas o mercado brasileiro, as novas gerações de consumidores têm uma ideia mais apurada do verdadeiro valor do dinheiro. As pessoas da geração X viveram em uma época de inflação galopante, de mais de dois dígitos ao mês, assim, não tinham uma visão apurada do valor dos produtos. Já as que nasceram em épocas posteriores e conviveram com uma economia estabilizada conseguem ter uma noção melhor a respeito.

Portanto, as marcas precisam ser convincentes em relação aos custos e benefícios envolvidos em um processo comercial, demonstrando o verdadeiro valor do produto e, em muitas situações, devem pensar em novos produtos ou marcas com preço inferior (**atenção**: preço inferior, e não qualidade inferior) para que consigam atrair novos consumidores. Note que não necessariamente temos um segmento de mercado inferior, mas talvez necessidades mais básicas de mercado. A indústria de computadores pessoais pensa dessa forma. Oferece suas máquinas em várias versões, com variações de tamanho das telas ou potência de memória. É uma forma de **adequação às necessidades e desejos** dos consumidores, isso porque há os que necessitam de uma maior capacidade de memória ou de um preço mais baixo. Nesse caso específico, a empresa atua no mercado abaixo, com uma máquina desenvolvida a um valor menor do que o seu carro-chefe.

> **As marcas precisam ser convincentes em relação aos custos e benefícios envolvidos em um processo comercial, demonstrando o verdadeiro valor do produto e, em muitas situações, devem pensar em novos produtos ou marcas com preço inferior (atenção: preço inferior e não qualidade inferior) para que consigam atrair novos consumidores.**

Essa adequação ao mercado como estratégia para poder atuar de forma consistente junto a consumidores que estão cada vez mais informados em relação às opções de mercado graças às novas tecnologias digitais pode ser notada na indústria automobilística, que procura desenvolver novas versões de seus produtos para vários segmentos de mercado, com preços mais adequados às necessidades de seus consumidores. O que também podemos notar na indústria de aparelhos celulares, que faz várias extensões de marca mercado abaixo para atender às mais variadas demandas de mercado.

É muito interessante estudar esses mercados e suas transformações. Na história do comércio, acredito que nunca passamos por uma situação como a atual, em que temos uma infinidade de opções de compra. Isso gera um pequeno problema, tanto para as empresas como para os consumidores. Se partirmos do pressuposto de que nossos desejos são ilimitados (eu, por exemplo, posso desejar uma Ferrari amarela, não posso? Claro, afinal o desejo é meu!), mas os recursos são limitados, tanto em termos financeiros como de tempo, somos obrigados a selecionar os produtos que desejamos, porque não podemos ter tudo, não é mesmo?

Mas, com uma extensão de linha, as empresas procuram minimizar o fator custo. Se não tenho condições de comprar um iPhone 7 de 256GB, talvez o meu bolso me permita um de 32GB. Se não tenho condições de comprar uma camisa oficial de meu time do coração, talvez uma versão mais simples, como uma camisa de treino. Se não tenho condições de fazer um curso de graduação de quatro anos, talvez um curso de tecnólogo ou na modalidade a distância se encaixe em meu orçamento.

Muito bom, não é mesmo? É, mas alguns cuidados devem ser tomados para que uma estratégia interessante não prejudique a marca. Deve-se ficar atento para que a redução de preço, ou uma versão mais simples, não seja associada à **perda de qualidade**. Assim, é preciso manter os rigorosos padrões de qualidade e deixar claro que, por mais que alguns componentes do produto possam, em algumas situações, ser reduzidos, a qualidade é a mesma. Quando a Apple oferece três graduações de memória para seus produtos, deixa claro que a quantidade de memória pode variar de acordo com o uso do produto pelo usuário, o que não significa uma qualidade menor. A empresa procura informar de maneira didática seus consumidores a esse respeito.

Devem-se realizar estudos pormenorizados de custos para que a redução de preço não represente **uma redução no retorno financeiro** para a marca. Se essa estratégia implicar mais vendas, mas com um retorno menor do que o estabelecido pela companhia, pode não valer a pena o uso dessa estratégia, porque, em muitas situações, as vendas precisarão ser muito altas para que se atinja o adequado ponto de equilíbrio. Portanto, antes de pensar em uma estratégia como essa, é fundamental uma boa conversa com o diretor financeiro da companhia.

Capítulo 9 • Extensão de marca

Uma situação que deve ser monitorada pela companhia é se existe o risco de **canibalização** dos produtos. Isso pode ocorrer se o produto de uma linha abaixo, em vez de possibilitar a entrada da empresa em novos mercados, simplesmente começar a concorrer com outros produtos dessa empresa. É claro que alguns dirão que é melhor perder mercado para a própria empresa do que para os concorrentes, isso é verdade, mas acabar com um forte gerador de caixa e substituí-lo por uma versão que possibilita um menor ganho financeiro pode não ser um bom negócio.

Por fim, deve-se atentar para que a extensão de linha não **prejudique a imagem da marca mãe**. Muitas vezes, na ânsia de entrar em outros mercados, a empresa esquece que seus consumidores fiéis talvez não queiram ver seus produtos nas mãos de outros consumidores. Foi o que ocorreu com a Mercedes-Benz ao introduzir seu modelo Classe A no mercado brasileiro. Além de alguns problemas técnicos que o carro tinha, o fato de pessoas de uma classe econômica mais baixa começarem a comprar o automóvel sonho de consumo acabou fazendo com que os clientes habituais da marca, com alto poder aquisitivo, começassem a trocar de montadora, afinal, se todo mundo pode ter um produto de uma marca exclusiva como a Mercedes-Benz, talvez ela não seja tão exclusiva assim, pensavam.

Portanto, cuidado nesse ponto. Em casos como esse, de produtos exclusivos, o melhor é criar uma submarca que não tenha necessariamente relação com a marca mãe, como fez a Kopenhagen ao criar a marca Chocolates Brasil Cacau para atuar em mercados abaixo do que a marca mãe trabalha. Uma marca é para as classes mais altas, enquanto outra para as mais populares. Ou o grupo Pão de Açúcar, com sua antiga marca Barateiro, que atingia as classes mais baixas da população; as marcas Extra e Pão de Açúcar atendiam às classes mais altas.

Assim, quando você tem uma marca que proporciona *status* a seus consumidores, para que o prestígio dela não seja ameaçado, em muitos casos é melhor criar uma nova marca. Sabemos que os custos de uma marca são altos, mas é melhor arcar com eles do que perder clientes habituais.

9.1.2 Extensão de marca mercado acima

Como acompanhamos, existem várias vantagens em uma estratégia de deslocar seu produto para um mercado abaixo, mas uma marca também pode pensar em estratégias de deslocar seu produto a um mercado acima daquele em que atua. Lembra-se do caso do panetone? A empresa, quando realizou uma modificação de embalagem, tornando-a mais atrativa em termos de comercialização, conseguiu entrar em um mercado acima do que atuava e assim obteve mais consumidores, um retorno financeiro maior e um crescimento de mercado superior ao de seus concorrentes. Uma boa estratégia, não é mesmo?

Sem dúvida é uma boa estratégia, porém é mais difícil subir um degrau na mente dos consumidores do que descer. Isso porque aumentar as percepções dos consumidores e fazer com que eles enxerguem benefícios ao pagar um valor maior por um produto nem sempre é possível. Alguns itens, mesmo que mantenham a marca mãe, não conseguem migrar para um mercado superior.

Uma das formas usadas pelas empresas para conseguir "subir" no mercado em termos de percepções dos consumidores é criar edições especiais ou produtos *premium*. É o que ocorre com os bancos, que, com uma estratégia muito bem formulada, criam produtos para um mercado superior ao que atuam, como Bradesco Prime, Itaú Personnalité ou Santander Van Gogh. Com base em sua marca mãe, eles conseguiram desenvolver uma nova marca para entrar em um segmento de mercado voltado às classes mais altas do mercado. É o que ocorre com as empresas de cartão de crédito, que desenvolvem produtos para um mercado acima daqueles em que normalmente atuam, como o Visa Platinun.

Em muitas situações, algumas empresas criam edições especiais de seu produto como forma de testar o mercado e, caso o produto tenha aceitação adequada, acaba por se tornar uma marca comercializada regularmente pela empresa, como notamos no mercado de cervejas, no qual muitas marcas começaram como edições especiais e depois se tornaram produtos comercializados normalmente.

Em muitas situações, algumas empresas criam edições especiais de seu produto como forma de testar o mercado e, caso o produto tenha aceitação adequada, acaba por se tornar uma marca comercializada regularmente pela empresa, como notamos no mercado de cervejas, no qual muitas marcas começaram como edições especiais e depois se tornaram produtos comercializados normalmente (é o caso de algumas variações da cerveja Bohemia).

Outra forma de uma empresa conseguir crescer mercado acima pode ser com a mudança do estabelecimento comercial. Assim, um restaurante pode mudar sua sede ou abrir uma filial em um bairro nobre e assim modificar a percepção de seus consumidores. Foi o que aconteceu com a livraria Cultura ao direcionar suas estratégias para certos locais, considerados um pouco mais nobres, como o Conjunto Nacional, na avenida Paulista, em São Paulo, e com a livraria Saraiva, que também abriu filiais em locais nobres da capital de São Paulo.

Mas é preciso cuidado. Nem todas as marcas conseguem subir na percepção do mercado simplesmente por mudar seu local de venda. A Casas Bahia tentou há alguns anos abrir lojas em shoppings frequentados por pessoas das classes mais altas. Porém, como a identidade da marca está diretamente ligada a produtos e preços populares, ela não conseguiu atingir os objetivos estabelecidos.

Assim, se a empresa conseguir transferir a credibilidade de sua marca para um mercado superior ao que atua, isso pode lhe possibilitar ganhos sustentáveis; porém, caso a marca não consiga atingir esse objetivo, uma saída inteligente é a criação de uma submarca, ou de uma nova marca para atuar em um mercado *premium*.

9.2 VANTAGENS DE UMA ESTRATÉGIA DE EXTENSÃO DE MARCA

Acompanhamos no decorrer deste capítulo várias estratégias de extensão de marca que as empresas usam para fortalecer suas estratégias de crescimento em mercados cada vez mais competitivos. Agora elencaremos as vantagens que uma empresa pode usufruir como mais um subsídio para ajudá-lo a decidir se deve ou não trabalhar com essa estratégia. Mas lembre-se sempre que antes de adotar qualquer estratégia é necessário analisar seu plano de marketing, ok? Nesse processo, sinergia é tudo.

Aceitação de novos produtos – todos sabemos como os consumidores andam ressabiados com tantas ofertas de mercado. Isso torna cada vez mais difícil o processo de aceitação de novas marcas. Por mais que a empresa invista pesadamente em estratégias de divulgação de marca, isso não necessariamente é revertido em um processo de entendimento dela e de seus benefícios para os consumidores. Agora, quando a empresa usa uma estratégia de extensão de marca, alguns processos podem ser minimizados.

A Brahma lançou no mercado sua cerveja sem álcool, Brahma 0,0%, atendendo a uma demanda de consumidores que por, opção ou por problemas de saúde, desejavam esse produto. Como ele já vinha com o aval da marca mãe – a cerveja Brahma – ficou muito mais fácil, em termos de percepção dos consumidores, vincular o novo produto à marca original, de modo que a aceitação foi melhor. Quando a marca Omo desenvolve novas versões de seu produto, sendo uma para cada necessidade de seus consumidores, a aceitação ocorre de forma mais natural, porque as marcas fortes têm a habilidade de transmitir seus diferenciais para outros produtos da empresa, além do fato de que desenvolver produtos para cada uma das situações ou necessidades específicas dos consumidores a leva a ser reconhecida como uma marca de linha completa. Um produto para cada situação de uso.

Melhoria da imagem da marca mãe – quando falamos que a extensão de marca ajuda o Omo a se tornar uma marca de linha completa, isso quer dizer que criar novas versões de seu produto para necessidades especificas ajuda a empresa a construir uma imagem favorável da marca mãe. Isso quer dizer que se uma extensão de marca for realizada de forma adequada, mantendo os padrões da marca originária como sua qualidade e respeito aos consumidores, ela acaba por fortalecer os preceitos já estabelecidos.

A margarina Becel, desde sua criação em meados da década de 1950, tem como identidade de marca o fato de evitar problemas de saúde, principalmente aqueles relacionados ao coração, sem que para isso perca sabor. Em uma estratégia de extensão de linha foram criadas a Becel sabor manteiga e a Becel Pro Activ. São versões do produto original para necessidades distintas de seus consumidores. A margarina sabor manteiga, como o próprio nome diz, é para aqueles consumidores que gostam desse sabor, mas preferem os benefícios da margarina. Já a Pro Activ é feita com extratos vegetais que auxiliam na redução do colesterol. Nesse caso, temos uma estratégia de extensão de marca em que marcas secundárias ajudam a fortalecer a identidade da marca mãe, pois compartilham dos mesmos benefícios.

Menor risco para os clientes – por mais que possa soar estranho, os consumidores torcem pelas empresas. Ninguém deseja que a Coca-Cola desapareça, porque, se isso ocorrer, quem irá fornecer o melhor refrigerante de cola do planeta, não é mesmo? Quando uma empresa usa estratégias de extensão de marca e aumenta consideravelmente seu portfólio, transmite ao mercado uma maior credibilidade corporativa,

Capítulo 9 • Extensão de marca

tanto para os clientes, que, como já mencionamos, torcem pela marca, como para os acionistas, que investem seus recursos na corporação.

Veja o caso da Unilever. Em seu portfólio existem 26 marcas (sem contar as extensões de cada uma delas), que vão de alimentos a cuidados pessoais e cuidados para a casa. Na percepção dos consumidores, funcionários, acionistas, fornecedores, entre outros stakeholders (clientes diretos e indiretos da organização), o risco de que essa empresa venha a desaparecer do mercado é muito pequeno, visto que sua atuação em vários ramos de atividade e com tantas marcas diminui sua vulnerabilidade no mercado.

Maior possibilidade de distribuição – um dos grandes desafios para uma empresa é conseguir convencer os varejistas a abrir espaço em suas gôndolas ou lojas para a comercialização dos produtos. Dificilmente um distribuidor irá retirar um produto campeão de vendas da prateleira para deixar que um produto que acabou de ser lançado ocupe esse local. Porém... quando uma empresa trabalha em um processo de extensão de marca, ou lança novos produtos no mercado, essa negociação pode ser facilitada. Ou seja, fica mais fácil convencer os varejistas. Quando uma empresa trabalha apenas um produto e negocia com um fornecedor, seu poder de barganha é menor. Agora, se tem uma linha de produtos extensa, esse poder aumenta. Isso quer dizer que se torna mais fácil a colocação de um produto no mercado.

Imagine a Coca-Cola quando resolve lançar um novo produto no mercado. Se por acaso o varejista se negar a expor esse produto em um local de destaque, a empresa pode se negar a vender seu produto carro-chefe. Veja o caso da Bombril, que além de sua famosa palha de aço ainda oferece vários outros produtos de limpeza. Quando essas empresas desenvolvem um novo produto, têm facilidade de entrar nos mercados, tanto pela força de seu produto carro-chefe, como já mencionamos, como pelo fato de já existir um relacionamento entre as partes envolvidas – o vendedor e o comprador. Isso sem dizer que o distribuidor também terá várias vantagens, porque terá uma linha de produtos completa para ser oferecida a seus clientes.

Também podemos destacar como uma outra vantagem para os varejistas a possibilidade de redução dos custos administrativos, porque é melhor controlar um fornecedor com dez produtos do que administrar dez fornecedores com uma marca para ser comercializada.

Eficiências dos gastos promocionais – sempre que o objetivo é o lançamento de um novo produto, o aumento nas vendas ou mesmo o fortalecimento de uma marca, os investimentos em promoção são essenciais. Com diz Sérgio Zyman, ex-diretor mundial de marketing da Coca-Cola, se você quer vender todos os dias, deve fazer marketing todos os dias. Assim, sabemos que esses investimentos são fundamentais para as marcas. As marcas fortes estão sempre presentes nos veículos de comunicação, nos pontos de venda ou em outros locais em que possam comunicar aos consumidores sua proposta de valor.

Assim, quando uma empresa usa uma estratégia de extensão de marca, os custos envolvidos para convencer os consumidores ou para criar uma marca forte são menores. Quando a Nestlé lançou no mercado os produtos relacionados ao chocolate Chokito, não houve necessidade de explicar a seus consumidores o que é a marca e os seus benefícios, pois os consumidores já conheciam a marca mãe, e todos os benefícios já estavam presentes na mente de seus consumidores. O mesmo ocorre com outras marcas da empresa, como a Crunch, com chocolate e cereal. De uma forma muito sinérgica, no momento que a empresa faz a promoção da marca mãe, consequentemente estará promovendo os demais produtos da marca, facilitando assim que o consumidor tome conhecimento desses novos produtos.

Custos de lançamento – quando trabalhamos com essas estratégias, da mesma forma que ocorre com a promoção, os custos para o lançamento do produto são menores, assim como para obter espaço na mídia especializada, por exemplo, nos lançamentos de novos modelos de automóvel que terão espaço garantido nas revistas especializadas, blogs e redes sociais.

Os custos relacionados a treinamento da equipe de vendas também diminuem quando se trata de uma extensão de marca. Pelo fato de a equipe já estar habituada com os processos, o tempo de treinamento para que conheçam os diferenciais do produto é menor. Já quando há uma marca nova, os vendedores necessitam de mais horas de treinamento para entender o que é a marca, seus benefícios e diferenciais.

Custos e desenvolvimento da marca – sabemos que os custos envolvidos na criação de uma nova marca são altos, relacionados à criação de um conceito, identidade, personalidade, logotipo, pesquisa de mercado, entre outros. E, o mais complicado, não há garantia de sucesso. São milhares de produtos lançados ao ano em todo o mundo, e muitos deles fracassam. Fracassam por falta de foco no mercado correto, por uma limitada visão de marketing e pelo fato de os consumidores não aceitarem a nova marca, não estando dispostos aos custos de troca que normalmente envolvem um novo produto.

Quando temos uma estratégia de extensão de marca, é claro que também não há garantia de sucesso, mas os custos são menores, uma vez que já existe uma marca desenvolvida, o que faz os custos para a criação da nova marca não serem tão altas. Já existe, ao menos em marcas fortes, a aceitação por parte do mercado da marca mãe, assim, essa percepção pode passar para o novo produto lançado.

Custos de embalagem e rotulagem – em extensões de marca, a redução de custos também ocorre com o desenvolvimento de embalagens e rótulos. Isso porque já existe um conceito de embalagem e rótulos que já foram desenvolvidos pela marca mãe, e o correto é manter a mesma identidade.

Quando temos a manutenção da mesma identidade, além dos custos envolvidos serem menores, existe a possibilidade de um maior destaque no varejo, pois quando há vários produtos com a mesma marca nas gôndolas, o aspecto visual é melhor e permite maior destaque para a marca. Muitas embalagens iguais acabam por tornar a exposição mais bonita, e consequentemente o destaque é maior no ponto de venda.

Disponibilizar variedade ao consumidor – como já mencionamos em vários momentos no decorrer deste capítulo, os desejos e necessidades dos consumidores têm passado por profundas transformações. Eles mudam a cada dia seus gostos e preferências, mudam seu estilo de vida ao longo do tempo e consequentemente suas escolhas de compra. Dessa forma, as empresas precisam acompanhar essas mudanças para não perder clientes e poderem se manter atuais no processo de entrega de valor a seu público-alvo.

Cientes dessas mudanças, as empresas podem adotar as extensões de marca como uma estratégia adequada. Trata-se de compreender que os consumidores podem, e irão, mudar seus gostos e preferências no decorrer da vida, mas não necessariamente existe a necessidade de eles mudarem de marca. Um consumidor pode ter como resolução de Ano-novo cuidar mais de sua saúde, mas não precisa parar de tomar seu refrigerante predileto, pode comprar uma versão diet ou light, conforme o caso, sem a necessidade de mudar de marca. Pode resolver morar sozinho, mas não necessariamente deve mudar a marca de sabão em pó que estava acostumado a usar na casa de seus pais, pode comprar uma embalagem menor e mais econômica.

Enfim, quando uma empresa trabalha uma estratégia de extensão de marca, oferta mais opções a seus consumidores e afirma que eles podem mudar seus padrões de compra, mas que não é necessário mudar de marca.

Agregar benefícios à marca mãe – as estratégias de extensão de marca também podem proporcionar valor ao agregar benefícios à marca mãe, ou seja, os novos produtos podem entregar valores que a marca principal poderia não estar entregando de forma adequada ao mercado, como, por exemplo, tornar a marca mais relevante ao lançar produtos com novas tecnologias, como notamos no mercado de aparelhos de barbear. Cada novo lançamento da Gillette traz novas tecnologias, que são desenvolvidos pela empresa para cada vez mais fortalecer a marca mãe. Assim, na percepção dos consumidores, a empresa está constantemente inovando com novos produtos, melhores que a versão anterior em termos tecnológicos.

Essas estratégias também podem tornar a marca mãe mais jovem com os novos lançamentos. Quando a marca de cerveja Skol lançou a Skol Beats Extreme, com teor alcoólico um pouco mais elevado, mirou suas estratégias na perspectiva de os jovens consumirem os produtos nas baladas. Assim, amparada por uma forte campanha de marketing, a empresa conseguiu tornar a marca mais jovem, criando uma forte ligação com esse público. Ou seja, a estratégia contribuiu como uma forma de rejuvenescer da marca (não que ela estivesse precisando) e entrar em um mercado ao qual talvez tivesse dificuldades de acesso com seu produto tradicional, agregando valor à marca mãe. Uma boa estratégia da empresa.

Esclarecer o significado da marca mãe – outro benefício que podemos elencar é que as extensões de marca podem ajudar a deixar mais claro ao mercado o significado da marca mãe. Quando a Nike lança várias extensões de marca para atuar em outros segmentos que não o

Capítulo 9 • Extensão de marca

325

original, isso ajuda no processo de entendimento do mercado ou de reforço dos aspectos intangíveis da marca, no caso, o alto desempenho que os produtos proporcionam aos consumidores. Isso quer dizer que, independentemente do esporte que as pessoas pratiquem, elas podem contar com a Nike, que irá lhes proporcionar um desempenho superior. Assim, quanto maior a amplitude de sua linha de produtos, maiores as possibilidades de que os consumidores consigam entender o significado da marca mãe.

Atrair novos clientes e aumentar a cobertura de mercado – quando uma empresa pretende entrar em um novo mercado, seja por meio de uma estratégia de segmentação geográfica (na qual a empresa entra em mercados diferentes daquele em que atua) ou de segmentação demográfica (entrar em outras classes sociais ou faixas etárias), por meio da segmentação de mercado, temos um desenvolvimento de mercado. A empresa está usando uma extensão de linha para atrair novos mercados, e consequentemente há um aumento de sua cobertura de mercado.

É o que ocorre quando direcionam suas estratégias de marketing para o Nordeste e o Centro-oeste do Brasil valendo-se da extensão de marca (por exemplo, com a redução de embalagens visando à redução de preço). Isso lhes possibilita atrair novos consumidores e expandir a cobertura de mercado. Sem dúvida alguma, em um país como o Brasil, com suas dimensões continentais, as empresas não podem negligenciar essas oportunidades que surgem em localidades distantes dos tradicionais grandes centros. Como acompanhamos, a extensão de marca é uma ótima alternativa para aproveitá-las.

Revitalizar a marca mãe – como destacamos, os produtos, assim como as pessoas, têm um ciclo de vida, ou seja, nascimento (período de introdução), crescimento (momento no qual as vendas aumentam devido à aceitação do mercado), maturidade (as vendas estão estabilizadas no alto) e declínio (as vendas começam e diminuir e, caso nada seja feito, o produto sairá do mercado).

Quando um produto se encontra na fase de declínio, aspectos ambientais ou mudanças em termos de comportamento do consumidor podem levá-lo à extinção. Em algumas situações, essa tendência não pode ser revertida. Isso ocorre muitas vezes em relação à incompatibilidade dos produtos em termos tecnológicos ou por uma mudança de comportamento do consumidor.

No entanto, em outras situações uma marca (por mais que esteja na fase de declínio) pode, com uma extensão de marca, revitalizar a marca mãe. Vamos citar como exemplo a marca de chocolate Lollo, da Nestlé, que por um período foi substituída pelo chocolate Milkybar, voltando ao nome original com o objetivo de rejuvenescer a marca. A Brastemp, aproveitando a onda retrô, lançou modelos de geladeiras nas cores preta, vermelha e amarela. Os modelos mais vendidos na década de 1950 foram relançados com design antigo e tecnologia do século XXI. Com essas estratégias de extensão de marca, as empresas podem relançar produtos ou revitalizar os que se encontravam em estágio de declínio, mas, é claro, isso somente será possível se os motivos para o declínio nas vendas puderem ser revertidos. Por mais que o retrô esteja na moda, dificilmente teremos a volta dos aparelhos de fax ou de videocassete.

Gerenciar a inovação – que a inovação é algo imprescindível para as organizações atualmente não resta dúvida. Em alguns mercados, ou as empresas inovam a uma velocidade alta ou estarão fora do mercado, como nos setores de eletroeletrônicos e automobilístico, mas esses não os únicos, porque cada mercado tem suas particularidades.

Quando uma empresa lança novidades, melhora sua diferenciação em relação a seus concorrentes. Somente pelo fato de incluir um novo componente no produto, por exemplo, mais vitaminas em uma bolacha, ela se diferencia no mercado e, assim, é reconhecida como inovadora, pois está lançando um produto com aspectos que o diferenciam de seus rivais. Note: apenas com a alteração de um componente, a empresa criou um novo produto e inovou no mercado.

A ato de agregar uma nova característica, novas formas de relacionamento com o mercado ou versões mais atualizadas de seus produtos, como acontece com os fabricantes de aparelhos celulares, que a cada ano lançam versões aperfeiçoadas de seus produtos, permite à empresa gerenciar sua diferenciação, agregar um maior valor a seus consumidores e responder de forma adequada às mudanças no contexto em que está inserida.

Bloquear os concorrentes – a última das vantagens que podemos mencionar quando tratamos dessa estratégia mercadológica é que quando uma empresa desenvolve mecanismos sólidos de extensão de marca, acaba por criar barreiras de entrada a novos fabricantes no mercado. Entendemos como "barreiras de entrada" o conjunto de fatores, sejam eles criados pelas empresas já instaladas ou por características do setor, que desencorajam a entrada de novas organizações nesses mercados.

Como fatores criados pelas próprias empresas podemos citar as extensões de marca, já que, se um novo entrante quiser se instalar em um mercado no qual seu rival tem muitas marcas dominantes, ele com toda certeza pensará duas vezes. Isso ocorre porque ele terá de fazer um esforço muito maior para convencer o mercado a trocar uma marca dominante pela nova que está entrando no mercado.

Veja o caso do mercado de cervejas no Brasil, dominado pela Ambev. A cervejaria tem muitas marcas dominantes no mercado, e várias extensões de cada. Uma empresa que pretenda entrar nesse mercado terá que fazer um esforço intenso em termos de promoção, tanto para convencer os consumidores a trocar de marca quanto os distribuidores para conseguir um espaço entre tantas opções que a Ambev oferece ao mercado. Assim, a empresa acaba por criar uma barreira de entrada, que limita as opções de novas marcas nesse concorrido mercado.

> **É claro que não temos apenas vantagens na extensão de marca. Se esse processo não for adequadamente planejado, poderá causar problemas para a empresa, desde aqueles relacionados aos custos envolvidos até aos próprios consumidores, que podem não ver em uma estratégia como essa algo que realmente agregue valor em seu processo de compra.**

Portanto, as extensões de marca podem ser consideradas como uma estratégia que as marcas dominantes podem adotar para bloquear a ação de seus concorrentes.

9.3 DESVANTAGENS DE UMA ESTRATÉGIA DE EXTENSÃO DE MARCA

É claro que não temos apenas vantagens na extensão de marca. Se esse processo não for adequadamente planejado, poderá causar problemas para a empresa, desde aqueles relacionados aos custos envolvidos até aos próprios consumidores, que podem não ver em uma estratégia como essa algo que realmente agregue valor em seu processo de compra. Nesse ponto, nosso objetivo é apresentar alguns possíveis problemas para que o gestor possa pensar neles quando estiver arquitetando suas estratégias. Vamos a eles...

Confundir o consumidor – um dos problemas das estratégias de extensão de marca é o fato de que em algumas situações elas podem confundir a percepção dos consumidores e, consequentemente, seu posicionamento. Algumas empresas têm uma linha de produtos tão extensa que, se não trabalharem de forma adequada a percepção de sua marca, podem confundir os consumidores ou não deixar claro a ele o que realmente uma marca faz.

Em algumas situações, o "menos" pode ser o "mais" em termos de percepção. Pelo fato de existirem muitas opções, pode ser que o consumidor não consiga entender o que cada um dos produtos oferece e isso lhe cause certa frustração. Algumas empresas de computador pessoal têm tantas opções de compra que o consumidor acaba por não saber exatamente quais as diferenças significativas que existem entre elas, o que faz com que, em muitas situações, ele desista da compra e procure uma empresa que apresenta de forma mais objetiva suas opções no mercado.

Para conseguir se estabelecer no mercado e entregar a melhor oferta a seus consumidores, a Apple usou a estratégia de limitar seus produtos. Em média, temos três opções para cada linha de produto e, no site, há instruções que ajudam os consumidores a entenderem as diferenças entre as opções antes de fazer a compra.

Portanto, no momento de criar as extensões de marca, procure deixar claras aos consumidores as diferenças que existem em cada uma das marcas. Não dê trabalho a seus clientes, porque, se eles tiverem dificuldade em compreender esses aspectos, podem desistir da compra e procurar um concorrente que facilite sua decisão.

Resistência do varejista – empresas que são dependentes de varejistas para comercializar seus produtos sabem que está cada vez mais difícil ocupar espaço nas gôndolas, seja porque os grandes varejistas cobram por um espaço de destaque em meio a tantas ofertas ou pela questão de limitação de espaço, haja vista que a quantidade de opções no mercado tem aumentado. Isso ocorre porque, como acompanhamos, as empresas a cada dia criam novos produtos para atender às necessidades específicas de seus clientes. Assim, o número de marcas aumenta, mas o espaço para a exposição não se amplia na mesma proporção.

Dessa forma, os distribuidores podem criar certa resistência no momento de negociar os espaços das gôndolas. Em muitas situações, eles

Capítulo 9 • Extensão de marca

não querem abrir espaço para novas marcas que a empresa desenvolve. Assim, para evitar tais situações, a empresa deve criar marcas que tenham fortes ligações com as marcas dominantes, que têm público-alvo adequadamente limitado, e que tenham claro seu processo de agregação de valor aos consumidores. E, também, pensar em produtos complementares, que aumentem a força da marca mãe, como mencionamos anteriormente no caso da Nike. Em situações como essa, o varejista sentirá um incentivo maior em abrir espaço em suas lojas para as novas marcas desenvolvidas.

Prejudicar a marca mãe – um dos problemas a que os gestores de branding devem estar atentos é que o novo produto que será desenvolvido tendo como base uma marca dominante deve ter os mesmos padrões de qualidade dela. Mesmo que o produto tenha como objetivo atuar em um mercado abaixo da marca dominante, por exemplo, em termos de valor, a qualidade deve ser a mesma.

Se uma empresa lança um produto com qualidade inferior, pode prejudicar a marca mãe. Lembra-se do Fiat 147, lançado em mercado brasileiro na década de 1970? A qualidade do produto não era a mais adequada para o mercado, e isso acabou transferindo para a marca corporativa as percepções negativas dos consumidores. E o pior, eles passaram a acreditar que todos os produtos lançados pela montadora italiana tinham os mesmos problemas de qualidade.

Muitas vezes, basta uma experiência negativa por parte dos consumidores para que eles não voltem a comprar a marca. Não é em todas as situações que eles dão uma segunda chance para a empresa. Portanto, cuidado redobrado ao criar novas marcas para o mercado. Foco em qualidade é fundamental, afinal o produto não se limita a sua imagem, mas à de toda uma corporação.

Canibalizar a marca mãe – outra preocupação que o gestor de branding deve ter é o fato de que uma submarca pode roubar as vendas da marca mãe. Em alguns casos, uma empresa pode lançar no mercado, seja por uma extensão de linha ou pela criação de uma nova marca, produtos com tanta similaridade que o consumidor pode questionar o motivo de manter-se fiel à marca mãe, que em alguns casos tem custo maior.

Para evitar tal situação, o gestor deve estabelecer, primeiro, o mercado em que vai atuar. Isso é fundamental para o sucesso da estratégia.

Para que a Nestlé pudesse entrar de forma estratégica no mercado do Norte e do Nordeste, criou uma nova submarca, o Nescafé Dolca. Esse produto, comercializado em sachê, tem valor menor que a marca mãe, Nescafé, e é disponibilizado apenas no Nordeste. Essa estratégia, muito bem formulada, impede que uma marca venha a competir com a outra. Assim, temos uma sinergia entre as marcas, elas não competem no mesmo mercado. Além disso, cada uma delas tem um segmento diferenciado de mercado.

Reduzir a identificação com a categoria – outro problema possível é reduzir a identificação com a categoria. Como já mencionamos, existe um esforço das marcas para se estabelecerem como dominantes em sua categoria, assim, quando pensamos na Hering nos vem à mente suas camisetas. Rolex, relógio. Leão, chás, e assim por diante. São marcas que se identificam com determinada categoria de produto, o que ajuda seu posicionamento de mercado.

Porém, quando uma empresa atua em vários segmentos, com extensões de marca ou com a criação de submarcas, isso pode enfraquecer a categoria. Assim, muitas marcas levam os consumidores a, muitas vezes, pensarem o que realmente a empresa vende.

Além de entrar em mercados diferentes daquele em que a marca é conhecida, também temos situações nas quais a empresa cria outras marcas para entrar em mercados da mesma categoria, mas com segmentos distintos. Assim, quando uma empresa atua, por exemplo, no mercado de luxo e resolve comercializar produtos mais simples, isso pode enfraquecer a identificação da marca.

Para fugir dessa armadilha, uma saída é, quando a empresa for atuar em segmentos distintos, criar novas marcas para essa estratégia. É o que faz o supermercado Carrefour, que, para entrar em mercados mais populares, usa a marca Dia%. Ou as montadoras (muitas delas têm marcas de luxo com uma identificação diferenciada para que não exista a redução com a identificação da categoria). Assim, a Fiat tem marcas para trabalhar em categorias distintas, com produtos que vão de carros populares até de luxo, e outras marcas somente direcionadas ao mercado de luxo, como Ferrari e Maserati. Com essas submarcas, permite que cada uma atue em uma categoria distinta de mercado.

Outra forma, como mencionamos anteriormente, é fortalecer a imagem da corporação como um todo, e não apenas do produto. Assim, temos como exemplo a marca GE, que atua em vários setores, mas o que fortalece suas estratégias é o entendimento da marca corporativa como sinônimo de qualidade e inovação. Isso possibilita que a empresa atue em vários segmentos sem que isso enfraqueça a identidade da marca.

Eliminar a chance de uma nova marca – o fracasso de uma extensão de marca pode eliminar todas as chances de se criar novas marcas. Isso pode ocorrer se os consumidores não se identificarem com a marca ou não perceberem motivos para trocar de marca. Assim, se a marca for um fracasso, tanto em termos de vendas como de imagem, isso pode acabar com as chances de extensões futuras.

Portanto, a empresa deve planejar sistematicamente suas estratégias. Não deve lançar uma nova marca somente porque o concorrente o fez, ou pior, sem um planejamento de marketing. Como já mencionamos, não é sempre que os consumidores dão uma nova chance à empresa. Por isso, deve-se planejar, planejar e, no final, planejar.

Aumento de custos sem aumento do volume de vendas – o último dos cuidados que elencamos no momento de planejar as extensões de marca é o fato de que muitas vezes o novo produto não leva a um aumento substancial nas vendas. Isso ocorre porque a marca pode estar roubando mercado dos próprios produtos da empresa ou pelo fato de que as vendas não conseguem cobrir os custos envolvidos em sua administração.

Novamente falamos que não se deve criar um novo produto apenas porque o concorrente o fez, mas sim para ocupar uma lacuna no mercado. Gerenciar uma marca demanda tempo e recursos, portanto, ao lançar uma nova marca, todos os custos envolvidos devem ser sistematicamente analisados.

Bem, neste momento, terminamos as estratégias de extensão de marca. Como você deve ter notado, essa é uma das estratégias mais usuais no mercado. Existem muitas vantagens nesse processo, mais que desvantagens. Porém, é adequado um pensamento estratégico mercadológico consistente. Pense no consumidor e em como sua empresa, com base em um processo de extensão de marca, pode entregar valor aos consumidores melhor que os concorrentes.

ESTUDO DE CASO

Case Dove: lições com extensão de marca

Empresa investe em dar continuidade ao portfólio com novas categorias, incluindo a de bebês, que até 2014 não era explorada pela Unilever e exigiu anos de planejamento

Com quase 90 anos de atuação no Brasil, a Unilever detém em seu histórico muitos lançamentos, marcas tradicionais e reconhecidas do mercado. Uma das razões para estar consolidada com tantos produtos no portfólio foi a adesão de extensões de marca para itens que carregavam uma lembrança no dia a dia do consumidor, como é o caso da Dove, que de sabonete chegou a linhas como desodorante, cuidados com o cabelo e, mais recentemente, artigos para bebês.

Apesar do porte, investir em novas vertentes traz uma certa inquietação para a companhia, que destina equipes para criação, desenvolvimento e testes com cada novidade que chega às prateleiras. Isso porque há sempre um risco iminente de fracasso, por mais que o comprador esteja aberto à experimentação. Os erros podem chegar de diversas partes, entre elas quando não há associação da marca mãe com a nova categoria ou criar uma nova que não foi percebida nas pesquisas.

Em se tratando de Dove, o elo entre o sabonete e os demais produtos foi o de hidratação, algo que já era trabalhado nas estratégias pela tecnologia patenteada.

"Mantivemos a coesão da marca, sempre partindo do que tinha mais importante da essência que era ter um quarto de creme hidratante. Isso foi transmitido naturalmente para os shampoos, itens masculinos e até o creme de assaduras", conta Eduardo Campanella, Diretor de Marketing da Unilever, em entrevista à TV Mundo do Marketing.

DESAFIOS EM NOVA CATEGORIA

Mesmo com tantos anos de experiência e já atuando forte em extensões de marca, a Unilever viu-se em um grande desafio ao entrar no segmento de bebês. A companhia não possuía conhecimento na área, no público-alvo e tampouco em produtos e distribuição dessa linha. Foram cinco anos até o lançamento no final de 2014 de Baby Dove, que inclui shampoo, condicionador, creme hidratante, sabonete em barra e líquido e creme contra assaduras.

Levar o atributo de hidratação a esse nicho e conquistar um consumidor exigente, como as mães, fez com que essa fosse uma das ações mais demoradas para fazer chegar um item ao mercado. "Quando olhamos para cuidado de bebê, o atributo mais importante é a pele dele. Estivemos com médicos, pediatras e enfermeiros, além da equipe de elaboração para desenvolver algo que funcionasse. Era diferente de lidar com shampoo para adultos em que a companhia já tinha expertise", afirma Eduardo.

O posicionamento com essa nova categoria trouxe uma nova percepção à empresa global. Se com o tradicional Dove o papel era alcançar o potencial de beleza das pessoas, os pequenos ganharam uma visão mais acolhedora para as mães. "A marca queria estar presente no momento mais feliz da vida da mulher, que é quando ela se torna mãe. Buscamos entender seu instinto e mostrar que existe o jeito particular de cada uma cuidar do filho, afinal o que funciona para uma não funciona para outra", conta o Diretor de Marketing da Unilever.

CONCORRÊNCIA

Outro desafio foi encarar uma concorrência que já estava consolidada no mercado – algumas com tradição no segmento. "Na parte do planejamento o primeiro ponto foi entender a nova categoria e qual era a oportunidade de negócio dentro dela. Foi um longo período para estudarmos e entendermos como funciona, até mesmo para agir nos locais de venda, porque sabíamos que as demais marcas iriam reagir ao lançamento", afirma Eduardo.

Agir de forma ativa contra os players já existentes não foi a estratégia da Unilever, que se colocou como mais uma opção no mercado. As surpresas, boas e ruins, indicaram alguns caminhos para a consolidação nessa nova gôndola. "Mais do que olhar para concorrente, olhamos para o que nos propomos a fazer. Um ano depois, estamos começando uma nova etapa na categoria. Trabalhamos para ser relevantes", pontua Eduardo.

Se destacar em meio a tantas opções para bebês e convencer uma mãe a adquirir um lançamento não é tarefa fácil, mas a companhia agiu de maneira estratégica para alcançar o maior número de famílias. Sabendo que eram raras as pessoas que testavam algo em seus filhos, a Dove reuniu três mil mulheres que deram à luz próximo à data de lançamento da linha para iniciar um time de influenciadoras, que recebeu um kit completo com os itens. Cada uma delas poderia indicar outras três para conhecer a novidade. Hoje esse time já conta com mais de 100 mil pessoas. A razão da distribuição é clara: em um target que muda a todo o momento, é preciso estar sempre convencendo o consumidor de que seu produto vale a pena.

DNA CLARO

Se posicionar frente a esse novo público trouxe uma nova força à marca Dove. Ter entrado em cinco categorias de uma vez com essa linha é a estratégia encontrada para serem líderes na categoria de higiene. Lançar Baby Dove trouxe uma dinâmica nova para a empresa, que passou a contar com uma nova vertente de produtos dentre as diversas em que já atua, como alimentos, produtos de limpeza e higiene pessoal.

O DNA reconhecido da linha de tratamentos com hidratação, no entanto, é algo que deve continuar a ser trabalhado e que trará novos lançamentos. "Dove estará onde faz sentido para o que ele é. Existe um desafio importante que é como eu mantenho o desempenho e desenvolvimento da marca mãe e como faço a comunicação de cada uma delas. Agora temos uma campanha de desodorante que reforça a questão de hidratação. Levamos uma expectativa grande para a categoria. Sempre deixamos muito claro o posicionamento que nosso produto tem para a vida da pessoa", afirma Eduardo.

Outro fator importante e associado às raízes da companhia é a presença nos lares brasileiros, com categorias que estão presentes em todas as famílias. A briga pelo market share da categoria mostra que os investimentos valeram a pena, apesar dos riscos. "Quando a marca possui uma essência relevante, como a Dove tem, ela pode até errar, mas é mais fácil acertar. O processo de extensão começa antes de começar a pensar em estender, ele é a consequência de uma marca bem-sucedida", pontua Marco Machado, Sócio-Consultor da Top Brands, em entrevista à TV Mundo do Marketing.

Fonte: OLIVEIRA, P. Case Dove: lições com extensão de marca. *Mundo do marketing*, out. 2015. Disponível em: <https://www.mundodomarketing.com.br/reportagens/planejamento-estrategico/34825/case-dove-licoes-com-extensao-de-marca.html>. Acesso em: nov. 2016.

VAMOS TESTAR SEUS CONHECIMENTOS?

1 Neste capítulo tratamos das estratégias de extensão de marca, as quais delimitamos como extensão de marca, de linha e de categoria. Explique cada uma delas. Use exemplos de mercado para justificar sua resposta.

2 Explique o que é uma estratégia de mercado abaixo. Faça um texto argumentativo explicando os motivos que uma empresa pode ter para usar essa estratégia, ou seja, em quais situações essa estratégia é útil. Quais os cuidados que o gestor deve ter ao adotá-la?

3 Outra forma de a empresa pensar em extensão de mercado é direcionando suas estratégias, ao contrário da estratégia anterior, ao mercado acima. O que é uma estratégia de expansão mercado acima? Em quais situações uma empresa pode adotá-la?

4 Quais os cuidados que uma empresa deve tomar ao usar essas estratégias?

5 Cite, explique e exemplifique as vantagens de uma estratégia de extensão de marca. Use exemplos de mercado e cada uma das vantagens descritas como apoio.

Referências

20 ações que fazem da Skol a marca mais valiosa do país. *Mundo do marketing*. Disponível em: <www.mundodomarketing.com.br/inteligencia/estudos/176/20-acoes-que-fazem-da-skol-a-marca-mais-valiosa-do-pais.html>. Acesso em: nov. 2016.

AAKER, D. A. *Construindo marcas fortes*. Porto Alegre: Bookman, 2007.

_____. *On branding*: 20 princípios que decidem o sucesso das marcas. Porto Alegre: Bookman, 2015.

AAKER, D. A.; JOACHIMSTHALER, E. *Como construir marcas líderes*. Porto Alegre: Bookman, 2007.

American Marketing Association (AMA). Disponível em: <https://www.ama.org/resources/pages/dictionary.aspx?dLetter=B>. Acesso em: 17 nov. 2016. Tradução livre.

ANDERSON, C. *Free*: o futuro dos preços. Rio de Janeiro: Elsevier, 2009.

ARANTES, A. C. A *et ali. Administração mercadológica*: princípios e métodos. 2. ed. Rio de Janeiro: Fundação Getúlio Vargas, 1975.

ARIELY, D. *Previsivelmente irracional*. Rio de Janeiro: Elsevier, 2008.

As marcas brasileiras mais valiosas de 2015. *Época Negócios*, online, dez. 2015. Disponível em: <http://epocanegocios.globo.com/Empresa/noticia/2015/12/marcas-brasileiras-mais-valiosas-de-2015.html>. Acesso em: nov. 2016.

ATKIN, D. *O culto às marcas*. São Paulo: Cultrix, 2007.

BARTELS, R. *The history of marketing thought*. Ohio: Grid, 1976.

BROWN, T. *Design thinking*: uma metodologia poderosa para decretar o fim das velhas ideias. Rio de Janeiro: Elsevier, 2010.

CHIAVENATO, I. *Introdução à teoria geral da administração*. Edição compacta. Rio de Janeiro: Campus, 2000.

CHRISTENSEN, C. M. *O dilema da inovação*: quando novas tecnologias levam empresas ao fracasso. São Paulo: Makron, 2001.

CHURCHILL, G. A.; PETER, J. *Marketing*: criando valor para os clientes. São Paulo, Saraiva, 2000.

COBRA, M. *Administração de marketing*. São Paulo: Atlas, 1992.

COLLINS, C. J.; PORRAS, J. I. *Feitas para durar*. Rio de Janeiro: Rocco, 1995.

CONNELLAN, T. *Nos bastidores da Disney*. São Paulo: Futura, 1998.

DOMINGOS, C. *Oportunidades disfarçadas*: histórias reais de empresas que transformaram problemas em grandes oportunidades. Rio de Janeiro: Sextante, 2013.

DRUCKER, P. F. *Prática da administração de empresas*. Rio de Janeiro: Fundo de Cultura, 1962.

GADE, C. *Psicologia do consumidor e da propaganda*. São Paulo: EPU, 1998.

GLADWELL, M. *Blink*: a decisão num piscar de olhos. Rio de Janeiro: Rocco, 2005.

GODIN, S. *A vaca roxa*. Rio de Janeiro: Elsevier, 2003.

_____. *Marketing de permissão*. Rio de Janeiro: Campus, 2000.

HILLER, M. *Branding*: a arte de construir marcas. São Paulo: Trevisan, 2014.

HOBSBAWM, E. J. *A era dos impérios*. Tradução brasileira de S. M. Campos e Y. S. Toledo. Rio de Janeiro: Paz e Terra, 2002.

HOLT, D. B. *Como as marcas se tornam ícones*. São Paulo: Cultrix, 2005.

HSIEH, T. *Satisfação garantida*. São Paulo: Thomas Nelson Brasil, 2010.

INTERBRAND. Best global brands 2016 ranking. *Interbrand*, 2016. Disponível em: <http://interbrand.com/best-brands/best-global-brands/2016/ranking/>. Acesso em: 24 nov. 2016.

IRIGARAY, H. A. *Gestão e desenvolvimento de produtos e marcas*. São Paulo: Editora FGV, 2015.

IYENGAR, S. *A arte da escolha*. São Paulo: Uni Duni, 2015.

KAHNEMAN, D. *Rápido e devagar*: duas formas de pensar. São Paulo: Objetiva, 2012.

KARSAKLIAN, E. *Comportamento do consumidor*. São Paulo: Atlas, 2004.

KAWASAKI, G. *Encantamento*: a arte de modificar corações, mentes e ações. São Paulo: Alta Books, 2011.

KELLEY, T. *As 10 faces da inovação*: estratégias para turbinar a criatividade. São Paulo: Elsevier, 2007.

KIM, W. C. *A estratégia do oceano azul*. Rio de Janeiro: Elsevier, 2005.

KLARIC, J. *Estamos cegos*. São Paulo: Planeta do Brasil, 2013.

KOTLER P. *Marketing: edição compacta*. Tradução brasileira de H. de Barros. São Paulo: Atlas, 1996.

_____. *Marketing para o século XXI*. São Paulo: Futura, 2000.

_____ (Org.). *Marketing em ação*. Rio de Janeiro: Campus, 2002.

_____. *Marketing de A a Z*. Rio de Janeiro: Campus, 2003.

_____. *Os 10 pecados mortais do marketing*. Rio de Janeiro: Elsevier, 2004.

_____. *Responde as suas dúvidas*. Porto Alegre: Bookman, 2005.

_____ (Org.). *Marketing 3.0*: as forças que estão definindo o novo marketing centrado no ser humano. Rio de Janeiro: Elsevier, 2010.

KOTLER, P.; KELLER, L. K. *Administração de marketing*. 14. ed. São Paulo: Pearson, 2012.

KOTLER P.; TRIAS DE BES, F. *Marketing lateral*. Rio de Janeiro: Elsevier, 2004.

LAS CASAS, A. L. *Marketing*: conceitos, exercícios e casos. São Paulo: Atlas, 2001.

LEVINSON, J. C. *Marketing de guerrilha*. São Paulo: Best Seller, 1989.

LEVITT, T. *A imaginação de marketing*. São Paulo: Atlas, 1985.

LIMEIRA, T. M. V. *Comportamento do consumidor brasileiro*. São Paulo: Saraiva, 2008.

LINDSTROM, M. *Brandsense*: a marca multissensorial. Porto Alegre: Bookman, 2007.

_____. *A lógica do consumo*: verdades e mentiras sobre o que compramos. Rio de Janeiro: Nova Fronteira, 2009.

_____. *Brandwashed*: o lado oculto do marketing. São Paulo: HSM, 2012.

LONGO, W. *Marketing e comunicação na era pós-digital*: as regras mudaram. São Paulo: HSM, 2015.

MARTINS J. R. *Branding*: um manual para você criar, gerenciar e avaliar marcas. São Paulo: Negócio, 2000.

MAXIMIANO, A. C. A. *Teoria geral da administração*: da escola científica à competitividade na economia globalizada. 2. ed. São Paulo: Atlas, 2000.

MCCARTHY, E. J. *Basic marketing*: a managerial approach. Homewood: Richard D. Irwin, 1960.

MEDEIROS, L. Como criar uma atmosfera de marca envolvente? *Mundo do marketing*, set. 2014. Disponível em: <http://www.mundodomarketing.com.br/reportagens/marca/31592/como-criar-uma-atmosfera-de-marca-envolvente.html>. Acesso em: nov. 2016.

MILLER, G. *Darwin vai as compras*. São Paulo: Best Seller, 2012.

MORAES, R. 7 princípios de place branding. *Mundo do marketing*, maio 2015. Disponível em: <http://www.mundodomarketing.com.br/blogs/radar-internacional/33561/7-principios-de-place-branding.html>. Acesso em: nov. 2016.

MOREIRA, J. C. T.; PASQUALE, P. P.; DUBNER, A. G. *Dicionário de termos de marketing*. São Paulo: Atlas, 2003.

MORITA, A. *Made in Japan*. São Paulo: Livraria Cultura Editora, 1986.

NASCIMENTO, R. *Marca própria*. Rio de Janeiro: Brasport, 2005.

(N.C.). Co-branding: um casamento entre marcas para conquistar mercado. *Mundo do marketing*. Disponível em: <https://www.mundodomarketing.com.br/inteligencia/estudos/143/co-branding-um-casamento-entre-marcas-para-conquistar-mercado.html>. Acesso em: nov. 2016.

OGDEN, J. R.; CRESCITELLI, E. *Comunicação integrada de marketing*: conceitos, técnicas e práticas. São Paulo: Pearson Prentice Hall, 2007.

OLIVEIRA, P. Case Dove: lições com extensão de marca. *Mundo do marketing*, out. 2015. Disponível em: <https://www.mundodomarketing.com.br/reportagens/planejamento-estrategico/34825/case-dove-licoes-com-extensao-de-marca.html>. Acesso em: nov. 2016.

_____. Marcas estrangeiras voltam ao país reposicionadas após saída precoce. *Mundo do marketing*. Disponível em: <http://www.mundodomarketing.com.br/reportagens/marca/33896/marcas-de-fora-voltam-ao-pais-reposicionadas.html>. Acesso em: nov. 2016.

OLIVEIRA, S. L. I. *Desmistificando o marketing*. São Paulo: Novatec, 2007.

PERUZZO, M. *As três mentes do neuromarketing*. Rio de Janeiro: Alta Books, 2013.

PINHO, J. B. *O poder das marcas*. São Paulo: Summus, 1996.

_____. *Comunicação em marketing*. Campinas: Papirus, 2001.

POPCORN, F. *O relatório Popcorn*. Rio de Janeiro: Campus, 1999.

PORTER, M. *Vantagem competitiva*: criando e sustentando um desempenho superior. Rio de Janeiro: Campus, 1989.

PRADEEP, A. K. *O cérebro consumista*. São Paulo: Cultrix, 2012.

PRAHALAD, C. K. *A riqueza na base da pirâmide*. Porto Alegre: Bookman, 2005.

PRAHALAD, C. K.; KRISHNAN. *A nova era da inovação*. Rio de Janeiro: Campus, 2008.

PRAHALAD, C. K.; RAMASWAMY, V. *O futuro da competição*. Rio de Janeiro: Elsevier, 2004.

PRINGLE, H.; THOMPSON, M. *Marketing social*. São Paulo: Makron Books, 2000.

Propósito da marca. *Mundo do marketing*, dez. 2010. Disponível em: <https://www.mundodomarketing.com.br/inteligencia/estudos/7/proposito-da-marca.html>. Acesso em: nov. 2016.

PUGA, R. Análise de ícones visuais e personagens de marcas. *Mundo do marketing, Marca*, nov. 2015. Disponível em: <http://www.mundodomarketing.com.br/artigos/rodrigo-puga/35028/analise-de-icones-visuais-e-personagens-de-marcas.html>. Acesso em: nov. 2016.

Referências

PULS, M. Top of mind 2015. *Folha de S. Paulo*, out. 2015. Disponível em: <http://www1.folha.uol.com.br/especial/2015/top-of-mind/>. Acesso em: 24 nov. 2016.

RICHERS, R. *O que é marketing*. São Paulo: Brasiliense, 2003 (Col. Primeiros Passos).

RIES, A.; RIES, L. *A queda da propaganda*: da mídia paga à mídia espontânea. Rio de Janeiro: Campus, 2002.

_____. *A origem das marcas*. São Paulo: M. Books, 2006.

RIES, A.; TROUT, J. *Posicionamento*: a batalha pela sua mente. São Paulo: Pioneira Thomson, 2003.

_____. *Marketing de guerra*. São Paulo: M. Books, 2006.

RING, B. 6 razões porque a marca Apple é ícone. *Mundo do marketing. Dicas*, out. 2012. Disponível em: <http://www.mundodomarketing.com.br/inteligencia/dicas/64/6-razoes-porque-a-marca-apple-e-icone.html>. Acesso em: nov. 2016.

ROBERTS, K. *Lovemarks*: o futuro além das marcas. Rio de Janeiro: Campus, 2004.

ROCHA, M. (Org.). *Marketing B2B*. São Paulo: Saraiva, 2015 (Col. Marketing em Tempos Modernos).

_____. *Marketing estratégico*. São Paulo: Saraiva, 2015 (Col. Marketing em Tempos Modernos).

_____. *Marketing*: novas tendências. São Paulo: Saraiva, 2015 (Col. Marketing em Tempos Modernos).

_____. *Marketing tático*. São Paulo: Saraiva, 2015 (Col. Marketing em Tempos Modernos).

ROSEN, E. *Marketing boca a boca*. São Paulo: Futura, 2001.

SALZMAN, M. (Org.). *Buzz*: a era do marketing viral. São Paulo: Cultrix, 2003.

SAMARA, S. B.; MORSCH, M. A. *Comportamento do consumidor*: conceitos e casos. São Paulo: Pearson Prentice Hall, 2005.

SAMPSON, A. *O homem da companhia*. Tradução brasileira de P. M. Soares. São Paulo: Companhia das Letras, 1996.

SHETH, J. N.; GARDNER, D. M.; GARRETT, D. E. *Marketing theory*: evolution and evaluation. New York: John Wiley & Sons, 1988.

STEWART, E.; PORRAS, J. *Sucesso feito para durar*. São Paulo: Bookman, 2007.

TAMANAHA, P. *Planejamento de mídia*: teoria e experiência. São Paulo: Pearson, 2003.

TROIANO, J. Branded content. *HSM experience*. Disponível em: <http://experience.hsm.com.br/posts/branded-content>. Acesso em: nov. 2016.

TROUT, J. *Diferenciar ou morrer*. São Paulo: Futura, 2000.

UNDERHILL, P. *A magia dos shoppings*. Rio de Janeiro: Elsevier, 2004.

_____. *Vamos às compras!* Rio de Janeiro: Elsevier, 2009.

_____. *O que as mulheres querem?* Rio de Janeiro: Elsevier, 2010.

ZALTMAN, G. *Afinal, o que os clientes querem?* Rio de janeiro: Campus, 2003.

ZYMAN, S. *O fim do marketing como nós conhecemos*. Rio de Janeiro: Campus, 1999.